2014年度山西经济社会发展重大课题
2016年度山西省哲学社会科学规划课题

顾　　　问：申纪兰
编委会主任：李中元
编委会成员：（以姓氏笔画为序）
　　　　　　马志超　王根考　孙丽萍　刘晓丽　杨茂林
　　　　　　宋建平　张章存　赵双胜　高春平　郭雪岗

主　　　编：李中元　杨茂林
执 行 主 编：刘晓丽
副 主 编：马志超

课题组成员：（以姓氏笔画为序）
　　　　　　王勇红　刘晓丽　张文广　张侃侃　李　冰　陕劲松
　　　　　　柏　婷　赵俊明　郭永琴　秦　艳　董永刚

西沟口述史及档案史料

（1938—2014）

李中元　杨茂林　主编

刘晓丽　执行主编

口述史卷一

本卷编者

刘晓丽　赵俊明　郭永琴　张文广

人民出版社

出版说明

《西沟口述史及档案史料（1938—2014）》是2014年度山西经济社会发展重大课题，2016年度山西省哲学社会科学规划课题，是山西省社会科学院"西沟系列研究"课题组历时3年的研究成果，从2013年3月至2014年6月，课题组核心团队经过了艰苦的田野调查、深度访谈与原始档案的拍摄及扫描，拿到了大量的极其宝贵的第一手资料，这些资料全面深刻地反映了山西省平顺县西沟村，怎样从太行山深处的一个偏僻小山村，凤凰涅槃般地成为互助合作化时期的中国名村、成为全国农业金星奖章获得者所在地、第一届至第十二届全国人大代表诞生地的历史图景；到2015年3月，经过课题组全体成员艰苦紧张的专业性努力，这些原始资料成为在乡村社会史、当代中国史、口述史学、妇女史学等研究领域具有很大价值的学术成果。再经过一年多的修改打磨，2016年7月，全套书籍正式交由人民出版社，又经过一年多的出版方与作者双方的多次沟通、协商、精细化打磨，现在，这项研究成果终于要与读者见面了！其间艰辛自不必说！

《西沟口述史及档案史料》涵盖两大内容：一是西沟村民群体性口述史成果，二是从1938年至2014年间西沟村完整原始档案的整理与发掘，它们与本课题另一重要成果——反映西沟专题人物的口述史著作《口述申纪兰》相互印证，在西沟这个小小山村范围内，集专题人物、村民群体、原始档案整理于一体，在相关学术领域内的意义是有目共睹的。

"西沟系列研究"课题是立体性学术研究成果，首先，它突破了书斋式研究范式，课题组成员走向田野，走进被研究者生活之中，走进鲜活的社会现实，将平生所学运用于广泛深刻的中国农村变迁。这种科研体验是全新的，有生命力的，课题组的每一位成员，都在这种科研体验中得到了成长；其次，"西沟系列研究"课题从开题到正式出版，得到了方方面面人士的关注，除课题组成员付出大量的艰辛的劳动之外，从申纪兰以下，本套书中出现的每一位工作人员，都从不同方面为它的成功出版作出了努力。

整套书除已经明确署名部分外，其他分工如下：西沟口述史部分，第一章、第五章、第七章由赵俊明编撰，第二章由刘晓丽编撰，第三章、第四章、第六章由郭永琴编撰，第八章、第九章、第十章由张文广编撰。整套书由刘晓丽最后统稿。

本套书不足之处：口述访谈部分过于碎片化、一些提问缺乏深度，显示访谈者前期功课不足；档案史料部分，注重了史料的内容，忽视了拍摄清晰度，由于重新拍摄难度太大，只能对清晰度加以调整。这两个不足，既有主观原因，也有客观原因，不能不说是一大遗憾。

编　者

2017 年 7 月 29 日

凡例一

一、《西沟口述史》为《西沟口述史及档案史料（1938—2014）》的子课题，共分两卷。上卷记述了西沟在全国率先成立互助组、争取男女同工同酬、治山绿化、大力发展集体经济的历史，下卷记述了西沟党组织、改革开放后西沟推行"双层经营"的联产承包责任制、发展村办企业的历史。

二、《西沟口述史》访谈对象以西沟村现住村民为主，课题组共访谈西沟村民150余人。此外，还对走出西沟出任各级干部的原西沟人进行了访谈，并对在西沟有着工作、下乡、学习、采访经历的各级干部、专家、学者进行了访谈。2014年11月，课题组对大寨村部分干部和村民进行了访谈。在采访西沟现住村民的同时，课题组对与西沟相邻的村镇如川底村、龙镇的部分村民进行了访谈。

三、访谈时间涵盖从1938年西沟建党到2014年6月共76年的历史阶段。

四、访谈内容涵盖西沟的政治、经济、文化、教育、生活、社会保障、人口与计划生育、乡风民俗等方方面面。

五、全书分为十个部分，每部分之前，有对本部分内容的深度论述，既弥补了口述史叙述过程中松散化、碎片化的不足，也是编撰者对本部分内容从中国当代史、合作化史、口述史、村史高度对历史进程中若干问题的基本认识和归纳总结。对于每部分内容中需要较详细解释的历史事件和涉及到的人物，编撰者会在文后注释中详解。

六、由于《西沟口述史及档案史料（1938—2014）》的另一子课题《西沟档案史料》涵盖西沟大量原始档案资料，故为《口述西沟史》提供了大量相关档案原件，使本书成为集口述史料和档案史料相结合的史学著作。

七、行文过程中，遵循口述史的基本叙事方法和通用研究规则，最大限度地保留了口述人讲述的语气和风格。但为了保证上下文的语气连贯，或者纠正一些明显的错误，或为了对地方方言加以解释，编撰者会适当进行文字修补，为增补的文字加（）、［］标出，以示区别。（）种的文字为连贯性文字、［］中的文字为解释性文字。

八、为了照顾访谈文字的完整性和可读性，编撰者所选文字有时与本章节主题不符，但与口述者当时的思绪是连贯的，故予以保留。

九、作为口述史著作，本书遵循传承历史、传承文化的宗旨，对于口述内容中猎奇性的、孤证性的、易引起西沟人歧义的叙述，一概不录。

　　十、文中数字用法。在编者的论述性文字中严格遵循国家关于出版物数字的用法规定，但是由于口述史研究的特殊性，数字的用法也有其特殊性。如讲述者叙述的年份"56 年""78 年"等，前边一般不加"19"，而叙述者讲到"19"时，原则上予以保留。

　　十一、为使读者更准确理解原文，正文后附有西沟方言简注。

总　序

一

　　人类文明的演进经历了原始文明、农业文明和工业文明三个阶段。在历时上百万年原始文明阶段，人们聚族而居，食物完全依靠大自然赐予，必须依赖集体的力量才能生存，采集和渔猎是主要的生产活动。大约距今一万年前，人类由原始文明进入到农业文明，通过创造适当的条件，使自己所需要的物种得到生长和繁衍，不再依赖自然界提供的现成食物，农耕和畜牧成为主要的生产活动。在这一阶段，以畜牧为生的草原游牧民族逐水草而居，经常性地迁徙流动，居无定所；以农耕为生的农耕民族通过开荒种地，居住地逐步固定下来，在此基础上形成了农耕文明的重要载体——村庄。纵观历史，不论是社会生产关系的变革还是国家方针政策的调整，作为地缘和血缘关系组成的共同体，村庄始终能够保持一种较为稳定的结构。

　　放眼中华文明发展的历史长河，农业文明时代经历的时间漫长，在中华民族的形成和发展过程中具有不可替代的作用。中华民族创造了灿烂辉煌的农耕文明。历经几千年的发展，农耕文明成为中华民族的珍贵文化遗产之一，是中华文明的直接源泉和重要组成部分。农耕时代，特别是原始农耕时代，由于生产工具简陋，单个的人难以耕种土地，需要多人合作，甚至是整个部落一起耕种，由此产生了人与人之间的合作共存。可以说农耕时代是人和人关系最为密切的时代，也是人和自然关系最为密切的时代。

　　随着社会生产力的发展，人类征服和改造自然的能力日趋提高，随着铁器、牛耕的运用，单个的农户逐渐成为农业生产的核心，村庄成为组织农业生产最基本单元，在农业生产和农耕文明发展过程中起了重要作用。作为族群集聚地的村庄同时也是中华传统文化形成和发生的主要载体。村庄的历史，可以看成是一个民族一个时代的历史缩影。与时代发展有着特殊紧密联系的村庄，它的历史可以说代表着那个时代的历史，蕴含着那个时代的缩影。

　　西沟，一个深藏于太行山深处的小山村，是数十万中国村庄中的一个典型代表。她是中国第一个互助组的诞生地，她曾被毛泽东称赞为边区农民的方向，她是全国第一批爱国丰产金星奖章获得者。在相当长的一段时间里，她是共和国版图上唯一被标出名字的行政村。

清代理学家李渔在《闲情偶寄》中说过"辟草昧而致文明",意即"文明"与"野蛮"是相对的,越是文明的社会,社会的进步程度就越高。马克思认为:"文明是改造世界实践活动的成果,他包括物质和精神两个方面"。西沟人用自己的实践,不仅创造出了丰富的物质财富,创造出了更为丰富的精神财富。由于西沟的典型性和特殊性,村庄中留存有丰富的历史文化信息,保存下了大量的珍贵的档案史料。这些都极具价值,因而引起了我们的关注。

二

西沟是一个什么样的村庄呢?

明代以前的西沟,人烟稀少,还没有形成真正意义上的村落。明代洪武至永乐年间的大移民后,当地人口逐渐增多,村落渐趋形成。清代咸同年间以后,河南省林县(今林州市)的大量移民迁居当地,李顺达便是其中之一,今日西沟的村庄基本形成。在这几百年的历史进程中,西沟和当地的众多村庄一样,始终默默无闻。

历史更迭白云苍狗、风云际会,从上世纪三十年代末开始,西沟这个小山村与中国960万平方公里国土上发生的许多重大事件开始产生千丝万缕的联系。伴随着中国革命、建设和改革的历程,这里出了两位在共和国历史上有着相当影响的人物李顺达和申纪兰,西沟的历史也由于这两位人物的出现而发生了翻天覆地的变化。

山连山,沟套沟,山是光头山,沟是乱石沟,冬季雪花卷风沙,夏天洪水如猛兽。这就是民谣中所唱的过去的西沟。这样一个自然条件非常恶劣的穷地方,由于一个人物的出现而发生了根本改变。李顺达朴实、憨厚、善良,是中国农民的典型代表,在他的带领下,西沟的历史掀开了崭新的一页。在抗日战争最艰苦的岁月里,李顺达响应太行区边区政府"组织起来,自救生产"的号召,组织贫苦农民成立了全国第一个互助生产组织——李顺达互助组,组织群众开荒种地,度过饥荒。互助组通过组织起来发展生产,通过合作生产度过困难,在发展生产、支援前线的斗争中做出了突出的成绩,李顺达因此被评为民兵战斗英雄、生产劳动模范,西沟被评为劳武结合模范村。1944年,李顺达出席太行区召开的群英会,被评为一等劳动模范,晋冀鲁豫边区政府授予李顺达"边区农民的方向"的光荣称号,西沟成为中国农民发展的方向。

新中国成立后社会主义建设初期,西沟李顺达互助组向全国农民发出了爱国增产竞赛倡议,得到全国农民的热烈响应,极大地带动了全国农业生产的发展。1952年,中央人民政府农业部给李顺达颁发了爱国丰产金星奖状,他的模范事迹开始在国内外广为传播。1951年到1955年4年间,西沟农业生产合作社农林牧生产和山区建设都取得了显著成就。合作社的公共积累由 120 元增加到 11000 多元。1955 年，社员每人平均收入粮食 884 斤，比抗日以前增加 77%，比建社之前增加 25.1%。这一成就得到了毛泽东主席的充分肯定。合作社副社长申纪兰动员妇女下田参加集体生产劳动，并带领西沟妇女争得了男女同工同酬。《劳动就是解放，斗争才有地位——李顺达农林牧生产合作社妇女争取男女同工同酬的经过》通讯 1953 年 1 月 25 日在《人民日报》发表后，在全国引起轰动，申纪兰由此名扬天下。1950 年和 1953 年，李顺达和申纪兰先后成为全国劳动模范；1954 年，李顺达、申纪兰当选第一届全国人民代表大会代表，两人双双出席了第一届一直到第四届全国人代会；李顺达于 1969 年和 1973 年分别当选为中共九届、十届中央委员。在 20 世纪 50 年代至 60 年代，西沟村成为共和国版图上唯一被标名的行政村。这期间，西沟的社会经济有了长足的发展。1971 年，全村总收入达到 33.64 万元，粮食亩产 533 公斤，总产量达 73.9 万公斤，交售国家公粮 15 万公斤。为了改变恶劣的生态环境，在李顺达和申纪兰的带领下，西沟人开始大面积植树造林，70 年代末，有林面积达 10000 余亩，零星植树 100 多万株，恶劣的生态环境逐步趋好。西沟成为那个时期太行山区农村建设中的一刻璀璨明珠。

党的十一届三中全会以来，农村发生了举世瞩目的变化，在这场伟大变革中，农村始终处于最活跃的状态。改革开放使得村庄这个社会经济细胞更具活力，成为家庭经营为基础、统分结合为特征的双层经营体制的主要载体，在农村经济中发挥着日益显著的作用。西沟在全国人大代表申纪兰为核心的领导班子带领下，把工作重点转移到调整产业结构、发展市场经济上来。村集体先后兴办了铁合金厂、饮料公司、"西沟人家"及房地产开发公司等企业，西沟初步形成了建筑建材、冶炼化工、农副产品加工等外向型企业为主的新格局。2008 年，西沟经济总收入达到 1.5 亿元，实现利税 1000 万元，农民人均纯收入达到 4000 余元，是平顺县农民人均纯收入最高的村庄。此后，为了开展爱国主义教育和生态环境旅游，建设了金星森林公园，修复扩建了西沟展览馆，修建了金星纪念碑和互助组纪念雕塑。在改善生态方面，继续不断地植树造林，现今已有成林 15000 多亩，幼林 10000 多亩。光头山都变得郁郁葱葱，乱石沟到处都生机勃勃。

如今的西沟，已经由过去的农业典型变为绿色园林生态村、老有所养的保障村、西沟精神的红色村、平安敦厚的和谐村。西沟是一个缩影，它浓缩了新中国成立以来中国农村的发展和变迁，承载了中国几亿农民几代人追求富裕生活的梦想。今天，在西沟这种梦想正在一步步变为现实。

随着人类社会的发展，一个个自然村落的消失，从某种意义上讲，可以说是时代的必然，但从另一个方面而言，消失的又是一种传统和记忆。我们就是要传递和记载西沟这样一个村庄的变迁，把这种消失变为历史的存照，把传统和记忆原原本本地留给后人，原汁原味地展示在世人面前。代代相传的不仅是生活，更重要的是精神。建设一个新西沟，让村民一起过上幸福舒心的生活，是西沟人世世代代追求的梦想。望得见山水，记得住乡愁；梦想不能断，精神不能忘。

三

为了能够将西沟这样一个记录中国乡村几十年变迁的村庄的历史真实而详尽地展示给读者，研究选择通过口述史的方式来进行。以山西省社科院历史所研究人员为主体的研究团队，先后编撰出版了《山西抗战口述史》和《口述大寨史——150位大寨人说大寨》两部口述史著作，得到了学术界乃至全社会的认可，在口述史研究方面有着丰富的经验。让西沟人说话，让老百姓讲述，他们是西沟历史的创造者和见证人。通过他们的集体记忆，以老百姓原汁原味的口述来最大限度地还原真实的历史。课题组进行口述访谈的过程中，发现了西沟建国后至今的各种档案资料保存极为完整，为了弥补口述历史的不足，课题组从西沟现存的档案资料中选取价值较高的部分将其整理出版。经过课题组成员三年多的辛勤工作，《西沟口述史及档案史料（1938－2014）》（十卷本）终于完成了。

希望这套书能够真实、立体、全面地展现西沟的历史，并且希望通过课题组成员的辛勤工作，通过书中的访谈对话，通过对过去时代的人物、事件的生动、详细的描述，并且对照留存下来的档案资料，展现出西沟这个中国村庄几十年的历史变迁。同时力求能够为学界提供一批新的研究资料，为合作化时代的农村研究贡献一份力量，也为今天的新农村建设提供更多有益的借鉴。

由于课题参与者专业与学识积累的不同，编撰过程中遗漏、讹传甚至谬误之处，肯定难免，虽然竭尽全力去查实考证，去粗取精、去伪存真的任务很难全部完成。衷心希望社会各界众多有识之士提出宝贵的批评意见。

本套书出版之际，特别感谢西沟村民委员会、西沟展览馆，是他们为访谈活动、收集资料提供了诸多便利条件；感谢所有接受过课题组访谈的人们，正是他们的积极配合和热情支持，才使课题研究能够顺利完成；同时，也要特别感谢接受过课题组访谈的专家学者、作家记者以及曾经担任过领导职务的老同志们的热情支持。可以说，这套书是他们与课题组集体合作的结晶。

是为序。

山西省社会科学院院长、党组书记、研究员

李中元

2017 年 7 月 11 日

序一

一

口述史的起源有西方说和东方说及东西方同时说几种，古希腊的《荷马史诗》和中国藏族的《格萨尔王传》及《诗经》等，被认为是最早的口述历史作品。口述史学真正进入学术殿堂，成为历史学的一门专业分支学科，则是在上个世纪四十年代，当时历史学者亚伦·芮文斯在美国哥伦比亚大学建立了第一座现代口述历史档案馆，用以记录、保存美国普通人生活中有价值有意义的私人回忆资料。他推动了对于福特汽车公司的口述历史访谈项目，开展了公司从最高管理层到普通员工的大量访谈，积累了 26000 多页的访谈资料，成为该公司最为宝贵的历史资源。此后，哥伦比亚大学作为全球公认的口述史学重镇，推动口述历史在世界范围开展起来。

20 世纪 90 年代开始，对现代史学革新运动有重要影响的年鉴学派第四代学者，注意到了包括人类历史学在内的人文社会科学的危机，对过去的研究方法提出了反思，在研究方法上注重多样化，在研究领域中尝试碎片化，具体领域有微观史、身体史、图像史、记忆史等。年鉴学派在上述领域的代表作有《蒙塔尤》《身体史》《交战中的图像》《记忆之场》等。年鉴学派的这种转向，就与发展中的口述史学建立了天然的联系。年鉴学派与口述史学结合，丰富了史学研究方法，拓宽了史学研究领域，而这一时期的中国史学，由于社会史研究的勃兴，开始了"自下而上"研究历史的史学范式，作为"人"的各个社会阶层尤其是普通百姓生活史，进入了史学家的研究视野。由于过往政治史、制度史、精英史学中普通人文本资料的缺失，或由于年代久远及战乱导致的档案资料缺失，能弥补这一缺失的口述史学开始进入中国史学研究殿堂。

经过二十多年的积累，当今中国口述史学研究领域已经涵盖人物个体口述史、特定行业口述史、特定群体口述史、特定地域口述史、特定文化口述史、特定品牌口述史等，以上领域近几年富有特色的口述史成果有《20 世纪中国科学口述史》《"红旗"口述史》《周有光百岁口述》《传承七百多年的民间艺术：三灶鹤舞》等，其中群体口述史研究成果有《老北京人的口述历史》《穿过历史的尘烟：新疆军垦第一代口述史》《泊下的记忆：利物浦老上海海员口述史》《二十世纪妇女口述史》

《畲族妇女口述史》《二战掳日中国劳工口述史》《山西抗战口述史》《口述大寨史——150位大寨人说大寨》等。这些成果在口述访谈的具体操作方法、全书结构策划、口述访谈的深度和广度、口述资料与文本资料衔接度、项目组织者的专业背景及学术水平、团队的人员构成及整体专业水准、成果的学术性及理论性等方面，都有所不同。

《西沟口述史》正是在山西省社会科学院历史所2005年的口述史成果《山西抗战口述史》和2008年的口述史成果《口述大寨史——150位大寨人说大寨》的基础上，对开展村民群体口述史研究的进一步尝试。

二

西沟村原本是山西省平顺县境内一个偏僻的山村，由44个自然庄组成，后由李顺达早年居住的老西沟自然村而得名。据当地方志记载，明代洪武至永乐年间，开始有移民流落于此。清咸丰十一年（1861年）至同治十三年（1974年），河南林县（今河南林州市）人大量迁居平顺县各地。西沟村的李姓、周姓、崔姓、常姓、董姓均为那一时期迁徙而来。1929年，林县人继续迁移至此，老西沟自然村的大部分村民、西沟其他自然村除张姓及前述几个姓氏之外的村民，大多在此时落户西沟。到1949年，全西沟共有村民1148人。① 1943年李顺达成立西沟第一个互助组时，西沟境内的自然条件是：沟壑纵横，山梁交错，植被稀少，旱涝频仍，可耕地极少，大多为荒山荒坡，村民饮用水源缺乏，人们生活极度贫困。

西沟能从中国腹地太行山下的一个贫困偏僻的小山村，成为上世纪五十年代互助合作化时期的全国名村，走出两位全国人大代表、全国劳动模范，既有历史原因，有西沟的社会文化原因，也有西沟领头人自身的原因。

20世纪40年代初期，山西抗日根据地正经历着最为艰苦的时期，蝗旱涝灾害频繁，日军又开始了针对八路军和根据地的扫荡和封锁。各根据地开展了大生产运动，西沟村所在的晋冀鲁豫边区政府发出"组织起来""生产自救"的号召，1943年2月6日，李顺达联合五户贫苦农民，组织起边区第一个互助组，也是全国较早的互助组。到1944年，老西沟自然村20户人家中就有19户加入了互助组，到1947年，平顺全县共成立互助组427个。1944年底，晋冀鲁豫边区太行区首届杀敌英雄、劳动英雄大会及战绩、生产展览在黎城县南委泉村召开，李顺达被评为"生产互助一等英雄"；1946年12月，李顺达五年发家计划提前两年实现，太行区第二届群英会召开，李顺达又被评为"合作劳动一等英雄"；1948年底，李顺达被中共平顺县委、中共太行区委、中共太行行署授予"平顺人民的方向""革命时代，人民

---

① 张松斌　周建红主编《西沟村志》，中华书局2002年版，第31页。

英雄""翻身农民的道路"等荣誉称号。

至此,李顺达和他的互助组一路走来。1949年新中国刚刚成立,11月,他就作为全国首届农民代表团成员,受到了开国领袖的接见。1951年,李顺达互助组向全国发起爱国增产竞赛倡议,得到中央人民政府农业部的肯定。1951年12月,以李顺达互助组为依托的西沟初级农业生产合作社正式成立。1954年,李顺达获得全国农业最高奖章——爱国丰产金星奖章。这一年,加入西沟农林牧生产合作社的农户达到246户,易名为西沟金星农林牧生产合作社。

李顺达互助组,与建国后我们国家急需由传统的农业国向工业化国家转变的历史步伐相适应,工业要发展,就需要凝聚全国力量,就需从农业调取资金,支援工业,而传统的一家一户的小农经济,不能适应这样一个历史要求,由此开启了全国性的互助合作化运动;对落后山区的农村和那里的村民来说,要对抗艰苦的自然条件,抵御严酷的自然灾害,要过上小康生活,单凭一家一户的单干力量也是达不到的目的的;对李顺达的个人素质来讲,敢于开拓,没有私心,思维超前,具备了承担这样一个历史重任的个人条件。村里人对他评价道:

> "他这个人就是爱穷(人),谁家穷,就帮谁。他本人也穷,他就是出了个主意,出了个头,威信就威信在这里。就是穷也不怕,就是让你(生)活开,该给你找个轻生活[活计],能做甚做上个甚。建设这个新农村,盖排房,有劳力的,你能搬砖搬砖,能扛个大梁扛大梁,能扛个小梁就扛个小梁。扛大梁记上个十分,分一块也好,分五毛钱也好,你(都)能挣上。"①

1955年,时任平顺县委书记的李琳与新华社驻西沟记者站记者马明合作的《勤俭办社,建设山区》,反映了西沟村成立金星农林牧生产合作社以来的变化,这篇文章收入毛泽东主编的《中国农村的社会主义高潮》一书。毛泽东在这篇文章的按语中写道:

> "这里说的是李顺达领导的金星农林牧生产合作社。这个合作社办了三年,变成了一个包括二百八十三户的大社。这个社所在的地方是那样一个太行山上的穷地方,由于大家的努力,三年功夫,已经开始变了面貌。劳动力的利用率,比抗日以前的个体劳动时期提高了百分之一百一十点六,比建社以前的互助组时期也提高了百分之七十四。合作社的公共积累已经由第一年的一百二十元,增加到一万一千多元。一九五五年,社员每人平均收粮食八百八十四斤,比抗战以前增加了百分之七十七,比建社以前增加了百分之二十五点一。这个社已

---

① 刘晓丽、赵俊明2013年5月17日对张朋考的访谈。

经做了一个五年计划，实行三年的结果，生产总值已经达到五年计划的百分之一百零点六。这个合作社的经验告诉我们，如果自然条件较差的地方能够大量增产，为什么自然条件较好的地方不能够更加大量地增产呢？"

就这样，李顺达带领着他的互助组，带领西沟人，开创了偏僻山村走向全国大舞台的历史，西沟人也成为我们这部《西沟口述史》的历史群像。

三

《西沟口述史》共分两卷，即《西沟口述史及档案史料（1938—2014）》的第一卷和第二卷。本书在口述史理论和实践上立足于两个基础：一是有《山西抗战口述史》和《口述大寨史——150位大寨人说大寨》的具体访谈实践，尤其是对于大寨村民的访谈，为本书提供了有益经验，《西沟口述史》在全书体例上也基本沿袭了《口述大寨史》的思路。大寨作为20世纪六七十年代闻名全国的政治名村，与四五十年代的互助合作化名村西沟有着很多相似之处，两个村带头人李顺达和陈永贵、村两委骨干曾经互访，互相向对方取经，两个村的普通村民都有着名村心态，眼界和看问题的视角要高于山西大多数村庄的村民，也有一比高下的积极心态。因此在具体访谈过程中，还要站在名村的视角上提出问题，挖掘被访谈者心中深层次的感悟。二是本书四位课题组成员中，有三位的童年和少年时代生活在山西农村，农村生活融入了他们的成长经历，经过大学本科研究生阶段的历史学专业训练，再回过头来，带着专业的视角，到自己熟悉的农村开展访谈，更容易与村民沟通、被村民接纳，提出的问题接地气，针对性强。根据村民不同文化水平、叙述方式、性格特点，能提出有价值的问题、找到每位被访谈者的"话匣子"也成为本书在《大寨口述史》基础上力求努力的方向。这两点成为《西沟口述史》顺利推进的有利条件。

对于以村民群体为主的访谈，《西沟口述史》在口述史的理论与实践上进行了以下尝试：

口述者在经历历史事件时所处的年龄。《西沟口述史》所涵盖的西沟历史阶段分为两个大的时期：互助组、合作化、高级社、人民公社时期为第一阶段，时间跨度为20世纪40年代初至上世纪七十年代末；家庭联产承包责任制之后为第二阶段，时间跨度为20世纪70年代末到2014年。这样一个时间跨度，对于传统历史学研究来说，时段并不算很长，文本资料保存也大部有迹可循。但对于个人口述记忆来讲，一个人在人生的不同阶段对同一件事的记忆点就会有所不同，历史事件发生时处于不同年龄段的人，今天口述时的记忆兴趣点也会有所不同。比如对西沟的农田水利基本建设，当时还是学生的村民，叙述点就是那些宏大的场面，全县劳力都来参加了，有干部、的当兵的，还有外地来支援的人，可以不去学校上课了，正面感受是主要的；当时已经是成年人并需要养家糊口的村民，叙述点是自己做的贡献大，但干活艰苦，连续苦干不能睡觉，不能回家，以平静的情绪为主；而在这种大规模集体劳务活动中不幸身体受伤的人，则会把自己受伤的情境详详细细地说了一遍又一遍，记忆深刻，情绪激动；当时正值壮年处于领导地位的人，则对事情的叙述有整体把握，对自己在其中的作用叙述较详细，对所说事情感情或感触较深。

口述者的身份及职业。实行家庭联产承包责任制之前，西沟村民的身份基本上是农民，在这之后，社会阶层流动性加快，西沟村民在具体从事职业上则分化为农民、村办企业职工、外出务工人员、村民兼灵活务工人员、国家干部等。因工作群体的相互影响及视野的变化，口述者的叙述角度也会有所变化。上世纪八十年代至今，西沟尝试用多种办法增加集体和村民收入，其中最主要村办企业就是生产核桃露的"纪兰饮料公司"和生产硅铁的"西沟硅铁厂"，这两个村办企业吸纳了大部分西沟青壮年男女村民，起到了增加集体和村民个人收入的作用。对这两个村办企业，处于不同地位的村民的看法就会不同。如纪兰饮料公司主要负责人，对企业的现状及发展有责任感、主动性强，在口述中能说出具体办法，比如扩大广告规模，增加销售渠道，与外界加强联系，增加贷款规模，更新设备等，对困难也有更深入的了解。中层管理者大多在公司工作时间较长，对公司有一定的感情，在口述中表现出主人翁荣誉感，也觉得能为公司的的发展出一份力；一般员工在口述中则更多地将企业发展与自己的工资、业绩挂钩，对企业的季节性停产更多是被动地等待，觉得自己也无能为力，但希望公司一直发展，希望自己的工资收入保持现状甚或增加。对西沟硅铁厂来说，申纪兰和最初创业者对这个厂倾注了极大的心血，抱有深厚的感情，他们在口述中对当初建厂的细节叙述得非常清晰，没有因年龄或时间原因而淡忘，而且随后加入建厂的几位口述者叙述的事实大体一致，显示出这确实是一次西沟上下共同努力、集体创业的艰苦历程。对硅铁厂的普通员工来说，在口述中也认为硅铁厂地位要高于饮料公司，因为硅铁厂不像饮料公司，生产和销售不受季节限制，且硅铁厂的员工以男性村民为主，工资收入也比饮料公司多，西沟人从心理上也觉得硅铁厂更重要一些。2013年，硅铁厂因生态环境问题而关停，西沟人普遍觉得很可惜，但在口述中又对国家相关政策持理解态度，认为为了西沟生态环境，关停造成污染的硅铁厂是应该的。同时，普通村民口述中还有一点，就是认为西沟是先进村、名村，互助合作化时期就很好地贯彻了国家方针政策，在当前注重生态环境的大背景下，更应该保持先进村的传统，硅铁厂放在其他普通村庄，为了经济效益可以暂缓关闭，但是在西沟就一定要执行国家政策，这也是关停硅铁厂得到西沟上上下下理解的原因。

口述者文化水平的差异。西沟作为历史名村，合作化时期在李顺达领导下，中小学教育取得很大成就，公社化时期还创办了金星大学。目前西沟村两委委员中，学历最高者还属文革前的西沟老高中毕业生，中青年委员则以初中生为多。老高中生代表了当年西沟思维活、观念新、实践快的一批人，他们在联产承包责任制实行初期，在西沟实行林业集体经营、责任田个人耕种的"双层经营"政策下，率先承包西沟的果树、核桃树等经济林，取得了较好的经济效益，在口述这段历史时，大多讲述客观、低调、不事张扬，讲自己的事，也扩展到同村同类人员的事，他们叙述、归纳能力强，与访谈者互动很好，在讲述事情的同时就对那段历史进行了自己的总结，讲述有主题、成篇章。而同年龄段学历较低的人，就需要访谈者更多的提问和引导，且口述内容碎片化，时间上缺乏连贯性。

口述者性格特点。口述者的性格特点在口述访谈中是很关键的因素，对初次访谈者，性格外向的村民能在聊天中自然被引导进入主题，与访谈者互动频繁，便于话题深入，反之，则需要进行几次接触、深入引导，才能得到有价值的访谈资料。性格特点除了关乎天性外，与上述文化程度有一定的关系。受教育程度决定了一个人的见识和在村里的发展，也决定了自身的视野。对于外界的来访者，受教育程度较高的村民比较愿意展开对话，他们也想借此了解外面的世界。如对于上世纪五十年代的栽种苹果树、六七十年代的治滩修堤，性格外向者能口述出很多细节，包括怎么发种子，怎么挖坑，怎么栽种，李顺达又是怎么严格检查，对偷懒者怎么发回重新撒种，"李顺达那厉害！"苹果树怎样从几颗变成满山遍野的过程。申纪兰就是这方面的代表，她的叙述就是有声有色，娓娓道来。对于性格内向者来说，很大的场面可能几句话就说完了。

口述者在村里的地位。这里包括普通村民、村委委员、走出去成为国家干部的西沟人、退休后回到西沟的乡镇干部，西沟的"老干部"，就是在村主要领导岗位退下来的人、从外面企业退休后回到西沟养老的人，还有在村民中德高望重的人。如担任乡镇干部后退休回到村里的人，村里人眼里他们是"公家人"，尤其是退休待遇高，在村里地位也高，他们自己感觉也比较好，家里儿女盖房等事情安排得比较顺心，"孩子的房子给他盖好了，他们住在新房里"，也觉得对得起儿女，享受退休生活较轻松，他们更有精力和心情关心西沟的事情，在口述中能从西沟过去的辉煌中总结出今后该怎么做；从西沟走出去在市里面担任干部、退休后没有回到西沟的人，对西沟的叙述就带有回顾性和总结性，更注重西沟过去的经验教训和未来的发展，他们自身的感觉也是比较好；现在担任村主要领导的人，口述中就对西沟的发展、自己担任领导职务以来西沟的变化、西沟未来的展望很明晰，叙述条理，口吻自信稳健，与访谈者互动良好；在联产承包责制初期担任西沟主要领导的人，梳理了自己在位时工作的得失，同样是细节清晰，并对西沟的现状提出了自己的思考，给出了西沟未来发展的具体办法。这些口述资料的质量都非常高，他们可以说是西沟的精英，在西沟的地位较高，做的事情也比较重要。

口述者的性别。性别对口述内容的影响，体现在口述话题和口述内容的深度上。对女性村民，最好访谈者也是女性，这样可以拉近彼此感情距离，便于对口述者加以引导。同样在访谈者引导下，性格内向的女性村民关注面较窄，就是说说家里子女情况、经济状况、未来打算等，对村里事务大多不关心，也说不出什么，唯一感兴趣的就是子女的教育，说说村里的中小学学校，说说当前村里教育教师的萎缩；对性格外向的女性村民，通过拉家常找到她们感兴趣的话题，他们的"话匣子"打开后，就会滔滔不绝地开讲，叙述极其详细，充满感情，有生动的细节，外加肢体语言。如女性村民说到当年为李顺达家做饭，说到在村里幼儿园工作，说到养育孩子的艰辛，顺带数落一下老伴，"孩子都是我带的！"有声有色。还有女性村民说到自己在集体化时期参加劳动中负伤，很详细地说到申纪兰怎样帮她疗伤，说到对自己以后生活的影响，但这类女性在口述过程中没有表现出悲观情绪，更多地是一种语言的宣泄和情绪的梳理，农家生活和劳动场景通过她们的口述表现得淋漓尽致。对于公社化时期的公共食堂，女性村民的回忆就带着性别色彩，说全家到公共食堂吃饭，"就不用回家做饭啦！"这是最有意思的地方，这与男村民对公共食堂的回忆不同，男村民的记忆点集中在吃不饱饭上，对能减轻家务劳动没有切身体会。

村民的集体记忆。主要集中在对李顺达的怀念和评价，对集体经济时代的追忆。对李顺达的怀念在村里的中老年人群体中是普遍存在的，在青年人中，李顺达的口碑也很好。在口述中，村民说到李顺达当初怎样来的西沟，说到李顺达的母亲郭玉芝，说到李顺达对工作的严格要求，说到有村民在集体果树林里摘了一个苹果，被李顺达批评，说到李顺达帮助有困难的人。大家的共同感受是，李顺达思维超前，具有开拓精神，脑子活，肯吃苦，又没有私心，是个难得的好带头人。西沟人认为，西沟过去的辉煌是有了李顺达，李顺达如果活在今天，西沟的发展一定比现在要好。对老一辈西沟人来讲，记忆中的集体化时期，西沟村委会凝聚力强，党组织有力量，干部作风好，带头人以身作则，能服众，每天很"有劲！"但是集体劳动强度确实很大，生活艰苦。对今天的生活，老一辈西沟人觉得"国家有医保，村里70岁以上老年人有福利，过年过节还发面，村里还免费安装有限电视"，对今天的生活满意度高。

"隐形"口述者。因为在村里境遇不同，或自身诉求没有得到满足，或对村里发展现状不满意，有部分村民要求在不具名的条件下，谈了自己的看法，也有很多切实的建议。如对村里为了保持绿化而禁止在山上放羊不满意，"山上绿化已经过了这么多年，不应该禁止放羊"。对村干部工作不满意，"村干部为自己想得多，西沟的发展与名村的要求太远"。对自身成绩的展示，"我自己干自己的，每年养多少只羊，我有我的办法。"只要诚心提出问题，这些口述者还是愿意对西沟以外的人说出自己的心里话。

随着口述史研究成果的不断增多，口述史理论也在不断丰富着，我们希望，《西沟口述史》作为村民群体口述史的又一次实践，能为中国口述史学的建设贡献一份力量。

刘晓丽

2017 年 2 月 23 日

目　　录

口述史卷一

口述者名录（以姓氏笔画为序）

访谈对象 马书田（男，1954 年 3 月生于平顺县杏城村，中共党员，中专文化，曾任西沟乡卫生院医生）

访谈时间及地点 2013 年 5 月 29 日，西沟乡卫生院

访谈者 赵俊明

录音整理 郭永琴

访谈对象 马书珍（女，1944 年农历八月二十五出生于平顺县西沟村老西沟，初中文化，曾任妇女队长）

访谈时间及地点 2013 年 6 月 8 日，南赛

访谈者 刘晓丽

录音整理 郭永琴

访谈对象 马志勤（男，1937 年农历七月初七生于平顺县西沟村沙地栈，煤矿工人）

访谈时间及地点 2013 年 5 月 25 日，沙地栈

访谈者 刘晓丽

录音整理 郭永琴

访谈对象 马怀生（男，1945 年 7 月生于平顺县西沟村池底，中共党员，初中文化，西山矿务局退休工人）

原海松（男，1952 生于平顺县西沟村池底，初中文化，长钢退休工人）

访谈时间与地点 2013 年 6 月 6 日，池底郭广玲家中

访谈及录音整理 刘晓丽 赵俊明（整理者）

访谈对象 马明（男，1919 年 1 月 18 日生于孝义县，中共党员，新华社山西省分社党组书记，副社长，离休干部）

访谈时间及地点　2014 年 6 月 17 日，新华社山西分社家属院

访谈者　李苏娥　刘晓丽

录音整理　柏婷

访谈对象　牛全秀（女，1966 年生于平顺县西沟村池底，小学文化，经营小商店）

访谈时间与地点　2013 年 6 月 4 日，东峪商店

访谈及录音整理　赵俊明

访谈对象　牛来有（男，1950 年 8 月生于平顺县西沟村池底，初中文化）

访谈时间与地点　2013 年 6 月 6 日，池底郭广玲家中

访谈及录音整理　赵俊明

访谈对象　王支林（男，1951 年生于平顺县西沟村池底，初中文化，经营粮食加工厂）

郭开花（女，生于平顺县西沟乡赵店村，小学文化）

访谈时间与地点　2013 年 6 月 5 日，池底家中

访谈及录音整理　赵俊明

访谈对象　王金山（男，1948 年生于平顺县西沟村南赛，中专文化，中共党员，退休教师）

访谈时间与地点　2013 年 6 月 7 日，南赛房根山家中

访谈及录音整理　赵俊明

访谈对象　王晓平（男，1958 年 6 月生于平顺县北社乡西北坡村，中共党员，曾任西沟展览馆馆长，现任平顺县政府办公室副主任）

访谈时间及地点　2014 年 5 月 21 日，平顺县政府办公大楼

访谈及录音整理　刘晓丽

访谈对象　王根考（男，1956 年 9 月 29 日生于平顺县西沟村古罗，高中文化，中共党员，西沟村党总支书记、村委会主任）

访谈时间与地点　2013 年 6 月 11 日，西沟村委会

访谈者　刘晓丽　赵俊明

录音整理 郭永琴

访谈对象 王增林（男，1957 年 1 月 25 日生于平顺县西沟村池底，中共党员，高中文化，曾任西沟村党总支副书记，分支书记）

访谈时间及地点 2013 年 6 月 6 日，池底

访谈者 赵俊明 刘晓丽

录音整理 郭永琴

访谈对象 卢功勋（男，1933 年 11 月生于山西朔州，中共党员，大专文化，原山西省人大常委会主任，党组书记）

访谈时间及地点 2014 年 7 月 10 日，太原市丽华苑

访谈者 李中元 杨茂林 刘晓丽

录音整理 柏婷

访谈对象 申长平（男，1955 年 2 月生于平顺县山南底村，中共党员，大学文化，山西省财政专科学校校长、教授）

访谈时间及地点 2014 年 11 月 5 日，山西省财政专科学校

访谈者 刘晓丽 赵俊明

录音整理 郭永琴

访谈对象 申纪兰（女，1929 年 12 月出生于平顺县龙镇［今龙溪镇］扬威村，中共党员，历任西沟金星农林牧生产合作社副主任、中共平顺县委副书记、山西省妇联主任、长治市人大常委会副主任、全国妇联第二至四届执委，全国著名劳动模范，第一届至第十二届全国人大代表）

访谈时间及地点 2013 年 12 月 16 日，2014 年 4 月 16 日，西沟展览馆

访谈者 李中元

录音整理 刘晓丽

访谈对象 申纪兰（女，1929 年 12 月出生于平顺县龙镇［今龙溪镇］扬威村，中共党员，历任西沟金星农林牧生产合作社副主任、中共平顺县委副书记、山西省妇联主任、长治市人大常委会副主任、全国妇联第二至四届执委，全国著名劳动模范，第一届至第十二届全国人大代表）

访谈时间及地点 2014 年 4 月 21 日至 5 月 26 日，2015 年 5 月 5 日，2016 年 5

月 20 日，西沟乡政府

    访谈及录音整理 刘晓丽

    访谈对象 刘重阳（男，1948 年九月初九生于长治市郊区黄碾镇，中专文化，山西作家协会会员、长治市作家协会顾问）

    访谈时间及地点 2014 年 5 月 14 日，长治市

    访谈及录音整理 刘晓丽 郭永琴（整理者） 张文广

    访谈对象 吕日周（男，1945 年 1 月生于山西大同，中共党员，大学文化，曾任长治市委书记、山西省政协副主席，现任山西省改革创新研究会会长、国家行政学院和北京大学等多所大学兼职教授）

    访谈时间及地点 2014 年 11 月 5 日，太原丽华苑

    访谈者 张正明 刘晓丽

    录音整理 郭永琴

    访谈对象 宋立英（女，1930 年农历十一月二十八生于昔阳县大寨村，中共党员，扫盲班、民校毕业，原大寨村妇女主任、党支部副书记，山西省妇联副主任，山西省劳动模范）

    访谈时间及地点 2014 年 11 月 15 日，大寨

    访谈及录音整理 刘晓丽 郭永琴（整理者）

    访谈对象 李立功（男，1925 年农历正月初一生于交城县山水村，中共党员，大专文化，原山西省省委书记）

    访谈时间及地点 2014 年 6 月 27 日，交城县山水村

    访谈者 李中元

    录音整理 柏婷

    访谈对象 李玉秀（女，1951 年 5 月 23 日生，农民）

    访谈时间及地点 2013 年 6 月 9 日，沙地栈

    访谈者 刘晓丽 赵俊明

    录音整理 张文广

    访谈对象 李平宽（男，1941 年十月生于平顺东寺头乡安咀村，后落户平顺县

西沟村古罗，初中文化，中共党员，退休兽医）

张志考（男，1933年3月生于平顺县西沟村古罗，小学文化，曾任生产小队长）

访谈时间与地点 2013年5月28日，古罗李平宽家中

访谈及录音整理 刘晓丽 赵俊明（整理者）

访谈对象 李怀莲（女，1960年9月生于昔阳县三都村，中共党员，初中文化，大寨村妇女主任）

访谈时间及地点 2014年11月16日，大寨

访谈及录音整理 刘晓丽 郭永琴（整理者）

访谈对象 李苏娥（女，1958年7月生于平顺县西沟村，中共党员，高中文化，山西省委老干部局活动指导处处长）

访谈时间及地点 2014年6月16日，山西省委老干部局

访谈者 刘晓丽

录音整理 柏婷

访谈对象 李建国（男，1977年5月生于太原，中共党员，大专文化，山西省太原钢铁集团有限公司工会宣传干事）

访谈时间及地点 2014年6月13日，太原钢铁集团有限公司宣传部

访谈者 刘晓丽 姚丽琴

录音整理 柏婷

访谈对象 李海滨（男，1972年9月生于昔阳县大寨村，大专文化，中共党员，曾任大寨村村委委员，现为大寨镇驻大寨村干部，兼任大寨村团支部书记）

访谈时间及地点 2014年11月16日，大寨村村委办公室

访谈及录音整理 刘晓丽 郭永琴（整理者）

访谈对象 李斌（男，1973年7月生于平顺县西沟村，高中文化，中共党员，西沟村总支副书记、纪兰饮料公司经理）

访谈时间及地点 2014年5月27日，纪兰饮料公司

访谈者 刘晓丽

录音整理 张文广

访谈对象 李新民（男，1961年9月26日生于平顺县西沟村池底，高中文化，中共党员，纪兰饮料公司副厂长）

访谈时间及地点 2014年5月27日，纪兰饮料公司

访谈者 刘晓丽

录音整理 张文广

访谈对象 杨中林（男，1962年12月生于平顺县西沟村南赛，初中文化，饮料厂销售经理）

访谈时间与地点 2013年5月28日，饮料厂办公室

访谈及录音整理 赵俊明

访谈对象 杨永胜（男，1955年2月生，中共党员，高中文化，平顺县西沟乡中心校会计，小教高级）

王书英（女，1966年3月生于平顺县西沟村老西沟，中共党员，高中文化，平顺县西沟乡中心校教师，小教一级）

访谈时间及地点 2013年6月4日，西沟乡中心校

访谈者 刘晓丽

录音整理 郭永琴

访谈对象 杨巧莲（女，1971年10月6日生于昔阳县南峪村，中共党员，初中文化，大寨展览馆讲解员）

访谈时间及地点 2014年11月16日，大寨展览馆

访谈及录音整理 郭永琴（整理者） 张文广

访谈对象 杨伟民（男，1965年2月生于平顺县龙镇新城，中共党员，中专文化，平顺县西沟乡卫生院院长）

访谈时间及地点 2013年5月29日，西沟乡卫生院

访谈者 刘晓丽

录音整理 郭永琴

访谈对象 杨忠平（男，1964年10月生于平顺县青羊镇王庄村，大专文化，平顺县西沟小学校长）

访谈时间与地点 2013年6月4日，西沟小学

访谈及录音整理　赵俊明

访谈对象　杨显斌（男，1953 年 11 月生于平顺县龙镇新城村，高中文化，中共党员，原平顺县政协主席）

访谈时间及地点　2014 年 5 月 13 日，平顺县家中

访谈者　刘晓丽　郭永琴　张文广

录音整理　柏婷

访谈对象　张小英（女，1961 年生，小学文化）
　　　　　　张书爱（女，1958 年生，小学文化）
　　　　　　申开凤（女，1955 年生，初中文化）
　　　　　　马书桃（女，1955 年生，文盲）

访谈时间与地点　2013 年 6 月 7 日，南赛房根山家中

访谈及录音整理　赵俊明

访谈对象　张双兰（女，1967 年 3 月生于平顺县西沟村南赛，初中文化）

访谈时间与地点　2013 年 6 月 4 日，刘家地家中

访谈及录音整理　赵俊明

访谈对象　张文龙（男，1954 年 2 月生于平顺县西沟村刘家地，高中文化，中共党员，村委会会计）

访谈时间与地点　2013 年 6 月 3 日，刘家地家中

访谈及录音整理　赵俊明

访谈对象　张双考（男，1944 年生于平顺县西沟村刘家地，小学文化，中共党员，退休工人）（其中有张双考妻子、儿子、儿媳的插话）

访谈时间与地点　2013 年 6 月 4 日，刘家地家中

访谈及录音整理　赵俊明（整理者）　刘晓丽

访谈对象　张双红（男，1972 年生于平顺县西沟村老西沟，高中文化，中共党员，西沟村总支副书记）

访谈时间与地点　2013 年 5 月 29 日，老西沟张俊玲家中

访谈及录音整理　赵俊明

访谈对象 张丑则（男，1946 年农历七月十二生于平顺县西沟村古罗，小学文化，村民）

张喜松（男，1953 年农历五月二十五生于平顺县西沟村古罗，高中文化，村民）

访谈时间及地点 2013 年 5 月 28 日，古罗

访谈者 刘晓丽

录音整理 郭永琴

访谈对象 张开连（女，1945 年 3 月 17 日生于平顺县西沟乡东坡村，扫盲班毕业，曾任西沟村生产小队队长）

访谈时间及地点 2013 年 6 月 14 日，东峪

访谈者 刘晓丽

录音整理 郭永琴

访谈对象 张仁忠（男，1952 年 6 月生于平顺县西沟村南赛，初中文化，中共党员，村监督委员会委员）

访谈时间与地点 2013 年 6 月 10 日，西沟村委会办公室

访谈及录音整理 赵俊明（整理者） 刘晓丽

访谈对象 张双虎（男，1930 年 6 月生于平顺县西沟村池底，中共党员，小学文化）

访谈时间与地点 2013 年 6 月 6 日，池底郭广玲家中

访谈及录音整理 刘晓丽 赵俊明（整理者）

访谈对象 张中林（男，1970 年 4 月生于平顺县西沟村刘家地，中共党员，饮料厂办公室主任）

访谈时间与地点 2013 年 5 月 28 日，饮料厂办公室

访谈及录音整理 赵俊明

访谈对象 张天娥（女，1949 年农历六月初六出生于平顺县西沟村南赛，小学文化，村民）

马书珍（女，1944 年农历八月二十五出生于平顺县西沟村老西沟，初中文化，曾任妇女队长）

赵雪英（女，1947年农历腊月二十三出生于平顺县西沟村南赛，小学文化，村民）

韩小娥（女，1953年农历腊月初五出生于平顺县韩家村，小学文化，村民）

访谈时间及地点　2013年6月8日，南赛

访谈者　刘晓丽

录音整理　郭永琴

访谈对象　张天勤（男，1953年农历四月十三生于平顺县西沟村沙地栈，曾任西沟村生产小队记工员、林业队技术员）

访谈时间及地点　2013年5月26日，沙地栈

访谈者　刘晓丽

录音整理　郭永琴

访谈对象　张平江（男，1946年生于平顺县西沟村南赛，小学文化）

访谈时间与地点　2013年6月8日，南赛街上

访谈及录音整理　赵俊明

访谈对象　张申考（男，1938年生于平顺县西沟村南赛，退休工人）

访谈时间与地点　2013年6月8日，南赛家中

访谈及录音整理　赵俊明

访谈对象　张红则（男，1954年生于平顺县西沟村古罗，高中文化，复原军人）

访谈时间与地点　2013年5月28日，古罗李平宽家中

访谈及录音整理　刘晓丽　赵俊明（整理者）

访谈对象　张买兴（男，1933年农历正月二十六生于平顺县西沟村沙地栈，小学文化，中共党员，曾任西沟大队副队长、西沟乡秘书、西沟乡团委书记、西沟大队副主任）

访谈时间及地点　2013年5月25日，沙地栈

访谈者　刘晓丽

录音整理　郭永琴

访谈对象　张光明（男，1986 年 12 月生于平顺县西沟村沙地栈，高中文化，中共党员，村委委员、民兵营长）

访谈时间与地点　2013 年 6 月 10 日，西沟村委会办公室

访谈及录音整理　赵俊明

访谈对象　张有松（男，1953 年生于平顺县西沟村南赛，小学文化，养殖户）

访谈时间与地点　2013 年 6 月 8 日，南赛家中

访谈及录音整理　赵俊明

访谈对象　张李珍（女，1952 年 3 月生于平顺县西沟村沙地栈，中共党员，大学文化，中国人民解放军第二八五医院妇产科主任，主任医师）

访谈时间及地点　2013 年 6 月 10 日，沙地栈

访谈及录音整理　刘晓丽　郭永琴（整理者）

访谈对象　张军玲（女，1971 年 10 月生于平顺县西沟村南赛，小学文化，村民）

访谈时间及地点　2013 年 6 月 9 日，南赛

访谈者　刘晓丽

录音整理　郭永琴

访谈对象　张庆玲（女，1972 年农历十一月初九生于平顺县西沟村池底，初中文化）

访谈时间及地点　2013 年 6 月 6 日，池底

访谈者　刘晓丽

录音整理　郭永琴

访谈对象　张芝斌（男，1936 年农历腊月生于平顺县西沟村沙地栈，小学文化，曾任西沟村记工员、农业技术员、生产队小队长、村民小组组长）

访谈时间及地点　2013 年 5 月 24 日，沙地栈

访谈者　刘晓丽

录音整理　郭永琴

访谈对象　张志斌（男，1940 年生于平顺县西沟村南赛，退休工人，小学文化）

　　　　　王金山（男，1948 年生于平顺县西沟村南赛，中共党员，退休教

师，中专文化）

访谈时间与地点 2013年6月7日，南赛房根山家中

访谈及录音整理 赵俊明

访谈对象 张建中（男，1956年11月生于平顺县西沟村刘家地，高中文化，中共党员，西沟村村民小组长、党小组长）

访谈时间及地点 2013年6月3日，刘家地

访谈者 刘晓丽　赵俊明

录音整理 郭永琴

访谈对象 张朋考（男，1937年出生于平顺县西沟村沙地栈，小学文化，中共党员，林场工人）

访谈时间及地点 2013年5月27日，沙地栈

访谈者 刘晓丽　赵俊明

录音整理 郭永琴

访谈对象 张明朝（男，1946年农历正月二十一生于平顺县西沟村池底，初中文化，中共党员，曾任西沟村生产小队小队长、西沟大队副主任、东寺头乡乡长、平顺县科委副主任）

访谈时间及地点 2013年6月5日，池底

访谈者 刘晓丽　赵俊明

录音整理 郭永琴

访谈对象 张虎群（男，1950年生于平顺县西沟村古罗，小学文化，中共党员，退休干部）

　　　　　　　崔秋喜（男，1949年8月生于平顺县西沟村古罗，小学文化，退休工人）

访谈时间与地点 2013年5月29日，古罗张虎群家中

访谈及录音整理 赵俊明

访谈对象 张秋财（男，1936年农历八月二十九生于平顺县西沟村沙地栈，中共党员，曾任西沟村生产小队小队长）

访谈时间及地点 2013年5月25日，沙地栈

访谈者　刘晓丽

录音整理　郭永琴

访谈对象　张俊玲（女，1973 年生于平顺县西沟村南赛，初中文化，核桃露厂员工）

访谈时间与地点　2013 年 5 月 29 日，老西沟家中

访谈及录音整理　赵俊明

访谈对象　张根秀（女，1947 年农历十月十二生于平顺县西沟村沙地栈，小学文化，村民）

访谈时间及地点　2013 年 6 月 7 日，南赛

访谈者　刘晓丽

录音整理　柏婷

访谈对象　张高明（男，1956 年生于平顺县西沟村刘家地，中共党员，高中文化，曾任西沟村委会主任、总支书记，现任县林业局正科级科员）

访谈时间及地点　2014 年 5 月 25 日，西沟展览馆

访谈及录音整理　刘晓丽　郭永琴（整理者）

访谈对象　张爱斌（男，1974 年 10 月生于平顺县西沟村南赛，中共党员，养殖户，初中文化）

访谈时间与地点　2013 年 6 月 8 日，南赛猪场

访谈及录音整理　赵俊明

访谈对象　张章存（男，1947 年 12 月生于平顺县西沟村老西沟，初中文化，中共党员，原西沟村党总支副书记）

访谈时间及地点　2014 年 4 月 18 日 – 4 月 29 日，老西沟

访谈及录音整理　刘晓丽　赵俊明　郭永琴　张文广（整理者）

访谈对象　张雪明（男，1969 年 3 月生于平顺县西沟村古罗，中共党员，村委委员，高中文化）

访谈时间与地点　2013 年 6 月 12 日，西沟村委会办公室

访谈及录音整理　赵俊明

访谈对象　张彩霞（女，1975年四月初五生于平顺县西沟村古罗，潞绣厂主管生产）

访谈时间及地点　2013年5月27日，沙地栈潞绣厂

访谈者　赵俊明　刘晓丽

录音整理　郭永琴

访谈对象　张新民（男，1956年11月生于平顺县西沟村刘家地，高中文化）

访谈时间及地点　2013年6月3日，刘家地

访谈者　刘晓丽

录音整理　郭永琴

访谈对象　张锦绣（女，1946年12月生于平顺县西沟村沙地栈，中共党员，工人，高小文化）

访谈时间及地点　2013年6月10日，沙地栈

访谈者　刘晓丽

录音整理　郭永琴

访谈对象　张增国（男，1954年4月生于平顺县西沟村池底，中共党员，村委会副主任，初中文化）

访谈时间与地点　2013年6月12日，西沟村委会办公室

访谈及录音整理　赵俊明

访谈对象　武反珍（男，1948年生于平顺县西沟村刘家地，初中文化，退休教师）

访谈时间与地点　2013年6月4日，刘家地家中

访谈及录音整理　赵俊明

访谈对象　房根山（男，1959年11月生于平顺县西沟村南赛，高中文化，中共党员，西沟村总支副书记、南赛分支书记）

访谈时间与地点　2013年6月8日，南赛家中

访谈及录音整理　赵俊明

访谈对象　孟艾芳（男，1955年3月生于潞城市，中共党员，大学文化，山西省社会科学院副院长，研究员，党建研究专家）

访谈时间及地点 2014 年 11 月 13 日，山西省社会科学院

访谈者 刘晓丽

录音整理 郭永琴

访谈对象 周王亮（男，1975 年 9 月生于平顺县西沟村东峪，初中文化，中共党员，西沟村委会副主任）

访谈时间与地点 2013 年 6 月 5 日，东峪家中

访谈及录音整理 赵俊明（整理者） 刘晓丽

访谈对象 周布考（男，1947 年 1 月生于平顺县西沟村东峪，小学文化）

访谈时间与地点 2013 年 6 月 4 日，东峪家中

访谈及录音整理 赵俊明

访谈对象 周李斌（男，1974 年 4 月生于平顺县西沟村东峪，中共党员，经营小饭店，初中文化）

访谈时间与地点 2013 年 6 月 5 日，东峪家中

访谈及录音整理 赵俊明

访谈对象 周明亮（男，1971 年 6 月生于平顺县西沟村东峪，收购山货药材，初中文化）

访谈时间与地点 2013 年 6 月 4 日，东峪家中

访谈及录音整理 赵俊明

访谈对象 周俊平（男，1972 年 8 月生于平顺县西沟村东峪，初中文化，硅铁厂工人）

访谈时间与地点 2013 年 6 月 5 日，东峪家中

访谈及录音整理 赵俊明

访谈对象 周群考（男，1950 年 8 月 12 日生于平顺县西沟村小东峪，高中文化，中共党员，曾任西沟大队记分员、生产队长、党支部副书记）

访谈时间及地点 2013 年 6 月 4 日，东峪

访谈者 刘晓丽

录音整理 郭永琴

访谈对象 周德松（男，1956 年 6 月生于平顺县西沟村东峪，高中文化，村委会办公室主任）

访谈时间与地点 2013 年 6 月 10 日，西沟村委会办公室

访谈及录音整理 赵俊明

访谈对象 侯爱景（女，1948 年农历七月二十九生于平顺县西沟村东峪沟，小学文化，中共党员，曾任西沟村民兵副营长，西沟大队妇女主任）

访谈时间及地点 2013 年 6 月 5 日，池底

访谈者 刘晓丽

录音整理 郭永琴

访谈对象 侯雪珍（女，1937 年 11 月生于平顺县东寺头乡寺头村，扫盲班毕业，中共党员，西沟村生产队小队长、大队妇联工作）

访谈时间及地点 2013 年 5 月 26 日，沙地栈

访谈者 刘晓丽

录音整理 郭永琴

访谈对象 郝秋英（女，1962 年农历三月十七生于平顺县西沟村南赛，高中文化，中共党员，西沟村党小组长）

访谈时间及地点 2013 年 5 月 29 日，老西沟

访谈者 赵俊明 刘晓丽

录音整理 郭永琴

访谈对象 赵玉生（男，1963 年 10 月生于平顺县西沟村辉沟，高中文化，中共党员，西沟村支委委员，纪兰饮料公司保管）

访谈时间及地点 2013 年 5 月 25 日，纪兰饮料公司

访谈者 刘晓丽

录音整理 郭永琴

访谈对象 赵瑜（男，1955 年出生于山西长治，大专学历，中共党员，国家一级作家，中国报告文学学会副会长、山西省作家协会副主席、山西土墨文化公司董事长）

访谈时间及地点 2014 年 6 月 6 日，太原赵瑜工作室

访谈对象　胡买松（男，1945 年生于平顺县西沟村古罗，初中文化，中共党员，曾任村会计、副书记、书记）

访谈时间与地点　2013 年 5 月 30 日，古罗家中

访谈及录音整理　赵俊明

访谈对象　贾存兰（女，1950 年 2 月生于昔阳县大寨村，中共党员，初中文化，原铁姑娘队成员，大寨村妇女主任）

访谈时间及地点　2014 年 11 月 16 日，大寨展览馆

访谈及录音整理　郭永琴

访谈对象　郭广玲（女，1972 年 9 月 12 日生于平顺县西沟村刘家地，初中文化，中共党员，原西沟村委会妇女主任，分管妇女工作的副书记，现西沟村支委委员）

访谈时间及地点　2014 年 5 月 8 日，西沟展览馆

访谈及录音整理　刘晓丽　郭永琴（整理者）

访谈对象　郭凤莲（女，1947 年 9 月生于昔阳县武家坪村，中共党员，初中文化，原大寨铁姑娘队队长，大寨村党总支书记。1973 年担任大寨党支部书记，1977 年任昔阳县委副书记，1991 年回大寨担任党支部书记，2004 年至今担任大寨村党总支书记。1977 年当选为中共十一大代表，中央候补委员，1978 年当选为五届全国人大代表，人大常委会委员。2003 年、2008 年、2013 年连续当选第十届、第十一届、第十二届全国人大常委。）

访谈时间及地点　2014 年 11 月 18 日，大寨

访谈者　刘晓丽　赵俊明

录音整理　郭永琴

访谈对象　郭生平（男，1954 年 10 月生于平顺县西沟乡下井村，小学文化，西沟接待站厨师）

访谈时间与地点　2013 年 6 月 11 日、13 日，西沟接待站

访谈及录音整理　赵俊明

访谈对象 郭红岗（男，1974 年 12 月生于平顺县西沟村南赛，大专文化，中共党员，西沟村支委委员）

访谈时间与地点 2013 年 6 月 12 日，西沟村委会办公室

访谈及录音整理 赵俊明

访谈对象 郭刚亮（男，1954 年生于平顺县西沟村刘家地，小学文化）

访谈时间与地点 2013 年 6 月 3 日，刘家地董福锁家中

访谈及录音整理 赵俊明

访谈对象 郭军显（男，1974 年生于平顺县西沟村南赛，养羊养殖户，初中文化）

访谈时间与地点 2013 年 6 月 9 日，南赛河滩

访谈及录音整理 赵俊明

访谈对象 郭志红（男，1933 年生于平顺县西沟乡川底村，退休工人，小学文化）

郭则根（男，1938 年生于平顺县西沟乡川底村，小学文化）

访谈时间与地点 2013 年 6 月 13 日，川底村广场

访谈及录音整理 刘晓丽 赵俊明（整理者）

访谈对象 郭宏芳（女，1980 年 5 月生于平顺县西沟乡下井村，中专文化，饮料厂员工）

访谈时间与地点 2013 年 5 月 28 日，饮料厂办公室

访谈及录音整理 赵俊明

访谈对象 郭志福（男，1958 年生于平顺县西沟乡川底村，中共党员，退休工人，初中文化）

原福旺（男，1954 年生于平顺县西沟乡川底村，中共党员，退休工人，初中文化）

访谈时间与地点 2013 年 6 月 13 日，川底赵树理旧居

访谈及录音整理 刘晓丽 赵俊明（整理者）

访谈对象 郭苹果（女，1956 年农历二月十九生于平顺县西沟村南赛，初中文化，村民）

访谈时间及地点 2013 年 6 月 7 日，南赛

访谈者 刘晓丽

录音整理 柏婷

访谈对象 郭爱巧（女，1937 年农历四月初三生于平顺县城关乡路家口村，小学文化，曾任西沟村幼儿园负责人、保姆）

访谈时间及地点 2013 年 5 月 25 日，沙地栈

访谈者 刘晓丽

录音整理 郭永琴

访谈对象 郭清贞（女，1940 年农历腊月二十二生于平顺县西沟村沙地栈，扫盲班毕业）

　　　　　张天勤（男，1953 年农历四月十三生于平顺县西沟村沙地栈，曾任西沟村生产小队记工员，林业队技术员）

访谈时间及地点 2013 年 5 月 26 日，沙地栈

访谈者 刘晓丽

录音整理 郭永琴

访谈对象 郭雪岗（男，1970 年 8 月生于平顺县西沟乡青行头村，高中文化，中共党员，西沟接待站主任）

访谈时间与地点 2013 年 6 月 12 日，西沟接待站

访谈及录音整理 刘晓丽　赵俊明（整理者）

访谈对象 郭腊苗（女，1970 年 11 月生于平顺县西沟乡韩家村，初中文化，中共党员，村委委员）

访谈时间与地点 2013 年 6 月 10 日，西沟村委会办公室

访谈及录音整理 刘晓丽　赵俊明（整理者）

访谈对象 郭增贤（男，1951 年 2 月生于平顺县西沟村池底，初中文化）

访谈时间与地点 2013 年 6 月 6 日，池底郭广陵家中

访谈及录音整理 刘晓丽　赵俊明（整理者）

访谈对象 秦江峰（男，1995 年 5 月 2 日生于平顺县西沟村东峪，长治市二中

学生，共青团员）

秦有龙（男，1968年10月8日生于平顺县西沟村东峪，初中文化，村民）

访谈时间及地点 2013年6月7日，东峪沟

访谈者 刘晓丽

录音整理 郭永琴

访谈对象 秦周则（男，1938年五月十八生于平顺县西沟村，高中文化，中共党员，曾任西沟村团支部书记、民兵营长、西沟乡党委副书记）

访谈时间与地点 2013年5月24日，沙地栈本人家中

访谈及录音整理 刘晓丽

访谈对象 秦春娥（女，1966年生于平顺县西沟村老西沟，初中文化）

访谈时间与地点 2013年5月29日，老西沟张俊玲家中

访谈及录音整理 赵俊明

访谈对象 柴玉棉（女，1958年7月生于沁水县，中共党员，大学文化，原长治市发展与改革委员会主任）

访谈时间及地点 2014年5月16日，西沟展览馆

访谈者 刘晓丽

录音整理 柏婷

访谈对象 高春平（男，1963年3月生于临县，中共党员，研究生文化，山西省社会科学院历史研究所副所长，研究员，山西省历史学会副会长）

访谈时间及地点 2014年11月19日，山西省社会科学院历史研究所办公室

访谈及录音整理 刘晓丽 郭永琴（整理者）

访谈对象 常开苗（女，1948年农历五月初五生于平顺县青阳镇崇岩村，高中文化，曾任西沟村妇女主任）

访谈时间及地点 2013年5月24日，沙地栈

访谈者 刘晓丽

录音整理 郭永琴

访谈对象 崔迈桃（女，1960年6月4日生于平顺县西沟村，中共党员，高中文化，西沟乡人口与计划生育服务站站长，医生）

访谈时间及地点 2014年5月19日，西沟乡人口与计划生育服务站

访谈者 刘晓丽

录音整理 柏婷

访谈对象 董长军（男，1962年生于平顺县西沟村东峪沟，小学文化，铁合金厂工人）

访谈时间与地点 2013年6月7日，池底家中

访谈及录音整理 赵俊明

访谈对象 董福锁（男，1946年4月生于平顺县西沟村刘家地，小学文化）

访谈时间与地点 2013年6月3日，刘家地家中

访谈及录音整理 赵俊明

访谈对象 韩连凤（女，1968年12月生于平顺县西沟村南赛，初中文化，村民）

访谈时间及地点 2013年6月9日，南赛

访谈者 刘晓丽

录音整理 柏婷

访谈对象 裴书开（女，1954年3月10日生于平顺县赵店村，小学文化）

张淑霞（女，1967年农历十月二十一生于平顺县西沟村刘家地，高中文化）

张松娥（女，1954年农历九月初一生于平顺县佛堂岭村，初中文化）

访谈时间及地点 2013年6月8日，南赛

访谈者 刘晓丽

录音整理 郭永琴

［张文广］

口述史卷一

一、金星奖章誉满全国

【深度论述】

西沟是 20 世纪四五十年代全国农业战线上的典型，也是新中国成立前后农村建设的一面旗帜，其不平凡的历程是从最初的一个苦难记忆中的小山村开始的。从一个以逃难而来的 20 户农民组成的小山村起家，在劳动模范李顺达的带领下，在困难时期成立了全国第一个互助组，逐步过渡到农林牧生产合作社，1952 年成为农业部表彰的四个"爱国丰产金星奖章"的获得者之一，成为那个时代全国农村的榜样和学习的方向。成名之后的西沟，重视教育，将教育和生产劳动相结合，继续艰苦奋斗，进行山区建设，并在此后逐步走向全国。李顺达作为西沟成长的带头人，在西沟成名和发展过程中起到了劳动模范应有的带头作用，在群众的记忆中印象深刻。

地处太行山深处的西沟，"山连山沟连沟，山是石头山，沟是乱石沟；冬季雪花卷风沙，夏季洪水如猛兽"，生存条件恶劣，正因为如此，当地成为战乱年代逃难难民的聚居之处。清朝咸丰到同治年间，为了躲避战乱和灾荒，河南林县（今林州市）的大量难民迁居到平顺各地，今西沟所属池底的李姓、东峪的周姓、古罗的崔姓、东峪沟的常姓、董姓等都是在此间迁来的。1929 年，受战乱和灾荒影响，又有大量的林县难民迁入平顺，老西沟的大部分以及西沟村内除张姓以及前边提到的周、李、崔、常、董等姓外的农户，多是在这时才落居于当地。[①] 以老西沟为例，20 户人家分散在 4 条毛沟里，除 2 户自耕农各自有六七亩土地外，其余人均是从河南林县逃荒而来的穷苦人家，租种着石匣、路家口、南赛等村 8 户地主的 114 亩荒坡地，不仅要缴纳地租和粮食，还要交纳山药蛋和杏核等土特产。大部分贫苦农民常年劳作，还是过着衣不遮体、食不果腹的苦难生活。"早上菜根地蔓［马铃薯］，中午疙糁［音 geshen，一种用玉米碎熬的粥］稀饭，晚上清汤映天"是当时大部

---

① 参见《西沟村志》，中华书局 2002 年版，第 31 页。

分农民真实生活的写照。[①] 1938 年开始，党组织在西沟开始逐步建立，革命斗争逐步开展起来，通过减租减息斗争，农民负担有所减少，生活得到了一定改善。在后来开展的土改运动中，西沟村有一些过火行为，但贫苦农民从此真正获得了土地，成为土地的主人。

历史的机遇也罢，杰出人物的创造也好，西沟的历史从 1942 年起发生重大改变。当时，太行山区遭受大旱，加上日军的频繁"扫荡"，根据地军民的生产生活遇到严重困难。西沟由于青壮年积极参军参战，留下来的少部分劳力也有大量的支前任务，使得生产上劳动力严重不足。在这种情况下，1943 年正月初二，李顺达组织宋金山、王周则、路文全、桑运河、李达才 5 户贫农成立了全国第一个农业生产组织——李顺达互助组。一个多月后，互助组便由最初的 5 户发展到 16 户，改称互助拨工队，下设 3 个互助小组和 1 个纺织小组，杨来福、桑运河、王周则分别为组长，李顺达母亲郭玉芝为纺织组长，李顺达为拨工大队长。[②] 在李顺达的领导之下，通过互助组这一组织形式，西沟顺利度过了灾荒。第二年，老西沟 20 户人家就有 19 户参加了互助组。不久，今西沟所属的池底、刘家地、东峪、沙地栈、南赛等自然庄也纷纷成立了互助组。互助组除组织正常耕种外，还组织刨药材、搞运输、喂猪喂鸡、放牧牲畜、纺花织布等副业生产，为组员增加收入。1946 年土改之后，农民有了自己的土地，生产发展很快，为了满足农民发家致富的要求，互助组扩大了互助内容，增加了生产门路。李顺达互助组共经历了 9 年时间，办了许多实事，从水深火热之中解放了穷苦农民，对本组、本村、本县以及抗日根据地、解放区和全国农业发展起到了示范和推动作用，成为"中国农民走社会主义道路的先行者"。作为互助组的带头人，李顺达 1944 年被太行区第一届群英会评为"生产互助一等英雄"，1945 年被太行区第二届群英会评为"合作劳动一等英雄"。1947 年，中共太行区委和太行行署授予李顺达互助组"翻身农民的道路"的光荣称号。1949 年、1950年、1951 年，李顺达分别作为农民代表、工农兵劳模代表和列席政协会议代表 3 次受到毛主席接见。1951 年西沟互助组把建组 9 年来的经历写信向毛主席汇报，《山西农民报》就此发表社论《西沟村由穷变富的道路就是广大农民的方向》。1951 年 3 月 6日，互助组向全国发出开展爱国丰产竞赛倡议，29 个省、市、自治区的 1938 个互助组的带头人和农民代表积极响应。此后，西沟的历史发生了翻天覆地的变化。

西沟互助组越办越红火，名气越来越大，但正是这种名气影响了他们率先试办合作社。1951 年 3 月，长治地委召开互助组代表会议，决定在互助组的基础上试办农业生产合作社。尽管李顺达再三要求办社，但地委以"西沟知名度高，影响大，

---

① 参见《西沟村志》，中华书局 2002 年版，第 37 页。
② 参见《西沟村志》，中华书局 2002 年版，第 43 页。

还是要谨慎些好，加之西沟刚向全国发出了开展爱国丰产竞赛倡议，不要再因办社分心"为虑，没有批准李顺达的办社要求。在长治地委试办的十个农业社成功之后，1951 年 12 月 10 日，西沟以李顺达互助组为依托成立了初级农业生产合作社，全村 51 户中入社 26 户，选举李顺达为社长，申纪兰为副社长，民主制定了合作社章程。西沟在办社之初出现了一些波折，马海兴等 5 户害怕吃亏退社，1953 年春顶住了上级的砍社风。1954 年，李顺达将社名改为西沟金星农林牧生产合作社。由于合作社办得有声有色，附近南赛、池底的农户也纷纷要求入社，1955 年入社农户达283 户。在生产建设方面，西沟金星农林牧生产合作社农林牧全面发展，在沟里拦洪筑坝，垫土造地；在山上植树造林，绿化荒山；在沟里、滩里挖坑垫土栽植药材和果树；还种植牧草发展牧业。为了调整社内关系、保护社员的积极性，合作社成立后，逐步对各生产队实行了包工、包产、包财务，收获分配则按土地劳动投入的比例分配。后来，为了调动生产队的积极性，又按生产队实行"四定"（定土地、定劳力、定牲口、定农具）"三包"（包工、包产、包财务）"一奖励"的责任制，生产队在多个方面采取按件计酬。在初级社成功的基础上，1955 年 12 月 24 日成立了西沟乡金星农林牧高级生产合作社，李顺达当选为社长，申纪兰当选为副社长。高级社取消了土地分红，调整了劳动组织，将农业队划小，设立 16 个农业队，1 个林业队，1 个畜牧队，1 个副业队，合作社的效益更为显著。在经历了将近三年的高级社阶段后，响应 1958 年总路线的要求，1958 年 8 月 19 日，西沟金星人民公社成立，全社共有 1207 户、4996 人，总面积 10 万亩，选举李顺达为社长，申纪兰等 16人为副社长。原西沟金星社是其一个生产管理区，下辖 3 个生产大队、14 个生产小队。[①]

自身没有文化的李顺达深知教育的重要性，在发展生产的过程中重视教育，尽可能地将教育与生产结合起来。1947 年，在李顺达的倡议下，在老西沟的一座破羊窑里创办了西沟第一所小学。第二年，李顺达组织互助组对破羊窑进行了修缮，添置了新的教学用具。1949 年，李顺达发动群众投工献料，盖起了 3 间土木结构的教室。此后，随着西沟、池底、南赛合并为大社，刘家地、南赛、老西沟、东峪沟、辉沟都建起了初级小学，社员子女的教育问题基本解决。为了解放女性劳动力，解决妇女下地劳动的后顾之忧，1956 年 3 月，西沟村设立了幼儿园，安排几个妇女轮流看孩子，由队里负责记工分。到 1958 年，在沙地栈创办了正规幼儿园。到 1966年，西沟小学发展为拥有 6 个教学班、200 多名学生的中心小学校，并被确定为省、地、县三级重点小学。为了培养农业生产实用人才，1965 年 7 月，西沟办起了农业中学，招收学生进行农业实用技术教育。此后，西沟学校先后开设了初中和高中教

---

① 参见《西沟村志》，中华书局 2002 年版，第 55 页。

育，形成了从幼儿园到高中的一条龙教育，村里学生从幼儿园到高中教育都不用出村。在此期间，结合西沟经济发展和人才需求的实际，创造了"队校一体"的办学模式，成为当时农村教育的一个典型。

西沟出名较早，在互助合作运动中开始闻名全国，尤其是1951年李顺达互助组向全国发出开展爱国丰产竞赛倡议，得到了全国各地广大农民的积极响应。20世纪50年代，关于西沟的报道开始不断在报纸中出现，西沟的知名度进一步扩大。60年代农业学大寨运动掀起以后，作为当时农业战线的典型，来西沟参观学习的群众不断增加，每天都有成百上千的农民、学生、解放军来西沟参观学习。"文化大革命"开始以后，红卫兵全国各地大串联，到西沟的人数更是迅猛增长。为了便于宣传教育，1970年晋东南行署投资修建了西沟展览馆，以方便来参观学习的群众了解西沟历史。同时，在知识青年上山下乡运动当中，全国各地不少的知青相继来到西沟插队学习锻炼。其间，还有不少领导干部到西沟蹲点。如此等等，当时的热闹与喧嚣在西沟村民的记忆中相当深刻。

作为西沟的带头人，李顺达的事迹、作风在西沟村民心中记忆深刻。作为中国农民的代表，他勤劳、朴实、吃苦耐劳；作为村里的带头人，他威信高，与群众打成一片；作为家长，他对子女要求严格，不搞特殊化。在"文化大革命"期间，作为全国著名劳模和中央委员的李顺达也难以独善其身，不可避免地被卷入到派性斗争、路线问题当中，有一段时间还受到较大的冲击，受到不少人的围攻和批判。但在西沟村民的记忆当中对这些政治色彩较浓的事件却知之甚少，有也是仅有一些简单的印象。即使是在批判李顺达最为激烈的时候，他在西沟人民的心中仍然是他们信任的带头人。在因派性问题李顺达被困长治的时候，全村村民能够组织起来去营救；在李顺达被送回西沟家中反省期间，关于他的谣言村中没有人相信，对他的批判难以展开。运动中，李顺达担任的中共山西省委常委、省革委会副主任、中共晋东南地委书记、中共平顺县委书记等职务全被撤销，当有人要撤他西沟村总支书记职务时，西沟的群众和党员不答应，他们说："老李的总支书记是全体党员选出来的，要撤他也得我们同意。"

（一）记忆中的苦难西沟

1. 访谈对象：张章存（男，1947年12月生于西沟村老西沟，初中文化，中共党员，曾任西沟村党总支副书记）

访谈时间及地点：2014年4月16日；西沟村委会

访谈及录音整理：刘晓丽、赵俊明、郭永琴、张文广（整理者）

郭： 咱这儿有碑吗？记载光绪年间大旱的那个（碑）。

张章存： 在饮料厂那，在那河滩底下那了。

刘： 能看见碑文吗？

张章存： 看不见（了）。老西沟有两个碑。老李（指李顺达）是在1965年立的那两块碑。

刘： 在哪儿？

张章存： 在老西沟。在他（指李顺达）那旧居那。最后，人（家）柴书记〔柴玉棉，曾任平顺县委书记、长治市发展与改革委员会主任——编者〕弄的那个西沟村里的鸳鸯亭。（在）那搁了两个碑，（原来）实际上是三个碑，都并到一块了。一个是西沟村的碑，一个是日本进中国时候弄的那个碑。

图1-1 革命岩与血泪凹

刘： 那个碑我们拍照了。

张章存：（老西沟）下边那个杨树下有两个碑，立的是吕日周〔曾任长治市委书记〕弄的申纪兰精神。

刘： 主要就是李顺达那时候立的碑，还有柴书记立的碑。

张章存： 柴书记把李顺达立的那个碑，1965年那个（碑保护起来了）。1965年老李为了教育青年，把西沟里面这个，日本人来西沟杀人这个情况，还有西沟这个村的情况，立了两个碑，（为了）教育青年的。他弄了碑以后，他这个碑在哪儿了？就在他的地边，挖了两个土窑，就把那碑放在那了。刮风啊、下雨啊，就把那个碑上那些字弄得看不着了，最后把那个碑就移到老李的窑顶了。那不是参观的多，盖了个小房，把那个碑给遮住了，不想让它淋了。后来柴书记来的时候，说这不很好，因为时间长了，瓦一破，还要继续淋了。最后柴书记把路也修通了，老李雕塑也塑成了。她想开发老西沟，她只要迟走半年，老西沟现在就开发了，老李的旧居就开发了。

刘：哦。

张章存：西沟这过去就叫穷人沟，因为20户（当中）就有18户是从河南林县逃荒过来的。后来就改叫革命沟。老李的互助合作，修的那个地都是小块地，老李在河滩边修的最大的一块是三分，（叫）创业田，也是互助合作之后，老李弄成的。再一个老李入党的时候，6个党员在一个小石岩里边，举行了入党宣誓，那地方就定成革命岩。再一个，在一个窑洞里头，日本人烧杀了16个人。人家柴书记就计划都开发了，把路修进去，还修了一个拦洪库。拦洪库两边，都弄上栏杆，最后在那上也修一个亭。那两个亭高低一样，柴书记都已经测量了。一般领导来了，就给他引到那个亭子上给他讲讲，讲讲哪是创业田，哪是革命岩。创业田在老李的旧居下边，革命岩在那中间的沟里。柴书记计划开发了，后来调走了，就没有弄成。

柴书记给我讲，咱要把这两个碑弄个鸳鸯亭。下头是两个小亭，上头是两个小顶，在一块儿了。小亭修开了，老李的碑也搬进（去）了，后来就把西沟搬来的这个新刻了一个。把老李那年立的碑，用水泥粘到一块。老李立的碑，就是为了教育后代，就是要让人牢记日本人在中国犯下的罪行，他在那上面题的，"紧握手中枪，劳武结合保家乡"。老李开始就是民兵队长、杀敌英雄，参战支前，上河南打汤阴啊，最后最多（时）就十八九个（人），抬担架，帮助共产党。

郭：老李有没有打过仗？

张章存：光参战、支前，老李差不多就20次了。

郭：20次，都去过哪些地方？

张章存：河南汤阴、林县，他就都去了。

郭：咱那会支前一般是给人家弄些啥东西了？

张章存：抬担架了。

郭：送粮食不？

张章存：也送。还往下弄伤病员。

郭：担架是咱自己做的吗？

张章存：哪个村去抬担架，哪个村自己准备。

刘：妇救会是起什么作用的？

张章存：妇女们做军鞋。

郭：妇女有抬担架的吗？

张章存：没有。参军就是送粮、抬担架，往回运伤病员。这都是男人干的活。

打河南的时候，就给了老李个杀敌英雄。他比较老实，飞机过来扔炸弹，别人都是把担架撂了去躲。他不撂，咬着牙把伤病员弄回来，回来就给他记了个功。飞机大炮过来了，你躲不躲？大部分人都是干脆撂了，他死活不撂。他以前参战最多，十八九次。老李后来就成了武委会主任，也就是管民兵这块了。

刘：地方武装这块。

张章存：嗯。以前扩兵，都是武委会主任管了。

郭：抗美援朝那会，咱们村有没有领任务？

张章存：我不很记得。以前唱的"雄赳赳，气昂昂，跨过鸭绿江"。

那时候刘重阳［山西作家协会会员，长治市作家协会顾问，著有关于申纪兰的《见证共和国》一书——编者］写（书）的（时候），他说你（把6户互助组中的桑家）这个弄错了，我说我弄不准了。再一个不管谁说这个，老李就把碑刻死了［定了］。那6户，碑上刻的，老李刻到碑上了。其他人说的，都不管用。王主任［王小平，曾任西沟接待站主任］在的时候，我就和王主任讲，老大叫桑运河，老二叫桑保河，老三叫桑三则。我说老三是共产党员，都是和老李一起入党的。我说现在你比如说，就说桑运河，现在不在了吧，他又不是共产党员。

刘：《西沟村志》上写的是谁？

张章存：《西沟村志》上写的是桑运河。

刘：那应该是谁？

张章存：桑三则。

刘：那他写错了。

张章存：错了。

刘：应该按老李的碑上那个。

张章存：是。我以前和王主任说，谁要有争议，就把他带到老李立的那个"组织起来，由穷变富"那个碑哪里，那碑给刻死了。那6户就是李顺达、宋金山、王周则、路文全、李达才、桑三则。那碑你们都拍了吗？

刘：当时都拍了。

张章存：去到那碑那，我就能给你们讲讲老李的旧居。柴书记在老西沟开发了，就弄个"老李的一生"那个小展览。柴书记和李顺达的弟弟讲，你不要考虑其他，我把你

图1-2　村史亭碑记

这个地方开发了，允许你在这收门票。一个人来，只能收 5 块（钱）。他想不通。柴书记当时和我说，给你个任务，做通老李家弟弟的工作，咱把它开发了，让他收票，他在那打扫卫生，他就富了。他不行［不答应］。柴书记在的时候，让我去做工作了。最后，郭主任也和我说过，让我去给他做做工作。

郭：咱们村以前有地主吗？

张章存：以前这儿有个地主，他也没有多少地。实际上，这儿就没地主。这儿的地主比上人家那个平原（地方）的地主，连人家的贫农也比不上。

郭：从林县逃荒过来的人都租种人家的地吗？

张章存：那就是贫农、佃农。

郭：租谁的地呢？不是地主的地？

张章存：这儿没有地主。岭后，老李住的那，有个郭召孩，他住在城关，这儿的地是人家的。你像老西沟，就这两个地主霸占了。老李租的那个就是郭召孩的。我们这儿的地主少。

郭：咱们这斗没斗地主啊？

张章存：斗了。

郭：斗得厉害不？

张章存：这儿就没有啥地主。这儿斗的就是那个富农，（叫）李福泽，（是个）汉奸。引得这个日本（人），在老西沟（杀人）那个事，那就是他。再一个是在沙地栈，烧了（人）那个，也是他。

刘：张书记你说说西沟这个姓氏。

张章存：（西沟）姓张的最多，大部分是姓张的。

刘：姓张的是哪个村子最多了？

张章存：南赛。

刘：南赛张姓是大姓？

张章存：百分之七八十是姓张的，其他姓少，西沟这也是姓张的多。反正姓张的在西沟要占到百分之七十。老西沟是杂姓，老西沟的是从河南迁过来的，比较多的有姓张的、姓郭的、姓路的。

刘：是哪个路？

张章存：走路的路。姓宋的，姓马的，姓董的，姓牛的，他们那全是杂姓，哪个姓也都是一家，还有姓王的。

刘：意思是老西沟的在这没有多少代？

张章存：一般姓张的本地的多，其他姓的比如南赛老李家妹妹嫁的那个姓房的，就是外来的。姓赵的也是外来的。南赛姓张的和东坡姓张的是一股的，以前就是

8

一家。

刘：东坡是哪？

张章存：就南赛上面那个村。

刘：东坡不属于西沟吧？

张章存：不属于。东坡就有东坡大队。

刘：除了西沟，西沟外面的村子是不是也是外姓多呀？

张章存：张姓多。

刘：你知道不知道西沟最早有人是啥时候来的？

张章存：那个我就不清楚了。

刘：姓张这家最早是什么时候来的？

张章存：咱说不清。那个得问老人去了，一百年以内的能弄清，长了就不好说了。要说这几个沟，东峪沟、老西沟、老辉沟这几个地方都是移民来的。

刘：都是移民来的？

张章存：嗯，从河南来的多。

刘：这些沟是不是他们移民来了以后开发出来的。以前是不是没人，或者有一半户人家？

张章存：也有，不过（很）少。

刘：沙地栈以前是姓什么的人家的？

张章存：沙地栈以前是当地人多，姓张的。南赛姓张，瓜地栈（即沙地栈）姓张，刘家地也是姓张的多，池底一半都是姓张的。

刘：东峪是姓周的多？

张章存：嗯，东峪是姓周的多。

刘：东峪是一大家子下来的？

张章存：嗯。

刘：东峪沟也是姓张的？

张章存：不是，东峪沟也是杂姓。

刘：老辉沟也是杂姓多？

张章存：嗯，都是杂姓。反正沟里面的杂姓都是逃荒来的。

刘：现在西沟周边还有什么村落？南赛往上是哪个村？

张章存：东坡。

刘：往下呢？

张章存：往下是川底、石埠头。

刘：我说的是西沟大队以外的。

张章存：川底就属于西沟大队以外的。过来以后有个石门，石门内是西沟的，石门以外就不是西沟的。

2. 访谈对象：申纪兰（女，1929年12月出生于平顺县龙镇［今龙溪镇］扬威村，中共党员，历任西沟金星农林牧生产合作社副主任、中共平顺县委副书记、山西省妇联主任、长治市人大常委会副主任、全国妇联第二至四届执委、全国著名劳动模范，第一届至第十二届全国人大代表）

访谈时间及地点：2013年12月16日；西沟展览馆及申纪兰家中

访谈者：李中元

录音整理：刘晓丽

申纪兰：要说起来，真正在战争年代，带领群众，用鲜血保护人民、保护群众，也不容易呀。李顺达参军带了一个排呀，是领导不叫他走，要叫走来他也参了军了，还是叫他到后方做工作，搞互助，支前线。其他人就跟着武装部长去了。去了，饿着肚，扛着枪，还没有换上衣服（军装）就牺牲了好几个，我们这个村是参军模范（村）。

我们参军参战，李顺达就参加过十几次游击战争，就在长治。晚上就打游击走了，赶早上就回来了。那会儿有电线给他［敌人］割电线，路通了给他凿坏，不让他过来，也是破坏哩。

李：李顺达是个英雄。

申纪兰：英雄，民兵英雄，他打枪很好，奖励了一支步枪。老百姓是炼石雷，村口上都埋上石雷，日本人来了就把他崩了。没有手榴弹，就是石雷，造石雷，里面装上炸药，到时候就崩了。我这是听人家说的，不是我做的，李顺达经常介绍。

图1-3 李顺达故居

李顺达说过，他在最困难的时候，穿的一条裤子，是一条腿长一条腿短，为什么哩？没有补丁，破了自己就着（缝起来），那鞋要钉到七斤半（重），打掌子，掌子摞掌子，穿破鞋，都买不上鞋，那会儿就没鞋。打日本的时候，这个村民当兵走了很多人，走了一个排，都走出去了。

3. 访谈对象：张文龙（男，1954年2月生于西沟村刘家地，中共党员，西沟村委会会计，高中文化）

访谈时间与地点：2013 年 6 月 3 日；刘家地家中

访谈及录音整理：赵俊明

赵：刘家地有多少人？

张文龙：一共有 130 多口人。

赵：现在在村里的呢？

张文龙：就是六七十个人，最多有一半。这是办事［有一家娶媳妇］就都回来了，（都出外）打工，小孩子在县城学校念书，家里大人（去）给做饭。

赵：这附近就是姓张最多？

张文龙：这个村就基本都是姓张，有两家其他姓，（都是）从外地搬来的。

赵：张姓就是大姓？

张文龙：西沟村整个村就是姓张的多，就是本地人。

赵：老李就是外来的？

张文龙：他是从河南来的。

赵：你是咱们这个村民小组的负责人？

张文龙：嗯，也算支委、会计，大队的会计。

4. 访谈对象：郭苹果（女，1956 年农历二月十九生于西沟村老西沟，初中文化，村民）

访谈时间及地点：2013 年 6 月 7 日；南赛家中

访谈者：刘晓丽

录音整理：柏婷

刘：咱们这个村叫啥？

郭苹果：南赛。

刘：是 3 个村合在一起的？

郭苹果：不是，就这一个村，这是西沟大队的。

刘：原来是 3 个小队？

郭苹果：3 个小队。

刘：南赛村就包括 3 个小队？

郭苹果：3 个小队。

刘：是不是因为人多？

郭苹果：嗯，（我们村）人多。

刘：咱这个村有多少人？

郭苹果：占西沟大队的百分之三十，我记得。

刘：有300多人吗？

郭苹果：有，有500多口。

刘：500多口人，那就不少。我前两年去大寨，大寨整个村才500多人。

郭苹果：西沟大队比如说开会了还是干啥，这个村基本上是占一半。

5. 访谈对象：周德松（男，1956年6月生于西沟村东峪，西沟村委会办公室主任，高中文化）

访谈时间与地点：2013年6月10日；西沟村委会办公室

访谈及录音整理：赵俊明

赵：东峪沟是姓董的多？

周德松：东峪沟是姓董、姓常的多。我们东峪就是姓周的多，就是一大家子，只有一户姓武的，那是个招女婿。

赵：你们姓周的原来就是当地人？

周德松：也是河南林州（迁）来的，（周姓人）上来的比东峪沟的（人）来得早点。听老人们说那会儿是弟兄三人，留到东峪沟一个，去到壶关逢善（村）一个、柏方一个，走了两个，留下一个。那个老坟还在东峪沟那儿，以前（其他地方的）都还来上坟，逢善那里的人清明还来烧纸上坟。咱以前私人单干的时候，村里就还有公地，供来祭祖上坟啥的开支了，有一家专门负责管理这个东西，来了都在他家吃喝啥的。

赵：有没有家谱呢？

周德松：这里没有，可能是壶关逢善（村）那家给带走了。

赵：你见过没有？

周德松：听说过，没有见过。（我）父亲辈的说过，（我）爷爷辈（时）就来了，再往上一辈还是两辈，一百年（前）左右迁过来的。姓周的现在有150多口人。

赵：咱们西沟村有一半以上的人是从河南过来的吧？

周德松：嗯，应该有了。

赵：咱们的生活习惯和河南差别大不大？

周德松：呀，咱也很弄不清河南它那个习惯，不一样。咱这是吃面比较多，到河南它是吃馍比较多，他不会做面，他是蒸蒸馍，没有把河南当地的生活习惯带过来。再一个就是来得比较早，时间长了。

6. 访谈对象：王根考（男，1956年9月29日生于西沟村古罗，中共党员，高中文化，西沟村党总支书记、村委会主任）

访谈时间与地点：2013年6月11日；西沟村委会

访谈者：刘晓丽、赵俊明

录音整理：郭永琴

刘： 互助组的时候咱这里人口有多少？

王根考： 互助组的时候我就记不清是多少了，因为西沟过去互助组的时候，咱就说不清了，过去不是一个村，它是好几个村。南赛、西沟、池底以前是3个行政村，李顺达他是属于西沟的，他出来以后就开始在老西沟搞互助组，后来就把这3个村连起来，最后形成了（今天的）西沟村。

图1-4　老西沟李顺达故居上的劳动起家牌匾

刘： 你们这些人能说些细节，具体的东西，我给你一个简单提纲，不一定全说，你想到的，随便聊。

王根考： 咱西沟村情况吧，这里离县城7公里，但是到这个村最北面不到6公里，最南的村是8公里，西沟南北8华里、东西是9华里。咱们就是这个面积，一共是30500亩的面积，咱们这个耕地面积1560（亩），咱这个森林覆盖率是比较高，成林是15000多（亩），幼林有1万多亩，咱一共造林是25000多亩。幼林主要指的是阳坡，因为我们这一代人主要是种的阳坡。阴坡李顺达那一代人从五几年开始种，我们到后面主要是种阳坡。原来是44个自然庄，现在是9个自然村，但是（现在）都连住了。西沟有7条大沟，7条沟可以说是沟沟都有村，比方说辉沟这个村，它当时只有50多个人。但是分布有十几个庄，所以说过去就是比较分散，现在因为国家移民搬迁政策好了，咱们就全部把他们（从）几条大沟（里）都移出来了，现在比较集中。再一个交通、饮水都方便了。

刘： 现在人口有多少？

王根考： 现在是2140（人）。

刘： 现在是几个自然村？

王根考： 现在我们是9个自然村，12个村民小组，它是这样子的。实际上，我们是这个，你来了就看见了，南赛是一大块，现在申主任（家）这里［注：沙地栈］西沟这个地方是属于一块，我们古罗往下基本是村连村，分不开了。

（二）李顺达成立全国第一个互助组

1. 访谈对象：张芝斌（男，1936年腊月生于西沟村沙地栈，小学文化，曾任西沟村记工员、农业技术员、生产队小队长、村民小组长）

访谈时间及地点：2013年5月24日；沙地栈家中

访谈者：刘晓丽

录音整理：郭永琴

刘：给我们说一说变工是怎么回事？

张芝斌：变工就是有些工你就非得互相换，做得一样了哇。变工的意思就是难（做的工），有的就很不行，就得去别人家挣。

刘：互助组的时候，你多大了？

张芝斌：互助组时候，（我）还小了，十六七（岁）了。

刘：你家参加互助组没有？

图1-5　老西沟李顺达互助组雕塑

张芝斌：互助组（是在）老西沟先开始来哇，李顺达住的那个，他在里头老西沟山上哩。那满来［总共］才五六户先成立的，后来才配上这个沙地栈。

刘：咱这里［指沙地栈］当时有互助组吗？

张芝斌：后来就成立起互助组了，这个村成立起来是一组、二组、三组，3个组成立起来，有组长，互相种地，赶［到］后来成立初级社。

刘：刚开始参加互助组的时候，你这个村有几户参加？

张芝斌：这个村开始就没多少户，就是十几家，二十户。

刘：参加是自愿吗？

张芝斌：自愿参加，自愿参加好呗。参加了，逐步地扩大了，耕地呀、牛羊呀、上的肥，集体搞很好，轰轰烈烈的。

刘：当时村里一共多少人？

张芝斌：当时就几十户人家。逐步发展，有今年参加（的），有后面参加的。刚开始组织的时候，户数少。慢慢地，知道好了就参加。都穷呗，参加了以后，逐步一年比一年好。小时候那会参加了，都觉得好，都在一托［一起］劳动。

2. 访谈对象：张买兴（男，1933年正月二十六生于西沟村沙地栈，中共党员，小学文化，曾任西沟大队副队长、西沟乡秘书、西沟乡团委书记、西沟大队副主任）

访谈时间及地点：2013年5月25日；沙地栈家中

访谈者：刘晓丽

录音整理：郭永琴

刘：互助组的事您知道吗？

张买兴：知道一点，互助组原来是老西沟的，李顺达那会组织起来的小互助组。过去那个人就是分散，个人种地不很方便，组织起来以后互相能帮助，就这个好处。

3. 访谈对象：张朋考（男，1937年出生于西沟村沙地栈，中共党员，小学文化，林场退休工人）

访谈时间及地点：2013年5月27日；沙地栈家中

访谈者：刘晓丽、赵俊明

录音整理：郭永琴

刘：您给我们说说以前的事吧。

张朋考：过去吃的圪糁还吃不饱。小时候的事，不要提，提了就要掉泪呢。我六岁上，没了当家人［父亲］了。赶上社会好，过去的社会也就拉倒了。小时候，我是赶车的。

刘：李顺达组织互助组你参加了没有？

张朋考：互助组没有赶上，只是记得了，十几岁了哇。互助合作就是解放了以后，那会不是弄这个，当兵的、参战的，（劳力）很少，家庭都是顾不住家家，除了过去那个老财主，起码弄个中等户。怎（么）组织起来？你也没劳力，他也没劳力，互相就形成这个小集体，小集体也没个名堂。互相帮助种种地，收个秋，办个事。再往后开始正式才提互助组，互助组有的就不愿意参加呀，富裕户不参加，穷户就想参加，可他没有土地。土改以后，分了地了，家庭没劳力的才参加，起了个名叫互助组。往组织生活上走。

刘：最早参加互助组的是哪些人家？

张朋考：宋金山、路文全、王周则、桑运河，还有个桑三则，桑三则就记不清了。也是外地来的，都在山庄上住了，不在村里头。他成立互助组以后，那〔人家〕都又移民走了。赶初级社时候就不知道了。

刘：后来走了？

张朋考：姓桑的那一家就走了，王周则没有走，初级社说开山王就是他，（是个）石匠，起石头，搞个建设甚的。互助组成立起来以后，赶两天〔时间不长〕就是初级社。先老西沟、沙地栈，一直到了52年。

刘：什么时候开始记工？

张朋考：互助组的时候就开始了，（开始）人少，户数少，初级社就大了。高级社时候就全部共产了，就是提多劳多得。你有劳力，（劳动）多了，该分多少工分分多少。有个习惯哩，由穷地方转（成）富地方，一步一步上来了，有个集体观念。跟其他村庄不一样，就不是一个自然村，能形成这个，要国家统一哩。

刘：那时候西沟人是不是挺自豪的，觉得比其他村强点？

张朋考：倒是不在乎那个。西沟最好的一个精神就是随着国家形势走，听党的话。

4. 访谈对象：李平宽（男，1941年十月生于平顺东寺头乡安咀村，后落户西沟村古罗，中共党员，兽医站退休，初中文化）

张志考（男，1933年3月生于西沟村古罗，曾任生产小队长，小学文化）

访谈时间与地点：2013年5月28日；古罗李平宽家中

访谈及录音整理：刘晓丽、赵俊明（整理者）

李平宽：你要是按西沟的历史，李顺达人家就是全国第一个互助组，那个时候都不互助，都怕吃亏了，我这个劳力好，你那个土地少，我这个土地多，都怕吃亏了，都有这个顾虑思想。刚开始在老西沟组织了6户。那会儿那个互助组，主要是咱这几户，你的劳力不多，我的劳力也不多，后来陆续陆续走向人民公社化，土地就归公了。

张志考：第一个互助组，开始（时）有人说"互助是互助，不到地里做生活"。做活不做活，你先组织起来，逐步就好了。再后来我那会儿也小，我和我父亲，我们两个人顶一个半劳力。

图 1-6　晋冀鲁豫边区政府将给李顺达互助组的锦旗

赵：那是什么时候来？

张志考：土改以前，我才十五六（岁），47 年、48 年的时候。那个时候，我父亲那个人想的是家里头人少，数我大了，让我干活，要不是来我就出去了。我父亲负责编村的后勤，那时候公安局的周局长，黑夜他就在我家住了，我父亲是老党员，他们一直都联系，（住）其他地方他不放心。那会儿我姑姑家那个表哥给他当勤务员了，他说你那个外甥我要调离他了，我想重新找一个人。我父亲说叫我这个孩子去吧，周局长说："好，我挺放心，明天就走。"那个时候都是赶骡子了，不是开车了。可是第二天早晨吃了饭了，先把我抱到骡子上，又抱下来。我 15 岁了，就是要给他做勤务员了，当小鬼了。我那个表哥就是 15 岁去的，这会儿离休了，一个月四千块钱，就在县里住的。我父亲后悔了，家里数我大了，想让我干活。后来川底一个人去了，现在每天在村里溜达，和我同岁的，不是来就是我（去）。周局长就是相信你这老党员的后代，那个时候老党员都是单线联系，不敢暴露。

5. 访谈对象：张章存（男，1947 年 12 月生于西沟村老西沟，初中文化，中共党员，西沟村党总支原副书记）

访谈时间及地点：2014 年 5 月 29 日；老西沟家中

访谈及录音整理者：刘晓丽、赵俊明、郭永琴、张文广（整理者）

张章存：当时老李办互助组以后，开始就组织了 6 户，（后来）发展到 16 户，（再后来）26 户。后来南赛的、池底的、古罗的都到老李一圪坨［一处］互助合作起来了。头一年老西沟搞了，第二年沙地栈（就是现在的新西沟）就找老李。这样以后，沙地栈这个，这个话不好说吧。他们就非要让老李搬到新西沟了。这么就出来了。老西沟就是西沟的发源地，老西沟原先叫西沟，也不叫老西沟。所以西沟就是从这叫起来的。以前里头叫西沟，外头叫新西沟。最后就干脆里头加个"老"字，里头叫老西沟，外头叫西沟，不说什么新西沟了。过去时候为啥叫穷人沟？这里面20户，就有18户是从河南林县逃荒过来的。又叫革命沟，就是老李入党以后在那（搞）互助合作。

图 1-7　李顺达互助组向全国发出的倡议书

图 1-8　农业部给李顺达颁发的金星奖章

图 1-9　金星奖章

平顺县在全国出名的有4个劳模，有98个省市劳模。西沟出了两个全国劳模。西沟那会儿向全国提出倡议，那得有脑子了。

刘：李顺达提的？提出的是什么倡议？是不是提的"爱国丰产"？

张章存：嗯，那会全国各地寄来的信用麻袋装。

刘：最后那个倡议活动的结果什么样子？

张章存：后面就是在全国掀开运动高潮了，老李得了金星奖状，1952年得的，

1954年发的。金星奖状全国才发了4个。

6. 访谈对象：申纪兰

访谈时间及地点：2014年4月20日；西沟乡政府

访谈及录音整理：刘晓丽

刘：最初办互助组的时候有多少人参加？

申纪兰：互助组有6户，6户农民。

刘：主要是在哪儿开荒来？

申纪兰：在老西沟。当时其他的组都是临时互助组，他（李顺达）组织的是长年互助组，长年就比临时好，临时又比单干强，就这个意思吧。

刘：第一个互助组里这6户人家都是逃荒过来的？

申纪兰：都是逃荒过来的。在（老）西沟有三道沟，一个是南沟，一个是北沟，一个是三岔口。李顺达就住在三岔口，他一歇霍［高声叫喊］，人就都来开会来了。那会儿那抗日政府就支持，组织起来（政府）支持你，这个山就能开荒了，要不是过去就不能开。

刘：过去是地主不让开？

申纪兰：倒不是地主，是其他人的地方。组织起来就能种山药蛋，种上山药蛋就（能）度灾荒，那会儿吃不饱穿不上，糠菜一年粮，度了灾荒。

刘：第一年是6户，第二年就增加了？

申纪兰：6户（过了）好几年。其他都是临时互助组，你像三四户组织了个互助组。邻村都成立了临时互助组和季节性互助组，你收秋哩，我给你收，我收时你来给我收。人家他（李顺达）那是长年互助组，在那个时候，李顺达搞的互助组就发展了，也有了牲口了，也有了牛羊了，再进一步他就得组织大家，要不就不合适了。后来整个就响应党的号召，组织起来生产自救，组织起来度过灾荒，组织起来支援战争，（就这）三条。

刘：以后别人就找他来了。

申纪兰：找他了，说你也帮我组织组织吧，这就是互助组的优越性，（李顺达）1944年倒成了晋冀鲁豫边区一等劳动英雄了，奖了他一头牛，英雄街么，长治的英雄街，在那里开的英模会，特别是邓小平给他发的奖状，他这个互助组就有了名了。

刘：互助组包括变工互助吗？

申纪兰：互助组是变工。农业社倒不变工了，统一核算，劳力上工挣钱，土地分红。到了1955年，倒成了全体所有了，牲口都入了社了，劳力也入了社了，土地也入社了，就只劳动力分红。

刘：1955年的时候，一个工能分多少钱？

申纪兰：1955 年是高级社了，一个工才几毛钱，三毛钱、五毛钱，有那人还赔钱。那会儿生产发展不了，就这点粮食。

当时全国最高的奖励就是金星奖章，农业方面的奖了 4 个，咱山西就得回来 3 个，平顺就得回来 2 个。这就是模范带头作用，艰苦奋斗啊，带领群众啊，李顺达、郭玉恩都是在办初级社走集体化道路上的带头人。

刘：那个时候毛主席重视农业，重视农民，所以才给了这么大的奖励。国家发展阶段倒是也不一样。

申纪兰：时期也不一样。劳动模范你要不劳动，你就不是劳动模范，像模范干部啊，科学技术人员啊，先进生产者啊，劳动模范首先是劳动，带领群众，给自己发展了

图 1-10 劳动模范李顺达

生产，跟国家听党话，治山治沟啊。李顺达就是典型，1944 年就当上了劳动模范，1944 年他就走组织起来的道路，响应党的号召，带领群众，他做出了巨大成绩，在全国影响很大。

（三）西沟金星农林牧生产合作社

1. 访谈对象：张芝斌（男，1936 年农历腊月生于西沟村沙地栈，小学文化，曾任西沟村记工员、农业技术员、生产队小队长、村民小组长）

访谈时间及地点：2013 年 5 月 24 日；沙地栈家中

访谈者：刘晓丽

录音整理：郭永琴

刘：咱这初级社什么时候成立？

张芝斌：初级社是 1952 年，互助组可就提前了，48、49 年吧，时间很长了，咱也记不清了。初级社成立起来，就是老西沟和沙地栈先成立起来。这个大队开始小呗，赶后来，逐步就并得大了，池底、古罗、南赛都成立起来。池底、古罗、刘家地、东峪，这个大队很分散，都是自然小庄，就叫成高级社，后来成立人民公社，那个金星社。年限大体上就是那样。成立起社来，就逐步地往大的走了。开始西沟和沙地栈是一个（社）。后来就（包括）古罗、刘家地、池底，就大了。西沟、沙地栈是初级社，并成大的就是金星社，成了 12 个生产队，（每个生产队）都是自然

村。（比较）分散呗。

刘：有多少个自然村？

张芝斌：那会有 40 多个山庄，老西沟、南沟、后背、北沟、辉沟、老辉沟……有的三户两户，有的是四户五户，住的地方很分散。老李领导起来，发展壮大了。壮大以后，就是组织起来，集体搞，那会是荒山秃岭，坡上也实没［没有］，就是光挺挺［光秃秃］（的）那个山，树还不大。那会就开始栽树，那会倒是很吃苦，很穷呗，人的思想觉悟也不一样，人家逐步教育的。

刘：李顺达是怎样把大家组织起来的？

张芝斌：他出国到过苏联，他一直开会，人家就知道。过去那个人甚也不知道，瞧个报纸呀，念念说说，你就什么也不知道，人家甚也知道，哄不了人家。那会识字的少，就是读个报纸学习，顺达他出去参观了以后，放开那思想，教育人这思想觉悟。

2. 访谈对象：张朋考（男，1937 年生于西沟村沙地栈，中共党员，小学文化，林场退休工人）

访谈时间及地点：2013 年 5 月 27 日；沙地栈家中

访谈者：刘晓丽、赵俊明

录音整理：郭永琴

刘：是不是 52 年就成立了金星社？

张朋考：53 年还不到高级社呢，好像就是扩大到了池底、南赛、东峪、刘家地、古罗这些地方，往一处集中。高级社记不清哪年（办）了。高级社已经很后底［后面］了。

刘：高级社是不是都参加了？

张朋考：高级社时候就都参加了，（西沟有）40 多个自然庄，西沟很分散。老沟都是有几里、十几里地（的距离）呢。

刘：当时有多少户？

张朋考：大队历史上记着，记不得多少户。他不集体统一了不好办，你一家他一家。过去都有这个私人观点。我要有土地就不想让你弄，没土地，人家也不要你。集体化就统一了。有地的也好，没地的也好，有劳力的也好，没劳力的也好，都是记工，报酬就是记工，谁劳动，谁享用。

3. 访谈对象：张章存（男，1947 年 12 月生于西沟村老西沟，初中文化，中共党员，曾任西沟村党总支副书记）

访谈时间及地点：2014 年 5 月 29 日；老西沟家中

访谈及录音整理：刘晓丽、赵俊明、郭永琴、张文广（整理者）

张章存：初级社时候，从51年开始办，因为这个选举。38年时候，党不公开，赶到43年又是大灾荒，这儿的灾荒厉害。开始这儿的互助组原先是6户、16户、26户，最后就是南赛、池底、古罗都要跟老李了，就都到了一块了。到了一块之后，后来又办初级社。

4. 访谈对象：申纪兰
访谈时间及地点：2014年5月27日；西沟乡政府
访谈及录音整理：刘晓丽

图1-11 李顺达与申纪兰在参加劳动

申纪兰：社会主义初级社是在1951年，51年办起了初级社，这个时候我就了解了，李顺达任社长，我任副社长。

刘：那个时候你是二十多岁？

申纪兰：二十来岁。我是副社长。参加了初级社以后，就组织起来，这个力量就比互助组大，那会儿那土地还分红，牲口也分红，劳力也分红，就是积累资金。你有劳力，没有土地；他有土地，没有劳力，合作到一处就发展了生产了，这会儿是说下［指土地下放，联产承包责任制——编者］哩，那会儿是说组织哩。

51、52年时候，西沟吃返销粮9万斤，搞了互助组，搞了初级社，倒不吃了。我们1958年扩大了耕地以后，最高年景交过30万斤粮食，那确实也是增了产了，我们有爱国家爱集体思想。

22

刘：金星农林牧合作社是1954年成立的吧？

申纪兰：嗯，1954年，55年倒转成高级社了，初级社变成高级社了。土地不分红了，就是劳力分红。以前是土地也分红，劳力也分红，作价的农具也分红，都分红，后来就是劳力挣工分了。（开始的时候）牲口也挣工分，你这个毛驴犁下一天地挣多少钱。

刘：哪一年挣工就不发小米了？

申纪兰：就没有发过小米，挣工分，赶秋后分粮食。就是种下这地收回来，打得多了多分，打得少了少分。

瞧着初级社农业社26户丰收了，就都来参加了。说单干户是牛车，互助组是汽车，初级社成火车了，都要买票上车哩。说我们要买票赶上，说农业社好，就是社会主义好。

刘：有没有不参加的？

申纪兰：有，也有个别的不参加。他说秋后瞧瞧哪个好，后来他一家有了病了，种不了地了，他就瞧着（农业社）好了，这才是最后一家参加了。这个人叫个卫理兴，他说："组织起来好，瞧瞧我自己搞好搞不好？"最后搞不好了，我去了他家了，他说："纪兰，你跟老李商量商量，我要参加农业社哩，我老了，动不动了，我还瞧见集体好，我要上车了。"

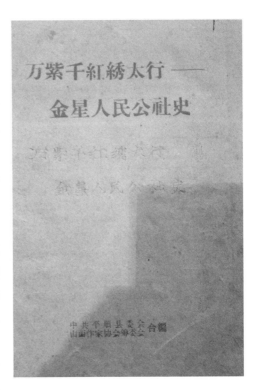

图1-12 金星人民公社史图书

刘：那就是自动参加了。

申纪兰：自动参加了。这就感动了他了。你瞧，这个农业社那会儿总结也好哩：有地没劳力不能增产，有劳力没地也不能增产，组织起来，你有地我有劳力，可做到一起了，都好了，小块也并成大块了，大块是机耕地，用拖拉机。

那时候可苦啊，还吃得不好，动得不少，大家还是一股劲儿。

那会儿就包到生产队了，（有事）黑来[晚上]开会，开到十一点，有紧急事情人家县委就在这蹲点，还是指挥重要，领导是关键，你要不指挥，群众想干甚就干甚，就干不成，这就是闹上来富了，闹不上来穷了，你说是不是？这是第一步。

另一个问题，第二步，我们就搞开科学技术了。1958年，我们是大治百里滩，修水库,我们要想打胜仗,男女老少一齐上,就这样动员。说干部带头哩,到我们农村是村干部带头哩,带领家属下地,要求很严。

咱现在搞是想给西沟搞哩,要给个人,我就当妇联主任就行了,我何必来这了?我主要是为了西沟群众,为了西沟发展。也是听党话跟党走,不发展不是就不进步了么。还是要发展,再有困难,还是要发展。

现在困难最大,整个国家困难,跟咱村里困难,跟农民困难。农民现在还不是最困难,农民现在是打工挣钱,打工要是出不去,他就完了。我就想透了,打工要出不去,农民要都回来家,就啰嗦[麻烦]了,不好了。

(四)生产教育相结合

1. 访谈对象:张芝斌(男,1936年农历腊月生于西沟村沙地栈,小学文化,曾任西沟村记工员、农业技术员、生产队小队长、村民小组长)

访谈时间及地点:2013年5月24日;沙地栈家中

访谈者:刘晓丽

录音整理:郭永琴

刘:村里的小学校什么时候有的?

张芝斌:我那会念书,小的时候,就有个小学校。小学校就在老西沟办起来的。我当时十五六(岁)了。有那个小学校,当时念书的时候也没那个书,都是买上一本书,在纸上抄上,买书也买不起啊。

刘:老师是哪的?

张芝斌:老师开始是三区(的),也有农民配的,那会学生很少。我小的时候,三区有个牛满贵在这里教书,他家是三区的。

刘:孩子们都能去上学吗?

张芝斌:有(的)去,有(的)不去。有的家庭不很行,就不去了。那会我记得很穷,那会都是各家各户,有的有地,有的没地,给人家有地的干个活,挣人家点。互助组以后,地都互助到一起,互相打帮[帮忙]。

2. 访谈对象:张买兴(男,1933年农历正月二十六生于西沟村沙地栈,中共党员,小学文化,曾任西沟大队副队长、西沟乡秘书、西沟乡团委书记、西沟大队副主任)

郭爱巧(女,1937年农历四月初三生于平顺县城关乡路家口村,小学文化,曾任西沟村幼儿园负责人、保姆)

访谈时间及地点:2013年5月25日;沙地栈家中

访谈者：刘晓丽

录音整理：郭永琴

刘：村里的幼儿园什么时候办的？

郭爱巧：58 还是 59 年（来）。还有老人也在，有老人也有小孩，都在咱西屋住着，叫养老院。幼儿园（有）两个（人）来，我跟春兰两人管做饭，我管（事）当领导来。

刘：收多大的孩子？办了几年？

郭爱巧：不吃奶（了）、会跑了（的就收）。中午还到这儿吃一顿饭。都在我原来住那个老家［房子］，我管（事）当领导，办了三四年。

刘：什么时候办的？

张买兴：公社化的时候。罢了那个就是缝衣厂，做衣服。

郭爱巧：59、60 年，60 年困难了就散了。

刘：咱们村还有职业学校？

郭爱巧：嗯。职业学校不错，在这里（办了）十几年。我那个侄儿家三孩子都是从职业学校考（上）学校走的，我这个孙也是职业学校考走的。（现在）小学的学生都往城里走了。

张买兴：学校不错，在下边那个村，这个村没那。职业学校去年搬走了。原来平顺县的。（小学）不知道管理不好，还是师资质量不好。学校建设得不错。人家有个想法，多少有点能耐的都愿意往高处跑。农村学习也不行，师资力量不行，考学校困难。职业中学对口招生，分数低，好考。

刘：你看孩子的时候会做鞋吗？

郭爱巧：那会我还不会做，我 19（岁）上典了礼［结婚］，那会我不会做这个，我典了礼也是可累呢。

刘：怎么弄得这么累？

郭爱巧：19（岁）上典了礼，20（岁）上那一年正月初十他爷爷死到地里，二月隔了一月，三月十三，他娘又死了。（我）领上我这个大小子，又喂母猪，喂母猪一年下两窝，两窝小猪下十五六个，每顿吃这么一桶，你挖上菜圪擦［煮］上食，圪擦一锅。下了小猪还得好好喂小猪、喂母猪。我那会还有个缝纫机。我累得就不行，我这会（还）想我怎（么）过来的。老李是我姨夫，人家叫去长治学习这个给小孩缝裤子，带饭兜的，裤子不叫开裆。小孩拉了、尿了，抹下屁股蛋，完了蹾起来扣住。我给你说啊，就那个天蓝色的布，半单的，天蓝色的裤子，小饭兜兜。我来了，大队就给我背上两匹布来。我还累［带］着吃奶孩。我就不知（道）去长治六七天，谁给看孩子来。那天想起来还有个保姆来，我还当幼儿园老师。人家叫你在幼儿园看孩了，我去长治学习了五六天，那两匹布，铰［剪］上，缝上，还得给人家穿上合适不合适，你说得有多难。我还累着我的小孩。

刘：幼儿园还有谁？

郭爱巧：配着一个副手，她才十四五岁，不念书了。那天不是说民办教师、幼儿教师给补钱。我就问我那个同事，我去长治学习我那个孩是谁看来？人家说，我给你看来，谁看了？

刘：幼儿园什么时候办的？修水库的时候？

郭爱巧：不是，58年修的水库。干了五六年哩，也不知道怎的，学校办开了，（幼儿园）就归了学校了。（当时）20多小孩，还开着灶哩，雇着人做来，我在这里当领导，什么都是跟我要。那会是怎来，农村有文化人少呗，老李知道我那会是小学毕业，东峪沟那个（人）不行，后底就让我去了，那么的让我去来。这是一个情况。我那会有个缝纫机，大队给我背上来五匹布，一匹、两匹、三匹、四匹、五匹。三匹白布，一匹红布，还有一匹蓝布。搁到炕上，堆起来。

刘：红布干什么？

郭爱巧：红布叫做旗了，蓝布叫对门帘。白布叫对门帘里子、围裙。干了五匹布，我一个人。

刘：为什么不叫别人？

郭爱巧：我有缝纫机。给你个单单，三匹白布里有什么，缝多少甚，红布里头缝多少甚，蓝布里头缝多少甚，算账了，我小时候念过书，背过个乘法表。后底（大队人）来了（拿东西），算了算，等了等围裙不够。我说："够不够？"人家说："不够。"我说："不够，上面别这个边，算不算，底下别这个边，算不算。"

刘：算得那么仔细呢？

郭爱巧：我说底下是毛边，上头也是毛边。他光算总数，不算边。我挣人家钱，一条围裙两毛五、三毛。他爸爸给开上，我跟他要钱。

刘：在幼儿园干了多长时间？

郭爱巧：6年了，那会儿老李去中央开会来了，叫办幼儿园了呗。那会儿还没有幼儿园了，将［刚］开始各地没有幼儿园，老李去省里开会，叫他办幼儿园、养老院。我那会儿还办着养老院，（和）幼儿园在一个锅上吃饭。干了6年，后来不知怎的，幼儿园下来了。学校办开了。

刘：你怎么看孩子呢？

郭爱巧：你得看住他了。那也是，这也是，多了，二三十（个）了，吃饭的时候吧，把饭打了，不香了（孩子）不想吃。都得给吃上，要饭了，问吃不吃了，不吃了。

刘：家里交钱吗？

郭爱巧：不，那会是队里面弄上粮食、米、面。记不得那会，不交钱。什么没了，大队就给你拿去了。也是跟队里要了。

刘：都是哪里的孩子？

郭爱巧：就是这一片，南赛说不上，也有来吧，就下来这刘家地、东峪沟呀，这一片。

刘：多大的孩子能进幼儿园？

郭爱巧：大了也不要，小了也不要，五六岁（的）。八岁就上小学了。

刘：那会组织孩子们玩什么？

郭爱巧：人家也给你弄个小孩的滑梯，有骑的那个小木驴，幼儿园就给你拿上来了，没有现在这个好。过去也有。城里幼儿园买了，发下来。人家都来参观了，（孩子们就说）阿姨你好，叔叔你好。他来参观幼儿园了。

刘：什么人来参观呢？

郭爱巧：省里的大干部来了底下就来参观幼儿园。（孩子们就说）阿姨你好，叔叔你好。她就说，阿姨你好，叔叔你好。教给小孩，老师就是教这个。

刘：还教什么？

郭爱巧：我那个同事教了，我顾不上，我还做衣服，我忙了。

刘：你那个同事叫什么？

郭爱巧：刘春兰，她那会才14（岁），她那会（小学）毕业了不念书了，又招了她配（合）我。她教，我也教吧，可是我顾不上，我还要做衣服，管其他事。

3. 访谈对象：张新民（男，1956年11月生于西沟村刘家地，高中文化）
访谈时间及地点：2013年6月3日；刘家地家中
访谈者：刘晓丽
录音整理：郭永琴

刘：说说你们上学时候的情况。

张新民：我们上学的时候，人可多了，都能上到高中，我就是高中毕业的。

刘：现在孩子去哪了？

张新民：现在不行了，都到县城上学去了，（村里）条件也差，以前老师就多，再一个人家文化水平也高。说不清原因，那会是勤工俭学，不怎么收费。

刘：你高中毕业是哪一年？

张新民：我是1956年11月出生，七几年恢复高考前毕业的。

刘：你上学的时候，中学有多少人？

张新民：那就多了，一个班40（人）到50（人）。那会是一个初中班，一个高

27

中班，（还有）小学，全在一起，那个比较多。

刘：你高中毕业就留在村里了？

张新民：没有出去，（在村里）劳动。前几年在西沟铁厂劳动，后来上边［编者：老铁厂在村子南边］不开了，下边［村子北边］开了，就不去了。

刘：家里土地不多，收入主要靠啥？

张新民：现在种几分地，没有什么收入，有山坡上的几棵核桃树，年成好，打点核桃。学校也没啦甚好，简直就没人，一个班几个人，学校（建设得）可好啊。

4. 访谈对象：张建中（男，1956 年 11 月生于西沟村刘家地，中共党员，高中文化，西沟村刘家地村民小组长、党小组长）

访谈时间及地点：2013 年 6 月 3 日；刘家地家中

访谈者：刘晓丽、赵俊明

录音整理：郭永琴

赵：你上了几年学？

张建中：九年级毕业，顶高中。住高中的时候，一年要（劳）动百把［一百多］天。到了星期天，春天种地，秋天收秋，都要去地里，学习和劳动相结合。那会挣工分，工分虽然不多，也能挣到五六分（工）。那个时候西沟村一个工就是一块一毛多，当时那个情况，是西沟村最兴盛的时候，就是当老师（工资）二十八块五（毛），农村上个工一块多。村上劳动，村里的手扶拖拉机、红光拖拉机、大铁牛，犁地什么都行。

刘：像你这个年龄，那时候中学、小学都在村里上？

张建中：是。当时这个学校在全县来说师资力量比较好，老师质量好。很多好的老师是老李从一中挑回来。他们愿意来，那会有试验田，乱七八糟（的都有），他们还能有点收入。

刘：你上学那会，中学有多少学生？

张建中：中学有五六百人。一个年级有两个班，一个班有五六十个学生呢。

赵：你们的同学那时候有没有考上大学的？

张建中：像 78、79 年，保红考的上海交大，中考（考的）是北京农业大学。在队上动［干活］了好几年，像中考当村长当了二年啦。像那会多少复习复习，很多人都能考上。我参加了两回（高考），第一回差十二分，第二回倒不行了。我说的这两个（人）是正儿八经考上的。74 年、75 年这都是推荐了。学校没有推荐的。西沟大队那会，推荐（上）学校的那个学生学习也不好，就推荐他上大学了，学校不要就回来了。好多都是。南赛有个孩叫生民，叫他住山西大学，老师来了面试，问他说："二分之一加二分之一是多少？"他回答不上来，就不要他了。过去的工农

28

兵学员，必须是你在村上是个干部，根正苗红，你家是个老贫农，要是不是，再行也不行，看出身。当时西沟大队往外推荐，一年十个大学生。当时西沟村比较有名，各个大学都要。但是西沟村，包括李顺达那会，你就是个人才，话说得很好听，他很能干，不能叫他出去。像我这样的年龄出去也是个好把式，毕竟他能学下些东西。出去的很少，像这个村，出去的很少，村里一般就不让走。

刘：什么时候咱们学校就不行了？

张建中：95、96年好像还行了。县职业中学不是在上面来，分下下边两个班。小学有人、初中有人、高中也有人。现在学生生源不行，剩下的学生学习也不行。好点的学生都走了，好点的老师也愿意上县里头。

刘：现在小学怎么样？

张建中：从幼儿园开始，直接去县里，不走也不行啊，跟不上形势要求。

5. 访谈对象：周群考（男，1950年8月12日生于西沟村小东峪，中共党员，高中文化，曾任西沟大队记分员、生产队长、党支部副书记）

访谈时间及地点：2013年6月4日；东峪家中

访谈者：刘晓丽

录音整理：郭永琴

刘：说说你上学的事吧。

周群考：我上学是西沟学校，（那时）没有中学。我五几年上的学，那会儿还没有盖起这些房子，就是在那个庙里，现在没有了。那时候学生比现在还多了。那个时候老师什么也比较认真负责。那时候上小学比现在晚，起码8岁以后。"大跃进"的时候，那个时候还吃食堂饭，和外边村集体吃饭。那个时候不劳动，正常上学。劳动半天、学习半天是"文化大革命"的时候。我们到平顺中学念书是65年。过去的学生比现在（年龄）大，可以留级。我小学毕业，初中就到县城。这里就没有初中，那会是六年级。小学毕业，上中学要到县城，考上才行。六个年级，一个班有40多个（人），也有30多（人）的，一个年级一个班。那个时候辍学的比较多。那个时候比较困难哩，在家里干活。65年有考上平顺一中也不去念的。那个时候标准班50个人，有的考上不报到。

刘：你家里条件好才去的？

周群考：也不好，也是比较困难。

刘：小学有没有因为是女孩不让上的？

周群考：有。

刘：小学收学费吗？

周群考：那会也收学费吧，一两块钱。那个时候也念不起。那会到平顺念初中一个月吃饭就是 7 块钱，初中在平顺中学住校，那会伙食费比较规范，一天两毛五伙食费。那会助学金比较多，最少也要有三块，多的五块，最多八块，那是普遍现象，不是像现在申请什么了，越有钱越（能）申请。过去，没有那个现象。最少也有三块助学金。初中、高中都有，家里那么穷，三块助学金也够十天吃饭。要是八块，连（买）笔（的钱）都有了。

刘：助学金发放怎么分？

周群考：就是按贫富，那会咱也没什么后门。那会管理比较严格，初中一个礼拜也出不了大门。那会都住校，必须住校，一个月不让回来一次。那个时候学习比较紧张。

刘：你属不属于老三届？粉碎"四人帮"后，没有考大学？

周群考：不是，没考（大学）。恢复高考，那会岁数大了，七八年都快三十岁了，也没有试。

6. 访谈对象：张明朝（男，1946 年农历正月二十一生于西沟村池底，中共党员，初中文化，曾任西沟村生产小队小队长、西沟大队副主任、东寺头乡乡长、平顺县科委副主任）

访谈时间及地点：2013 年 6 月 5 日；池底家中

访谈者：刘晓丽、赵俊明

录音整理：郭永琴

刘：您说说西沟学校的事吧。

张明朝：学校是沈志兵老师在这里的时候在庙上（办的），他来得最早。那会我还分管过几年文教，孩子们没有操场。下面有块地，咱在那块地种小麦，打场，逐步就叫小孩们做操场。后来沈志兵当校长以后，他还在古罗住了，八十多（岁）了，每天黑夜还和老李商量，把那块地做了操场吧，小孩要德智体全面发展。那会学生不少，好几十（人）。硬把老李动员了。那是二亩多地了呀。

刘：那是什么时候？

张明朝：72、73 年，（学校）开始有操场了。老李对于占地，过去一厘地都不让占。后来，撤并学校，生源就没有了。最高潮的时候，这里的高中在全县都很有名，老师都很好。后来（有的老师）调到平顺一中、长治师专了。到后来，生源倒也是有，但是说不清了。

刘：你也是在咱们村上的学吧，什么时候上的学？

张明朝：我是 8 岁念书。54、55 年在这里上的学，念到十二三（岁）到平顺上完小，完小就是五年级、六年级。咱这里就没有。平顺有句话就是："识字不识字，上上东长寺。"东长寺有完小、初中，东长寺是个寺院来。

刘：上完完小才上初中？

张明朝：完小罢了，就是上初中。62 年，那是国家一个大转折点，是大饥荒，机关的都带家属回来，"六二压"压下来了。咱平顺那年就没高中。62 年，4 个班，考了四五个上高中的，壶关有考上的，平顺就没有考上。那年就没收。就是"六二压"，到第一线。（现在）我的闺女们说咱去县吧。我又没有在县里弄房子，还得租房子。闺女说，人家都走了，这就走开了。幼儿园还留下几个，想让孩（子）们念好书，陆陆续续就都走了，原来这个村就还有二十几（个）、三十个（小学生）。这会就（剩）几个，几乎没了。（人们都）重视孩子念书，都去好学校了。有好几个原因。咱这条件又不很好。他［外甥］是二年级走的，这就高二了，这都多少年了。在村里多安全，大人也不用多操心。其实到那以后管理也不好，一个老师教五六十个（学生）。县里批改作业都是孩子们写下作业来撕下这两张给老师瞧，五年级就是孩子们互相改。老师就顾不上了，全凭自觉。

刘：你上学那会有助学金吗？

张明朝：有，我就是靠助学金念出来的。初中有，一个月给我 5 块钱助学金，就够用了。3 块钱就够吃了，还剩 2 块钱基本作业本就有了。学费不用交。

刘：什么人可以享受这个待遇？

张明朝：评了，父母亲比较年轻就少，最少的 2 块、3 块。我是家庭比较困难。我往初中走的时候，我父亲就六十多（岁）了。五十五六（岁）上才有我，我记忆（中）我父亲就是老汉。我母亲（在）我 8 岁上就去世了。我那妹妹学习很可以，我念了书了，她就念了个小学，就念不成了。那会在农村，没有国家（帮助）根本念不出来，根本不行，那会拿三四块钱，就没那钱。那会我父亲赶集、赶会，小篮子擓［kuǎi，把盛物工具挂在胳膊上］上六七根葱，一卖就够半年的了，后底有一二百块钱一年就够了，现在没有万把块钱（一年都）不行。

7. 访谈对象：王增林（男，1957 年 1 月 25 日生于西沟村池底，中共党员，高中文化，曾任西沟村党总支副书记、分支书记）

访谈时间及地点：2013 年 6 月 6 日；池底郭广玲家中

访谈者及录音整理：赵俊明（整理者）、刘晓丽

赵：说说你小时候上学的情况。

王增林：我上学那会就是勤工俭学哩，那会是小学五年、初中两年、高中两年，九年制。

赵：上学期间村里就开始种树了吧？

王增林：种树，学校搞编织、卖东西，那时候（还）打槐籽，还种地。学校有个农场，（是）我们村的地，山顶上的地，种点菜，（收下）给学校老师灶上

31

（吃）。还有部分跑校生，（家是）外地的，（他们）住校，（也能）吃点菜蔬。

赵：农忙时候是不是就不上课了？

王增林：秋天开始就不上学了，就采几个礼拜槐籽，采回来把籽弄开，卖籽。洋槐树结的槐籽弄开能卖钱。有松子，也有槐籽，槐树开花，洋槐树那个（籽）好吃，那个籽能卖。

赵：秋收忙的时候放假？

王增林：集体时候，到了收秋的时候放假，大伙收收秋，大了（些）就能推车，小的时候就是捡玉米穗，做点小活，（比如）割一割（谷子啥的）。

赵：那会的高中好不好？

王增林：那会的高中还不如现在的初中。我们那会高中一直勤工俭学，就是小学学了些东西。上了初中就不行了。初中那个老师还比较马虎，黑夜你一直上自习。到了高中真是一直动［干活］，（还）盖楼。

8. 访谈对象：郭增贤（男，1951年2月生于西沟村池底，初中文化，村民）
访谈时间与地点：2013年6月6日；池底郭广玲家中
访谈及录音整理：刘晓丽、赵俊明（整理者）

刘：您多大了？

郭增贤：62（岁），我是51年生的。

刘：小时候上学是在村里的学校上吗？

郭增贤：在村里上，上到初中，后来这里成立个农中，我上的那个。

刘：也是在村里？

郭增贤：村里。

刘：农中是职业中学？

郭增贤：嗯。

刘：哪年办的？

郭增贤：六几年办的，我就是六几年上的。我还赶上"文化大革命"去串联，去太原。

刘：你上小学时学校学生多不多？

郭增贤：多，那时候人多。

刘：一个班多少人？一个年级几个班？

郭增贤：50多人。有时候一个班，一般是两个班。

刘：小学有几个年级？

郭增贤：六个年级。我是58年上的学。

刘：当时咱们村里的孩子都能上学吗？

郭增贤：都能上，没有家庭困难不上的。

刘：收学费吗？

郭增贤：收，收得少，一年下来就几块钱的学费。这个学校越办越少［差］了，原来这里的学校好来。后来还有初中，那个教室也是满的。

刘：老师也行？

郭增贤：老师也行。

9. 访谈对象：申纪兰

张锦绣（女，1946 年 12 月生于平顺县西沟村沙地栈，中共党员，工人，高小文化）

张李珍（女，1952 年 3 月生于平顺县西沟村沙地栈，中共党员，大学文化，中国人民解放军第二八五医院妇产科主任，主任医师）

访谈时间及地点：2013 年 6 月 10 日；沙地栈申纪兰家中

访谈者：刘晓丽

录音整理：郭永琴

刘：西沟最早的学校什么时候办的？老师有些谁？

张李珍：我们记得那个常老师、申老师都是以后的。

申纪兰：互助组（的时候），在一个羊窑里头办起了小学，就在老西沟。51 年，那（么）两户就办起了个小学。最老的那个老师是牛满贵，在老西沟。我们都是扫盲（班）毕业的，像李顺达和我都是（经过）扫盲。扫盲班也解决了问题，李顺达那会发言就发不了，还得给他写成那大的字，讲话去。他那稿子都是大字的，还得写成别字。很不容易呀，（由）过去那糠菜一年粮，变成了能初步吃饱，现在还可以说能吃好。这个变化是生活上的变化。经济上的变化，过去一斗玉茭才能换成二斤盐，（有时候）连一个钱都没啦，你不背上二斗玉茭就买不回盐来，现在户户都有点存款，不多也有（少）。新房都住上了，过去这个村就没有瓦房，现在住着房，坐到里头也气畅。我就感到，一个问题是艰苦奋斗精神，最重要的问题是加强党的建设问题，第三个问题（就是）发动群众是最好的办法，走基层，落实党的政策。

刘：你们小的时候，女孩有因为家庭条件不好不能上学的吗？

张李珍：有，女孩上学的就不多，男女还是有分别。我们这个村上的学历，女的最高的应该就是我，我上初中，完了以后当兵，在部队考到第四军医大。我还有几个月没去上学，一开学以后就不去了，咱们这里好几个女孩都没去，都说女孩子上学没用，我妈知道了，就不干了，非让我去，老师也来叫我，那会要是不上就不上了。上四年级的时候，不想去了。后来一直（坚持）去。

张锦绣：那时候一个家庭不富裕。孩子上学还是对，没文化不行。像往后没文

33

化更不行。

刘：妇女生完孩子以后怎么劳动？

申纪兰：办过托儿所，托儿所、幼儿园都有。托儿所（把幼儿）组织起来，一个老太太看住这两三个孩子，腾出劳力上地，那会儿就忙，这会儿都不忙了。那是忙社会主义，你不干社会主义，光（想）到哪享受社会主义，哪能得到啊！

刘：民办教员现在不是转正呢？

申纪兰：都转了，都解决了。

刘：我看村里面有人要转正，还让你写证明材料呢。

申纪兰：是。像这些事情，都作过调查。

学校都建好了，村里都没学生了。实际上，二三百户，应该有个小学，哪怕到了初中了，往外头走哩，不方便群众，太集中了，都集中到县里了。

刘：一家还得赔上个大人。

申纪兰：这是领导的问题，不重视就不行。

10. 访谈对象：张章存（男，1947年12月生于西沟村老西沟，初中文化，中共党员，曾任西沟村党总支副书记）

访谈时间及地点：2014年5月24日；西沟村委会

访谈及录音整理：刘晓丽、赵俊明、郭永琴、张文广（整理者）

刘：老李在的时候，大家除了劳动，平时还有什么活动没有？

张章存：像那个时候，白天劳动一天，黑夜还要上民校、上夜校。特别是青年、妇女更多。因为李顺达当时就是白天不开会，开会就是黑夜。

刘：你说这个民校是什么时候办的？

张章存：老李那个时候，50年代扫盲，就是学那一百字。比如记工、一二三四五、扫帚、簸箕、笤帚这些字。

刘：那是从哪找的老师？

张章存：（找的）牛满贵，羊窑小学的，老李找的。就在那后边找了个窑，就在那里面教的。现在那里（都）塌了。

刘：现在那还有遗址没有了？

张章存：有。

刘：60年代还有民校了？

张章存：有，民校，夜校。

刘：夜校和民校有啥不一样？

张章存：以前叫那个民校就是老百姓，夜校就是扫盲的，就是这个。夜校那个就加上了政治内容了。

刘：李顺达也得去?

张章存：李顺达也得去，还有申纪兰，他们俩都是扫盲班毕业的。

刘：有没有不想去的，不去可以吗?

张章存：那不行，必须去。去了以后，就跟学生点名一样，有点名册，不去就要受批评了。

刘：托儿所是什么时候办的?

张章存：都是以前办的。六七十年代都办过幼儿园、托儿所。后来幼儿园还有了教师。

刘：办的时间还挺长的。

张章存：哦。现在也是这，村里面的幼儿园，你非去接送不行。你这个小孩放了学了，没有大人接，就不让走。

刘：现在村里有没有幼儿园了?

张章存：有，在古罗，饮料厂旁边。

刘：在小学旁边了吧。

张章存：就在小学里。

刘：那边还行。我们去小学校来，见锁着门。

张章存：现在都往县城去了，学生也不多了。中间还办过一个贫下中农讲学所。

刘：那是怎么回事?

张章存：就是说，你是贫下中农才能去了，上中农、富农就不能去。

刘：那是70年代办的吧。那讲啥呢?

张章存：是的。就是上政治课了吧。

刘：不讲讲种田，讲讲怎么种果树吗?

张章存：也讲过技术。

刘：谁去讲了?

张章存：就是一个支队的，村上弄个教师，有文化的顶一个。那个时候，有政治教材，(主要就是)《毛主席语录》啊。

刘：大家积极不积极? 愿意不愿意去?

张章存：那个可不行，一天不去都不行。

刘：那个记不记工分?

张章存：不记工分。不去以后，你就得做检讨，在夜校上做检讨。有事可以请假。

刘：一次去多长时间?

张章存：一般是一个小时，或者一个半个小时，最长两个小时吧。有了事了最多两个小时。

郭：您小时候，村里有个小学？

张章存：嗯，就在沙地栈，以前扫盲都在老西沟的羊窑小学，后来我上学校的时候，这儿就有小学了，西沟小学。

郭：那是啥样的？

张章存：西沟小学就是一至四年级，（开始时）就是一不烂［指复式教学］。

郭：哦，就是复式的小学。那个学校怎么发展的？

张章存：后来就逐步往大走了，慢慢就分了。分开以后，这儿又办了个完小，完小就是五年级、六年级。完小扩大以后，就并到古罗，并成初中、高中，初高中在底下了。最后老李还弄了个大学，农业大学。

郭：您上学的时候，学校有几间房子？

张章存：原先在上边，有三间（房子）。

郭：有几个老师？

张章存：原先在上边的时候，有四五个老师。平顺县（县城的）初高中都还没有这儿的初高中好。这儿的初高中以前办得好了，老师都是全县的好老师。

郭：那老师都是从哪调来的？

张章存：从平顺县、从旁边的县调。我那会的老师也是从县里调上来的。

郭：有没有民办老师？

张章存：有民办（老师），民办的（老师）还比较多。最早的是曹全喜、沈志兵、牛文焕，他（们）都在上边了。最早的是曹全喜，曹全喜还当过校长。

郭：有没有女老师？

张章存：没有。

郭：您上学的时候，小学有多少老师？

张章存：有12个。

郭：咱们村有没有人去那当老师的？

张章存：有。光南赛就七八个了，这个村上也有两三个，光西沟村自己村上出来的也有二十来个，都退

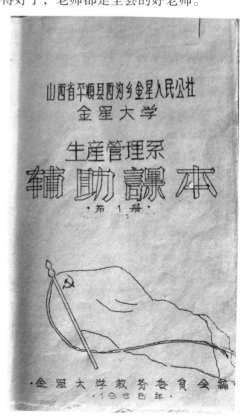

图 1-13 西沟金星大学生产管理系辅助课本

（休）了。

郭：那现在还有谁呢？

张章存：现在还多了。南赛有个当校长的，最后退休了，反正都退了。现在一个月都领两三千块钱。

郭：他们那是转正了吧？

张章存：嗯，后来（经过）考试转正了。石匣沟有个，后来转正了，还在西沟学校当校长了。（以前）东峪沟有、老辉沟有、西沟有，沟里都有小学，南赛那儿也有，现在就南赛还有。现在韩家、东坡（的小孩）都在南赛（上学）了。

郭：昨天，我们问的，古罗那的学校学生只有30多个了？

张章存：现在都走了。西沟这儿的，从幼儿（园）就都往县城走了。

郭：南赛是不是多点？

张章存：南赛也不多，也是二三十个。剩下西沟和南赛两个学校，老师有十六七个，老师不少。原先初高中的时候，县里边的都要来这上了。以前这儿考上好几个大学生了。

郭：咱们这儿的高中也是面向全县招生的吧？

张章存：这儿的高中后头就撤了。

郭：什么时候撤了的？

张章存：撤了有十几年了，90年代后期撤的。

郭：您上学那会学校条件怎么样？

张章存：我上学那会老李弄的就都是单人的小桌子。老李办扫盲班的时候都弄的单人的小桌子。老李也比较重视教育，因为他没文化。

郭：他也是扫盲毕业的？

张章存：嗯，（他）和老申都是。他们又没上过学校，都是扫盲毕业的。不过现在，如果你是初中生，放了十年不用，那也不行。如果你是扫盲毕业的，一直用，那也不一样。

11. 访谈对象：李苏娥（女，1958年7月生于西沟村，中共党员，高中文化，山西省委老干部局活动指导处处长）

访谈时间及地点：2014年6月16日；山西省委老干部局

访谈者：刘晓丽

录音整理：柏婷

刘：西沟现在的学校可是没办法，学校倒是很好，但是没有学生。

李苏娥：现在不行了，那时候我父亲［李顺达］在世的（时候），那个学校不错，师资力量很强的。当时马烽［现代作家，曾任山西省文联副主席、全国作协山

37

西分会主席）的儿子马小林还有他的姑娘，他们都是在那个学校上的学。

刘：马烽在那里下乡几年呀？

李苏娥：好几年，最少有三年，好像还不止。我和他家那儿子都是同学，我们那时候学校特别好，成立了宣传队、乒乓球队（等）各种队，还有中国体院的老师都来辅导我们，当时西沟特别红火。

（五）西沟走向全国

1. 访谈对象：常开苗（女，1948 年农历五月初五生于平顺县青阳镇崇岩村，高中文化，曾任西沟村妇女主任）

访谈时间及地点：2013 年 5 月 24 日；沙地栈家中

访谈者：刘晓丽

录音整理：郭永琴

刘：现在来西沟参观的人少了很多吧？

常开苗：要参观吧，一个是企业多，搞得好，各方面条件也好。西沟这个变化真是很［真］变化，但是新鲜事情不很多。来这里的人以前很多很多，后来就不很多了。每个村上都是人越来越少了，干个甚也不好弄，不好发展，资金也是个大事情，再一个人员也是个大事情。

2. 访谈对象：张天勤（男，1953 年农历四月十三生于西沟村沙地栈，曾任西沟村生产小队记工员、林业队技术员）

访谈时间及地点：2013 年 5 月 26 日；沙地栈家中

访谈者：刘晓丽

录音整理：郭永琴

刘：来西沟参观的人哪几年最多？

张天勤：你没见那个山区黑老张，叫个张什么堂来，戴个小草帽，从咱这个西沟到了南沟，领着参观了，一直捧着话筒。你要说参观，那就是文化革命后来这一段（来）参观的（人）多，部队那人，当时我跟纪兰是在一个院住来，下着雨都是来参观的，（还有）海军的，人就多了，人山人海，那几年（来）参观（的）特殊多。

刘：来了吃住怎么解决？

张天勤：他一般吃都不吃，都是坐着车来了以后，参观了就都走了。当时那几年就特殊多，（有）部队的，（有）工厂（的）工人。当时我跟纪兰盖的那个院，她是西屋，北两间、南两间，中间是个三间，木板弄的楼子，她是西厢一溜。我是堂屋、东屋、南屋，那也不是我（们）弄的，也是分配给我们的。当时盖那三间房的时候，工人参观来了，正上梁了，工人们就帮忙把梁上起了。那会参观的特殊多。

3. 访谈对象：李苏娥（女，1958 年 7 月生于西沟村，中共党员，高中文化，山西省委老干部局活动指导处处长）

访谈时间及地点：2014 年 6 月 16 日；山西省委老干部局

访谈者：刘晓丽

录音整理：柏婷

刘：那时候来西沟的外宾多不多？

李苏娥：好几拨呢，新西兰的，还有韩丁〔美国农学家、记者，1945 年来到中国，1953 年回到美国，著有不少关于中国的书，以《翻身——中国一个村庄的革命纪实》一书最为有名〕，（他）去过好几次了，好像不是一次，去过两三次。

刘：韩丁这个人和长治的渊源很深，你见过他没有？

李苏娥：见过，他个子特别高，高高的，瘦瘦的，很慈祥的一个老人，他带着一个翻译，带着姑娘、儿子，还有外甥，一家人都来了。我们还有一个他的照片，还有我父亲、母亲，我们和韩丁一家照的照片。当时照片照的是我们西沟下面的一个房子，现在都推了，那个是农业学大寨的牌坊。原来在这个之前，我们在底下〔下面〕住着，后来就把那个房子给推了。

刘：您小的时候有没有印象，就是哪些外宾去过，苏联的你有没有见过？

李苏娥：苏联的没有，我印象最深的就是新西兰的露耶爱丽。

刘：她是一个什么人？

李苏娥：是个专家还是个领导来，我记不得是哪个州的州长，她去过。因为当时我在学校，学校派我们两个代表给外国友人送小礼物，拿塑料绳绳编的小灯笼送给人家，后来好像是人家送我们一个毛绒玩具。我和另外一个（同学）给人家献礼物。

4. 访谈对象：张虎群（男，1950 年生于西沟村古罗，中共党员，退休干部，小学文化）

访谈时间与地点：2013 年 5 月 28 日；古罗张虎群家中

访谈及录音整理：赵俊明

赵：以前在村里劳动过没有？

张虎群：参加过劳动，我从十五六岁就在村里劳动，从 8 岁到 11 岁就离开父母亲，我和我哥两个人就在村上劳动。上了个小学四年级，就不去了，就在家。盖西沟展览馆的时候，我就在那里劳动，那时候十七八岁。

赵：感觉劳动累不累？

张虎群：也不累，年轻人，也小了，感觉就是耍了。

赵：你刚参加劳动的时候能挣多少工分？

张虎群：就是个八分，像那个全劳力能挣到十分。

赵：展览馆是什么时候修起来的？

张虎群：66年、67年那个时候就开始修的。

赵：那时候来参观学习的人多不多？

张虎群：有，那时候来参观的人比这会儿多，部队什么全部都来。秋天部队来帮助收秋，其他歌舞团什么的也来演出慰问，很热闹。

赵：现在来的人不很多了？

张虎群：也有来的。

赵：你记得小时候的西沟是个什么样子？

张虎群：西沟那时候比较穷。

张虎群媳妇：咱记得那会儿的西沟就是好，这会儿不好了。

赵：你觉得现在好还是以前好？

张虎群：从大道理来说，就是一年比一年好，我感觉都好。社会当然是好，没有什么大的其他的，就都行了。

5. 访谈对象：申纪兰
访谈时间及地点：2014年5月22日；西沟乡政府
访谈及录音整理：刘晓丽

申纪兰：许国生是学大寨时候来的，他很好，代表50个大学生，住在西沟。有大的，有小的，还有初中的，天津（来的）是初中的。还有马明［50年代新华社驻西沟记者，后曾任新华社驻山西分社社长］家闺女也在咱这插队来，叫马玉花，她在咱这插队以后，往广东走了。咱这儿的大学生逐步逐步就都走了，插队青年，（只要）有一个指标，就叫他走了，留不住，没家没地，又都是小青年，怎能留住？平顺就有两个留下的，有个杨柳，是天津插队来的，她挺好的，后来她就到了县里，成了家，当了妇联主任，现在退了。后来她在天津那个小家我去过，一间家，还是楼上楼下，搭了个铺子，就是一间家，太紧张，她在这多好啊。

刘：许国生后来就去了太原了？

申纪兰：后来去山西省委党校，（当了）常务副校长。许国生是福建人，他能艰苦奋斗，是人民大学毕业的，高学历，可不是高干。这个许国生很成熟，那会儿的大学生，"文化大革命"前到住了（大学），比较"文化大革命"后出来的，学历就比较深，认识问题就比较深刻，干事情就比较认真。所以有些人就嫉妒了，咱大队就表扬他，什么时候也得有带头人哩。

除了他都［他们］，还有畜牧大学毕业的，还有政法大学毕业的，就这些个隔几年还来看一看，咱待他（们）都不错。50个学生是我分管的，开个会呀，参加劳动呀，都是我给他（们）安排。

刘：大学生里边男的多还是女的多？

申纪兰：男的女的都不少。在"文化大革命"期间，有的干部来蹲点、改造的，我们都是高高兴兴按照党的政策，只要他好，有俩人在这入了党。后来在知识分子改造期间，我们对知识分子是尊重的，有一个王灿然，《山西日报》的，他就是在这入的党。还有一个老康，老康是广播电台的，也是在这入了党，那些我们苦战时候的镜头，都是他拍的，他在这时间最长。

再给你访［说］就是，最高的就是作家马烽，马烽在这住了两年半哩，马烽可是很实在，很好个领导啊，他是孝义人。

刘：他是下乡来了？

申纪兰：他是下放来了。孙谦是在大寨，跟他在两厢［大寨和西沟］。

刘：孙谦写了大寨，马烽也写西沟来。

申纪兰：马烽在这住了两年多，他那个孩子在这上小学，后来这个孩子在省二院当了医生了。咱对待他都是高层次，都有文化，虽然说是教他下来了，我们是尊重他的，非常关心他，一个事都没有出。

刘：咱这里有没有推荐工农兵大学生？

申纪兰：推了，都推出去了。

像天冷了，我们在这苦战，老康给省电台照相，他很慢，轮上他照相，都说，哎呀，他可不定（费时间），照不成个甚，倒跟他惯了。

我们正确对待，对他都是（很）关心，走了对我们西沟没有一点反感。我们也发挥了他有文化的作用，我们尊重他的知识，尊重他的人，我们开什么会，都叫他参加，叫他列席。要是不管他，他也就不好了。

李顺达特别正确对待这些事。你像马明能把闺女送到这来，马烽在住了两年，推选走的时候，我们是高高兴兴欢送他走的。这我们都是很不容易的，天津市最多了，那都是中学生，南开区、河西区，我一下就带回来2700人。

刘：都在平顺县？

申纪兰：不是，全晋东南地区，（后来）基本上都走了。当时大家［下乡知青］说，申纪兰来了也不管了，我哪能管全地区？我只能管平顺，我都是跟党保持一致的，哪一级党号召我也是保持一致的。做了多少工作，人家都不来，我在那给人家做了报告，说农村需要有文化人，跟许国生俩人，到一个地方，报告作完，大家就报名了。

刘：西沟的学生来了几批？

申纪兰：那干部是一批，大学生是一批，天津学生是一批，有好几批。咱西沟确实说，穷是穷，不缺他们的工作，也不缺他们的事业，不给他们出难题。西沟困难也不教他们困难。

许国生跟我在养猪场，最后过年人家都走了，就他不走，就是个先进同志，就是个先进人。后来了，他搞得那个对象（比他）文化低，是个中专生，俩人结了婚，我给他当介绍人。他就当我是个老师，叫我是申老师，也不知道我是什么老师？许国生死了以后，我心可难过，他是到了党校以后，受了一段挫折，他瞧见那个不正之风，他看不惯，有人卖文凭，他说这就不对，跟人家有点闹别扭，就得了癌症了。他看不惯。

他还让他老婆来，叫上我去住两天，说他有了家了，太原总比西沟好多，我去看看他就走了，我还能到那住？我说你有这个心意就感谢你了。李顺达也对他特别好，都对他好。他带头，下头那人就讽刺他，这先进就有人反对么，说他不好。我们正确对待，谁好我就表扬谁，教你都好了多好。

他穿一个小大衣，补得补丁来，有人说，哎呀，你瞧这个人就是发扬艰苦奋斗，抓表面工作。先进也不好当。

你想想再问，我什么也知道啊，80年了，走过来了，这60年这东西我还都记得。

刘：你说你不想说自己，这不是你说开以后，就把别人都说了，这都是你亲身经历的事情，像许国生都去世了，他也说不成了，你就能说说他。

申纪兰：我就能说说他。他是福建人，家庭也贫困，但是他对党的感情就不一样。他下了乡以后，也真正是按照党中央的要求，愚公移山，跟我们去推土去了，那么冷的天，中午不回来，他也是系了毛巾，把脸系住。我们在地里头，中午是烧干粮哩，他也在这个土暖气上暖了暖这个干粮吃上了，说申老师，这就是愚公移山。我说一直得干，才能移山，可不能推一天土，推上一天土就移不了这个山。那会儿学习毛主席的愚公移山精神。

他可是很辛苦，后来了农田基本建设罢了，我去猪场了，150头猪，没有吃的，哎呀，猪就得了病了。吓得我，就跟我得了病一样，猪躺倒咱就交代不了啊，想办法给它炒上那糠，教它多吃上点，剁上野菜，想办法叫它吃上。赶过年，职工都回家过年了，我跟许国生就在猪场。那会儿是什么时候？正是给毛主席鞠躬，三鞠躬，四无限，晚请示早汇报，在这中间我就给他讲这个西沟的故事，他就听。

当时一共有50个大学生，是我管。我从天津带回长治2700个学生，南开区，什么区，下来都分到各县。他都说，纪兰同志，你领上我们来又不管了？我哪能管了？上头有政策。咱西沟有 50 个。

刘：都是大学生？

申纪兰：初中生多。天津的，北京的也有，还有北大的，还有畜牧学校的，分到了西沟 50 多个都是我管，没有出过一个问题。

刘：这些人来了干啥呢？

申纪兰：上地。

刘：搞试验田？

申纪兰：咳，试验田就是劳动。他们也很辛苦呀，开始在食堂吃饭还可以，后来下放了，他们自己做饭，最后咱西沟对他都很好，只要有个指标，叫他快走，一个人在这哪能过下去，都走了，没有留下一个。

刘：来西沟搞农田水利建设的人很多吧？外面的人也来了？

申纪兰：外头没那，那会儿主要是干部下来驻村，有一个人就驻了 3 年。

刘：什么人？

申纪兰：省里的人，中央还有一个人，县委书记就在西沟蹲点。

刘：县委书记蹲了几任？

申纪兰：就是有一个常驻的副书记，叫个杨树培［曾任平顺县农工部部长、县委副书记，长治地委农工部部长、市科委主任等］，他就驻到这，就跟李顺达的指挥员一样，就住到这个小窑洞里头，那会儿哪有（像）这个家来呀，吃派饭。

刘：一家一家吃派饭？

申纪兰：轮流吃派饭。李琳［曾任平顺县委宣传部副部长、县委书记］（每次）来这要住一礼拜，到这儿搞计划。他是县委书记，他由点到面，推广到全县，（西沟）起了带头作用。

刘：杨树培说当年咱这里就没路。

申纪兰：没路。哪有路来，羊肠小道，杨树培住到一个老百姓家里头，那个小窑洞里头，自己在那吃派饭。那会儿可真是艰苦奋斗，干部来到这也是艰苦奋斗，吃一顿煎饼就改善了生活了。

刘：李琳是啥时候来的？

申纪兰：李琳是 50 年代来的。52 年来的，51 他是宣传部长来，52 年就成了书记了。

刘：李琳是怎么给毛主席写信来？

申纪兰：54 年写的信，55 年（毛主席）就批示了，（说的是）合作化高潮。

刘：李琳自己写的信？

申纪兰：李琳，还有新华社一个记者，叫马明，后来是新华社山西分社社长，马明跟李琳写的。那会儿人家李琳就很好啊，他就有这个眼光，也有这个文化，他在县里建了一个大礼堂，到这会儿也不落后。

（六）民众记忆中的李顺达

1. 访谈对象：张章存（男，1947 年 12 月生于西沟村老西沟，初中文化，中共党员，曾任西沟村党总支副书记）

访谈时间及地点：2014 年 4 月 20 日；西沟村委会

访谈及录音整理：刘晓丽、赵俊明、郭永琴、张文广（整理者）

刘：说说李顺达的故事吧？

张章存：1938 年老李就入了党了。老李是从河南东山底逃荒来到西沟的。那个时候，家里也比较穷，来的时候，他父亲一担就把他家里边（的东西都担来了），老李弟兄四个，姊妹八个了。

来到这以后，租种地主郭招孩的地。地主把圈羊的土窑腾出来，他就搬到那个土羊窑里边，就在那山里头租了郭招孩的八亩二分山坡地，（这）就是老李家父亲。种上以后，那地你想都是那山坡地，来的时候就啥也没有，住下以后，也比较穷。老西沟过去也叫穷人沟，也叫革命沟。穷人沟是为什么呢？就是两个地主霸占着这个地方，城关路家口的郭招孩他霸占前头这个（地方），石匣沟的张晓泽（音）霸占着后半个（地方），石匣沟也是个大队。

来到这以后。过去光（是）老西沟交的租就有 120 多石粮食，这是（住在）外面的，（住在）里头（的交的）是 80 多石，两头加起来是 200 多石。老李租种的八亩二分山坡地边上还有两棵杏树，每年还得交杏核，还有八块钱现洋，过去时候那个现洋。

1938 年共产党就过来了。宋耀先就来这做地下工作来了，来了以后（就找）老李他母亲。那个时候，老李他母亲为人也好，家里也比较穷，她黑夜就是纺花织布。老李家父亲会木匠，是泥瓦匠，在泽州［今晋城］给人家盖房，打了一年的工，年底要钱的时候（人家）就不给。你想去了以后，（要）养家糊口了，没有钱，家里不好生活。去要钱的时候就教给杀了。老李父亲就这样死了，这是 1938 年冬天的事。

他父亲一死，老李就是最大的（孩子），家里的顶梁柱，（担子）就（都）落到了老李的肩膀上了。（当时）他才 16 岁。老李以前讲过，他就有三怕，一怕没鞋穿；第二怕就是去缸里瓦［舀］东西了，缸里没粮食了；再一个就是没衣穿。没衣没鞋没粮，当时最穷的时候。后来共产党来了以后，就组织起来。老李那个时候为什么要组织起来呢？当时那个时候，共产党来的时候就组织了6户，把6户组织起来，带上糠窝窝就上山开荒了，就是开地主的荒（地）了，荒地也是地主的。开荒种地，山上是光秃秃的，开上荒，种上土豆。所以当时组织起来的时候，那就是硬开了。1938年，（这）6户就定个地点，在老西沟的石岩里面，他们6个就入党了，互助组的6户在黑夜就集中到那地方宣誓，在1938年就入党了。入了党以后，开荒，这就根据共产党的减租减息政策。那个时候，郭招孩过来以后，老李就讲了，你知道减租减息吗？那个时候（收）一石粮食交（地主）八斗。以前说那没良心斗，那筒也圆的，你去交粮食，他就把斗往上（提），他给你的时候，他就把斗就按到底了。那个时候，老李就和他讲，你知道吗，你要实行了这个（减租减息）政策。开始也不行，他就说你租了我的地（就得交租）。他就找老李舅舅了，老李舅舅不敢啊，他（怕）一减人家就不叫他种地了，都害怕啊。老李就和他顶住了，老李就不怕，和他吵了以后。老李就找他了，你减去应该是多少，当天（就）减了这个租。他舅走了，黑夜了，害怕了，偷偷背上又给人家送去了。

刘：就是说老李是想减租，白天减租了，黑夜他舅又给人送去了。

张章存：老李减了，其他人不敢，黑夜又给送回去了。共产党过来以后，他就一直听共产党的，互助合作以后，搞了几年。在西沟来说，互助合作在全国来说就是首家，在这（时候）就已经搞开互助合作了。当时陕甘宁边区［此处有误，应为太行区］在黎城召开边区群英会的时候，老李就得了奖了。奖了个门匾，木头做的那个，就是匾呗，（上边写着）"劳动起家"。互助合作以后，老李在后头住的，他就盖了个小土楼，二层，上头有个大门，上面就给他弄了个"劳动起家"那个木匾，说奖了他一头牛和那个匾，授予他劳动英雄（称号）。

赵：老李家父亲就是从河南逃荒过来的？

张章存：老李父亲弟兄7个，走了7个县。有黎城的、晋城的、壶关的。现在住在那个地方［老西沟］的，是老李他爸的弟弟，他来的时候还没有解放。他来的时候，老李母亲一看，把他留下吧，就把他留下了，其他的弟兄们在壶关了。留下以后，老李母亲就把他当亲生儿子对待。老李家就弟兄四个了，老大是老李。老二八路军过来以后就是一直当（情报员）了，最后叫日本人抓住杀了。老三在晋东南当组织部长，先是县委书记，后来是晋东南组织部长，七几年才死的。老四参军了，参军以后就是开飞机了，这会儿还活的了，在上海。老李家母亲分家的时候，那是按四份分的，老二死了，老李一份，贵达一份，存达一份，最后那一份就是才富一份。

刘：就是她的小叔子。

张章存：是。是老李家老婆桂兰的小叔叔，就是老李他爸的弟弟。

刘：李顺达在西沟的威信很高。

张章存：这个人说理。咱们两个人吵了架了，一般不敢去老李那（让调解）。再一个老李有个不好处，就是软。咱们两个人吵了架了，我先跑到老李那，和老李一说，老李就相信了。赶你去老李那了，老李劈头就是训你一顿，就没有你张口的时间。训完你之后，再听你说。他听听你的也很有道理，就说这个事是谁谁谁说了。所以说一般不敢和老李说假话，人家就不给你隐瞒，就说是张三说来，李四说来。你要敢说假话，他就（在）大会小会（上）说你。

（有一次）老李回来了，接待站住了四五十个人了。他出来看了看，干部都下了地了。他看见不下地的，来回跑的，他看见一个说一个。村里的人只要一看见老李回来，不是赶紧下地，就是在家里不出来，怕老李说了。

刘：这就和陈永贵一样。

张章存：老李在村里真是说一不二，叫你去干甚，你就得去干甚，还得干好。纪兰带着妇女在地里犁地，都有孩子了。其他人说："申主任，咱也累了，又要给孩子做饭了，你看能不能早点回。"申主任一想也是，说："可不能着［让］老李看见了啊。"其他妇女说了，老李知道了吧，咱下回来早点。她们就回去了。老李知道后，不批评社员，就是批评老申。一弄之后，申主任就又回去了。

人家老李是一早就出去了，在地里吃饭，社员（怎么）敢回去吃饭？谁也不用吭气。你就回去吃饭，他也不说

图 1-14　李顺达、郭玉恩等四人获
全国金星奖章

你。可是你一看见他在地里吃饭，你敢回去？人家不是说我说你，就摆到那了。

刘：西沟也来过不少领导人，老百姓也能见着吧。

张章存：能见着。一说领导来了，老李就说，这回来了30个人，这个生产队去几个，那个生产队去几个，安排领导去老百姓家吃饭、劳动。

刘：一般干部就把他安排到老百姓家里去了。

张章存：在西沟的领导，只要说种开［开始种］地了，就要下地。老李不在了，没有安排，也得让他去下地。（领导也是）去生产队吃饭。

刘：去了生产队是交伙食，还是怎么的。

张章存：原先那个时候老百姓也不要他的钱。领导去了以后，就是搁点粮票、钱，有时候老百姓也不要。老百姓不要，他硬要给了。老百姓以前对这个共产党的感情也是很深的。有些（老百姓）就是你硬给，我也不要。有些你要硬给撂下，他也就要了。

刘：老百姓不要，是见外了还是怎么？

张章存：那时候，粮食短缺，现在来，吃一碗饭，那算啥。那会儿没有粮票，就买不上粮食。买东西钱倒不贵，粮票不好弄啊。没有这二两粮票，你就是弄不到（粮）啊。

老李那时候就说，你毁一棵树，就着你种十棵，包栽包活。今年你栽，第二年出了芽了，我去验收。

刘：有没有出现毁树的情况？

张章存：有一个老党员在修谷坊梯的时候，他就把十棵树一遭刨了，修成梯田了。老李见了，让他栽了一百棵。老李就不怕你毁，你毁了一棵，出来了一百棵。南赛有两个姓张的（砍树），被老李发现了，公安局就把他俩弄走了。弄到公安局之后，一个态度比较好的，住了半年。一个态度不好的，住了一年劳改。老李就说，你打我两下，还无所谓，你要上山毁树，我真不饶你。

2. 访谈对象：侯雪珍（女，1937 年 11 月生于平顺县寺头村，中共党员，扫盲班毕业，西沟村生产队小队长、大队妇联工作）

访谈时间及地点：2013 年 5 月 26 日；沙地栈家中

访谈者：刘晓丽

录音整理：郭永琴

刘：老李这个（人）威信也高，大家都听他的，没私心。

侯雪珍：对，那些人都老实，没私心，一心闹革命。他也是搭黑起早，他也受过罪，过去抗战时期那人就都觉悟高。

刘：李顺达参加过群英会？

侯雪珍：他老母亲很能纺花织布，有名。他是河南逃荒上来的，他能带头为穷人了（着想）。对穷人，他就能瞧（得）起，那个意思吧。很早了，咱就不记了。

3. 访谈对象：张高明（男，1956 年生于西沟村刘家地，中共党员，高中文化，曾任西沟村委会主任、总支书记，现任县林业局正科级科员）

访谈时间及地点：2014 年 5 月 25 日；西沟展览馆

访谈及录音整理：刘晓丽、郭永琴（整理者）

刘：你对李顺达有什么印象？

张高明：李顺达跟记者们（关系）可搞得好了，李顺达这个人也是值得研究的。李顺达很老实，但是这个人能接受新鲜事物。那时揭批李顺达脱离群众，不裹白毛巾了，戴开帽（子）了，不穿（对襟）扣的衣服了，穿开制服了，不穿这（布）鞋了，穿开皮鞋了，揭批这就是最重的一条。陈永贵当副总理就（裹）白毛巾，李主任就很注意这个（形象），可惜是跟人家没有很接触［搞好关系］上。揭批罢了，这个老人就伤了元气了，对这个西沟村也就是得过且过吧。农民想集中不容易，但形成（习惯）以后也很好教育，农民是最怕（心）散了。（他们）最不相信你组织，最不相信你村里，这个时候就毁了。

4. 访谈对象：张朋考（男，1937 年出生于西沟村沙地栈，中共党员，小学文化，林场退休工人）

访谈时间及地点：2013 年 5 月 27 日；沙地栈家中

访谈者：刘晓丽、赵俊明

录音整理：郭永琴

刘：那时候村里人是不是都听李顺达的？

张朋考：他这个人就是爱穷（人），谁家穷，就帮谁。他本人也穷。他就是出了个主意，出了个头。威信就威信在这里。就是穷也不怕，就是让你（生）活开，该给你找个轻生活［活计］，能做啥做上个啥。建设这个新农村，盖排房，有劳力的，你能搬砖搬砖，能扛个大梁扛大梁，能扛个小梁就扛个小梁。扛大梁记上个十分，分一块也好，分五毛钱也好，你（都）能挣上。

5. 访谈对象：李苏娥（女，1958 年 7 月生于平顺县西沟村，中共党员，高中文化，山西省委老干部局活动指导处处长）

访谈时间及地点：2014 年 6 月 16 日；山西省委老干部局

访谈者：刘晓丽

录音整理：柏婷

刘：你有没有在村里参加过劳动？

李苏娥：我没有，我是我们家最小的。我姐一开始跟着我父亲在田间劳动，手把手地教她，她接触得那个多。我是后期和我父亲接触得多。

我姐她们大，我们（兄弟）姊妹 6 个，我是姑娘（中）排行最小，6 个孩子排起来我是倒数第二，还有个弟弟，所以我们俩后期接触得比较多，前期吧我们俩还小，对父亲的劳动啊啥的，就没有那个经历。后期父亲有了一定的成绩，一定的荣誉的时候，姐姐们也都大了，都外出工作了，剩下就是我和我弟弟在父亲身边比较多，时间也长，比我大姐、二姐、三姐们时间长，她们几个都走了，后期基本上就是我们 4 个，父亲、母亲还有我和弟弟。在这个过程中，应该说我是最熟悉父亲后面的一些（事情），从他的工作，从他的人性，还有对我们的教育，这个印象是特别深的，这个非常深刻。

刘：我看 1950 年出的《新中国妇女》杂志，那个杂志上面就介绍了李顺达家庭，1950 年，应该是介绍的你奶奶的吧，写得很详细，就是她在家里面怎么劳动致富，怎么家庭分工，她能登到那么一个高度的杂志，说明当时已经很有名。

李苏娥：我父亲的优秀其实得益于我奶奶的优秀，我奶奶是非常优秀的。

刘：你奶奶的一些事情还记得不记得？

李苏娥：我大姐三岁的时候我奶奶就去世了，我是没有亲身接触，后来我是听父亲、姑姑们讲的，还有看资料，对奶奶有一些印象和崇拜。我就觉得我奶奶是非常优秀的，因为当时她是妇女主任、纺织英雄。我奶奶就非常能干，她在劳动生产上面也是一把好手，持家上面也是一把好手。

刘：另外一个是待人接物上，每天人来人往的。

李苏娥：对，待人接物上有一个很典型的例子，我给你讲一讲。（现在是）上海机关事务管理局的一个副局长，当年到西沟来下乡。他来了以后，当年那个生活非常艰苦，我奶奶尽量给他做上好吃的，给他改善。所以这么一来二去的，他对我奶奶就像干娘一样，就特别亲。而且我奶奶这个人特别厚道，她哪怕自己家的人不吃，你想那个时候的生活条件多艰苦了，但是她宁愿自己的孩子不吃，她不吃，她也要让人家外面来下乡的同志吃，尽量给他们改善，粗粮细做。她就是有一个特别宽阔的心胸，很仁慈，（这种）品德家传的，和这个很有关系。所以我觉得血脉传承对一个家庭的影响是非常大的，尤其是对我们后代的教育和影响。

刘：你没见过你奶奶，我感觉她就应该是那种个子高高的，因为你父亲个子就很高。

李苏娥：是的，我父亲一米八二。

刘：那个时候这个个子就很高了。

李苏娥：就很高了，对，在那个年代。

刘：你们个子都挺高的。

李苏娥：我们也高，遗传了父亲，我母亲个子也很高，很慈祥很魁梧的一个老太太。我们也基于这种基因，不管从长相来讲，尤其是品德来讲。

刘：我觉得李顺达不仅是个农民，他对西沟的一些设想，和他采取的一些措施，像现在我们看到的，他搞绿化的那些事，还有种果树的这些事，如果果树不下放的话，西沟靠这个可是了不得，现在苹果多贵呢。

李苏娥：是的，就是靠山吃山。

刘：而且水果品种也好，劳动力也不用出去了，这个绝对不是说一般农民可以有的那种思维。

李苏娥：虽然他文化不高，但是他特别重视文化，他对科技的重视，对文化的重视，真的远远超出他本人的身份。其实他是一个很厚重的人，他那个年代的人真的是实实在在干出来的，他对他的身体没有意识，他没有说是比较怜惜身体，保护身体，他没有这种意识。他就是要拼命地干成什么事情，要做成什么事情，他根本没有咱们现在这个保健意识。其实说白了，他这个身体都是提前预支出去了，把健康预支出去了，属于这种情况。

我接着讲，上次上海那个人叫李景春，现在去世了，上海机关事务管理局的副局长，阳城人，50年代来下乡。到了我们家以后，我奶奶就对他特别好，就是尽量给他粗粮细做的，给他改善，和我父亲处得关系也非常好，他后来就提出来"你当我干娘吧"，就成了这种关系了。工作关系就变成亲情这种关系了，他和我父亲就像结拜的干兄弟一样，关系非常好。那一年，就是1983年的时候，他快退休呀，回了老家看一看，他家是阳城的。我父亲其实那个时候下过好几次病危通知书了，后来他来了，我父亲也高兴地说"我陪你上去"。很多人一看我父亲的历史，都觉得特别感人，就像习近平总书记现在倡导的艰苦奋斗、勤俭节约，还有敬业啊，这些精神都在他身上很具备。

他对我们要求也特别严，我就记得小时候我参加学校一个宣传队，去长治一个飞机场去演出去。回到家叫我妈给我找新衣服，结果就找不下一件新衣服。因为我们家4个姑娘，可能我大姐还穿过新衣服，我大姐穿了我二姐穿，二姐穿了三姐穿，三姐穿了轮到我就（都）是旧衣服，补上补丁了。平常吧也不觉得，那时候小，也不懂，我妈在箱子里翻了半天衣服也没给我翻下个新衣服，我就很不高兴，噘着个小嘴。我爸正好在家，我说我连一件新衣服也没有。

刘：大概是什么时间？

李苏娥：那时候我上小学，我是1958年生的，我觉得就是六几年吧，60年代吧。反正就噘着小嘴就气得不行，连件新衣服也没有。我父亲正好在家，我说："你看看你们俩，给我个新衣服都没有。"他说："这就已经不错了，你就穿这，演出不在乎你非得穿新衣服，你表情好一些，慰问演出你还能要求这么高，现在生活条件差。"反正对我要求就特别严。我最小，我也比较懂事，他其实挺疼爱你的，就没有那个条件，而且没有那个新衣服，他只好说是"这也挺好，你穿上这不是挺好，干干净净的有什么不好"。

刘：我听说你母亲也是纺织方面的能手。

李苏娥：我母亲也是非常能干，我记不得她得过什么奖了，我母亲真的是，军

图 1－15　李顺达小女儿李苏娥接受访谈

功章有我爸的一半也有我妈的一半。

　　我记得我小时候去我们家的人可多了，我妈做上饭以后家里来客人了，我爸说就在家里吃饭吧，客人呢也觉得好像能到劳模家吃饭也是一种荣幸，所以也就留下来了。这样经常是客人吃了饭，我们自己就没有饭吃了，经常出现这种情况。还有一种情况，我父亲经常领着村里大队的支委们开会，经常在我们家开会，开到吃饭时间完了就说"就在我们家吃饭吧"，从来也没有考虑我们家的饭做得够不够，多会都是说就在我们家吃饭吧，大家也愿意到我们家吃饭，觉得挺亲切的。结果这样就把我妈累着了，就得重新给我们做。我们放学回家了，没饭了，人家都吃完了，有时候赶上吃了就吃上点就走了，有时候赶不上吃，再做饭就赶不上吃了，空着肚子就上学去了，经常有（这种情况）。

　　有一个北京插队知青，叫许国生，后来升成省委党校（常务）副校长，也去世了。他当年到我们那个地方，他家里特别穷，也没被子盖，也没衣服穿，衣服可少了，最后我父亲就从我们家把被子给他拿上，铺的，盖的，还给他拿了一个军大衣。最后因为他很优秀，劳动也特别踏实，但是可能家庭条件不是太好，他在那里我父亲对他特别关照，把我家铺的、盖的、枕头，还给他个军大衣。生活上对他特别关心，对他特别关照。而且他本身也觉得父亲对他很关心，他表现也挺好，后来26岁的时候，我父亲破格让他当了兵。像我们这（些）子女，我父亲就不让，对我们要求特别严格，但是在他的问题上，专门找了部队的领导，说是他这个小伙子很优秀，但是家庭条件不好，破格让他26岁当了兵。

　　刘：他来的时候是不是就是大学生？

　　李苏娥：是了，大学生，北京的，后来他自己确实也是很努力，很不错，一步一步的，最后当了党校的副校长。

刘：也是去世了？

李苏娥：去世了，也是搞学术研究的，后来到好多地方去讲课，到西沟，到长治，一请他就去了，因为他对那里还是挺有感情的，对我父亲也有感情，他也是想找机会报答，这是一件事。还有一件事就是一个林业技术员，原来我们那个地方成立了一个林业队，搞树木管理，像这个树木施肥、剪枝、打药，这都（人）来管理，当时苹果树、梨树、核桃树、枣树，专门有个林业队，有一个技术员，他成分不好，当时人们都歧视他，后来就把他撵走了。后来我父亲又把他给请回来，这样的人才你不能说是他的出身不好，出身不好他自己决定不了，但是人家的技术好。

刘：这个技术员就是咱西沟的还是农科院的？

李苏娥：好像是省里下去的，是叫周翔禄。

刘：后来是到哪儿了？又回到农科院了？

李苏娥：后来我就记不得了，因为我那时候小，后来就记不清他了，但是我父亲特别重视人才，这是第二件事。还有一件事，我们西沟有个学校，（他）特别重视人才的培养，他就觉得思路决定出路，他说他们在旧社会没有上过学，没有多少文化，后来在管理方面就感觉到有些欠缺，所以就极力想要培养西沟自己的人才。有一年推荐了一个（学生）去清华大学，那时候政策就是工农兵（推荐上）大学，其实那个时候我大姐就有资格去，但是他不让我大姐去，最后他推荐那个叫周正兰（去）。

刘：这个人是西沟的人还是外头的人？

李苏娥：就是西沟的人，当地的人，就西沟村东峪的，西沟老百姓都知道，叫周正兰，后来把他推荐到清华大学培养他，后来又回来，回来以后回到西沟，后来又到长治工作，这是一件。后来恢复高考以后就考了两个，考到上海交大一个，还有一个农业大学，中国农大和上海交大，考了两个，就是培养他们。

刘：包括现在的王根考他们，都是从那的高中出来的？

李苏娥：对，连我都是从那出来的。

还有我父亲对我们的教育可严格了。还有一件事，就是我和我弟弟当时小，他那时候到省里头，山西唯一的一个中央委员，省里头已经给他派上车了，到省里来就是那个伏尔加，回到县里头就是那个北京吉普，我父亲经常到县里、市里、省里开会，只要是在路上碰上村里头谁要去县里，就搭我父亲的车。我父亲就说："行，挤上吧，我坐到前面，你们到后面，能上几个人就挤上。"就尽量让他们都挤上，捎上他们，去县里看病、买东西、串门，就把他们都给拉上，有多少反正尽量挤得坐上。但是对我们就不行，我和我弟弟那时候小，有次放了学正好碰上我父亲回来了，司机就给我们俩停下了，我们就摆手想坐我爸的车，司机停下以后我们就上去了，我爸就批评我们，"下去，不能搞特殊，别的孩子能走路，你们俩就不能走?"我们学校离家里要爬一个大坡，就把我们撵下去了，对我们要求可严了。我讲的都是生活上的小细节。

刘：我们要的就是这种小事情、小细节。

李苏娥：还有就是以前也兴[流行]送礼，但是送的礼就是土特产，送个小米、土豆，或者是饼干、点心，顶多是这，这就是最高级的了。有一次有个人找我爸办事，当时我父亲已经担任县委书记、地委副书记，还有省里的职务，所以有的人也想找他办事，就送东西。有一次就送的饼干和小米，就我和弟弟两个人在家，人家就给放下了，我们也不懂，就给放下了。回来以后我爸问："这是怎么回事?"我就说："人家谁谁谁来找你办事了，说是等你回来再说，人家就放下东西了。"我父亲可把我们批评了一顿，"你怎么能随便收人家的东西，以后可不能再收人家东西了，你俩去把这个给人家送回去"。可把我们批评了一顿，很严厉地批评我们，一直批评，"咱们还能收人家的东西? 如果政策允许，他不送东西我也会给他办的，如果政策不允许，他就是给我送东西我也不能给他办"。反正印象特别深，我父亲在这方面要求可严了。

还有一个人我给你说一下，叫杨贵[曾任河南林县县委书记，在任期间领导修建了著名水利工程红旗渠，后来历任公安部副部长、国家扶贫办顾问]，当年（修）红旗渠的县委书记。

刘：他是北京哪个部门的?

李苏娥：司法局，后来是扶贫办，退了，现在都90多岁了。他和胡富国后来就是在扶贫办，咱们山西弄那个引黄工程来，他和我父亲渊源可深了。

刘：那肯定是，而且他年龄大，对那个时候的事更有感情。

李苏娥：我讲两件事，一个就是修红旗渠，当时我爸是平顺县的书记，他是林县县委书记，他要修红旗渠的时候，阻力很大，困难也很多。水要引山西的漳河水，当时我们漳河水地势高，林州的红旗渠地势低，顺势就流下去了，当时平顺虽然很缺水，但还没有引水的意识，还没有引，最后说是林州要引山西的水，当时平顺县委一班子和很多人都（不赞同），阻力很大，咱们山西的水怎么引到河南去了? 但是我父亲就觉得这个东西不能分哪儿的，这个工程是积德的工程，是为民的工程，应该支持，浇山西的田也罢，浇河南的田也罢，都是为老百姓办事了，只要是为老百姓办事，咱就应该支持。所以我爸的境界就比较高，我觉得他的这个境界很高。

刘：当时他俩职位是一样的?

李苏娥：一样的，后来在重重阻力下说服了平顺县委，把这个水给红旗渠引下去，其实平顺县不愿意，你把你的水引回来，当时也没有那种想法，可是那个水不是就白白地浪费了？与其白白地浪费，还不如让人家去为民浇田，多好。我父亲在这件事情上，我觉得是境界比较高。

刘：你父亲肯定是对这个地方有感情。

李苏娥：我听说后来县委的领导班子换了多少届了，对这个也有看法。这个怎么说，一个时代造就一批人，一个时代在做一件事。做这种事，当时那个时代我觉得也没有错，对不对？你那个水与其白白浪费，不如叫人家充分利用起来，让林州的老百姓去浇地，这是一个积德的工程。红旗渠修好以后，平顺和林州就成了非常要好的，叫什么呢，友好县。每年一到过年前，林州的四大班子都要到平顺来慰问。

6. 访谈对象：李新娥（女，1947 年 1 月 19 日生于西沟村，中共党员，初中文化，长治市人大主任科员）

　　　　　　郭永福（男，1944 年阴历八月十七日生于西沟乡川底村，中共党员，高中文化，劳模郭玉恩长子，长治市农机局干部）

访谈时间及地点：2014 年 5 月 17 日；长治市农机局家属院李新娥家中

访谈及录音整理者：刘晓丽、张文广（整理者）

李新娥：我们姊妹 4 个，现在活得都比较本分。多会也是兢兢业业，工作是踏踏实实的。我现在 60 多了，什么事情也经历过了。

图 1-16　李顺达大女儿李新娥和郭玉恩长子郭永福接受访谈

刘：总共是 4 个女孩。

李新娥：是的，新娥、秋娥、苏娥、福娥，平顺那个是老三，我是老大，老四在太原。

刘：那个时候你在村里参加过劳动吗？

李新娥：我是62年初中毕业，在村里劳动了4年。我从10岁上去平顺县上完小，上完完小以后上初中，初中毕业是62年，然后就回去了。回去以后，就在村上。我父亲就说，劳动吧，好好劳动吧。村上有些人说，给她在外头找个工作吧，我父亲就说，不用，叫她劳动吧，叫她好好劳动。

刘：就是天天去劳动。

李新娥：六几年那会，清华大学上学，有些（人）说，叫我去吧，从农村推荐。我父亲不叫。那不是叫（周）正兰去了，正兰去清华大学学习了几年，分配到水利局。

刘：村里有那个指标。

李新娥：有指标。我父亲就说让谁谁谁去吧，工作也是让谁谁谁去吧，我了，是什么都不用想。

刘：你没和他因为这闹意见吗？

李新娥：闹甚，我父亲在我心目中，我比较尊重他。办事，说话，从来说一不二的，从小就对他可尊重了。在他跟前，大话都不敢说一句。在村上，每天早上，有队长，有小组长，每天早上去大门口叫，"新娥，新娥"，叫第二声就得赶快起。起得慢了，我父亲听见了，就要骂了。他就要说了，叫你了，为什么不赶快起来。每天早上六点半，就起床。

刘：就是要上工了吧。

李新娥：嗯。起来之后，背疼的，将〔刚〕毕业，才15（岁）啊，咱们现在的孩子15（岁）能干个甚？那会就是上山挑肥担担了。那个土可重了，挑上一担，压得你就腰都直不起来。什么活也干过，农业学大寨更不用说了，深翻土地。说开这深翻土地，还有个小故事。深翻土地，就是每天刨一尺二啊，那？下去，拿尺子量了，非得（深）翻够一尺二，才能够标准了。清明节的时候，村上放个假吧，小年轻人就去赶会。去赶会了，说黑夜还有戏了，去看看戏吧。结果那天黑夜，就开支部会了，我那时候就已经是党员了，一点名，我不在，还有纪兰家那个小姑子梅梅也不在。就我们相跟着了，不在。他就在会上就批评开了，"为什么不回来，不深翻地，走了还能就不回来，黑夜也不回来？早上起来起不来，早上要是四点起不来，不给我翻上一亩二分地，我不要她。我饶不了她。"在大会上就批评了，我妈不是也是党员？吓得我妈一黑夜就没敢睡。等我十二点回来以后，我妈说赶快睡吧，睡了以后，四点来钟我叫你，你起来赶快就走。后来，吓得就不行。第二天，我两人（天还）黑乎乎的，就起来去翻地了。吃饭就是在地里，别人去地里给我们俩捎去的。就翻了一亩多地啊，从四点开始翻到七点、八点来钟就翻了一亩多地。

后来，人家去检查了，检查了，说是可以了。黑夜又开会了，就表扬开了。

刘：该表扬就表扬，该批评就批评。

李新娥：他就说："你看看，这小姑娘，不好好教育她是不行。她走上一天，你要是不告诉她，她就给你睡懒觉了。第二天早上就不起来。"我起来翻了一亩多地，就高兴了，第二天就表扬开了。在地里头，经常是早上去了地里头，不回来，往地里头送饭。

刘：在你家里面，是母亲说了算还是你父亲说了算？

李新娥：他一般不管家里头的这个事。家里边来个人啊，招呼啊，都是我母亲。实际上，我母亲干的事情也挺多的，接待个人啊，都是我母亲。我母亲那会可是真能干了。有我父亲一半，也有我母亲一半。

刘：李顺达干的这个活啊，西沟人都忘不了。

李新娥：一到春天，就买上树籽，带上干粮，西沟都是用的小镢头，一个手刨，一个手栽。

刘：也要检查了吧。

李新娥：检查了，不检查能行？检查的出不来了，就是有问题么。

刘：你在村里参加了几年内劳动？

李新娥：4年吧。1966年搞"四清"，9月份出来的。搞"四清"那会也是统一行动了。三个劳模的子弟，武侯梨［全国劳动模范，平顺县羊井底村人］、郭玉恩［全国劳动模范，平顺县川底村人］、李顺达的子女，原来出来的都不叫出来，不是搞"四清"了，县里就叫我们这三个出来锻炼锻炼，就这么的才出来。

刘：你家就你去了？

李新娥：嗯。出来之后，一开始在县里头了，也没有正式安排，糊里糊涂的安排的，在县政府给帮帮忙。后来，去了食品加工厂，做饼干、水果糖。最后又从县里头调到轴承厂。

刘：能不能说说你奶奶的事？

李新娥：记不得了。听我妈说过，可是也不太记得了。我就感觉我奶奶给我留的印象是好客。从北京来的拍电影的就都在我家，老西沟那里头住的。我那会也是才几岁。我奶奶给他们做饭了，弄甚了。我奶奶去世以后，好多人去了，都送的花圈。我奶奶去世的时候，我（才）3岁，记得不太清楚。我就是听我妈和村上的老干部说过，说我奶奶可好了，哪怕自己不吃，也要让旁人吃。

刘：说李顺达就不能不说川底，去年的时候，我们还专门去那里去了。

郭永福：赵树理在我们村的时候，我刚上小学。我对他的印象很深，我就认识他。赵树理就住在我家里头。赵树理那会抽烟多，爱找农民谈话，他不是爱写么，

56

一晚上他抽的那个烟头要扔一脚底。我把他的烟头捡上叫我爷爷抽了，他抽的是哈德门。赵树理那个人平易近人，他是沁水人。他到那住了一年多，每天就是帮忙农民干活。赵树理会各种音乐，赵树理写的《三里湾》这个，农村老百姓吵架啊，他就爱听，他写出来的东西农村气息很浓。

张：您父亲是哪一年不在的？

郭永福：我爹要活到现在有九十七八（岁），他比西沟老李小一两岁。我父亲是1996年不在的。后来他不能动了之后，就一直在我这里住着。

张：刘重阳说没有亲自给您父亲把书送过去很遗憾。

郭永福：只要在平顺工作过的，都觉得我父亲是最平易近人的。他不像西沟老李。老李比较耿直，说话不能婉转一点。他两个人的性格就不一样。

张：能具体说说吗？

郭永福：你像西沟老李，他觉得不对了，就是训，就是骂。同样是这个事情，我父亲他就会婉转一点，会办事，最后要让你心服口服。他俩人不一样，我父亲工作起来比较细腻。要不我父亲写了一个《经营管理》那个书，平顺有他的资料。他对经营管理做得可细了。我父亲还有一个最大的特点，不爱出风头，有什么事情老是往后躲。每年产量啊，老是和西沟老李谦让。每年他就和老李说，你报吧，你报完，我随后报。他就是不争名夺利。西沟老李是文盲，我父亲也是文盲，西沟老李在自学方面也没有我父亲下的功夫多。我父亲虽然没有文化，但是写的字相当好。

张：能说说你父亲参加第一次群英会的事情吗？

郭永福：当时我就还小了。这个会在（黎城）南委泉开的。长治还没解放了，地委就在黎城的南委泉，这个地方在黄崖洞前面了。

张：川底村赵树理、郭玉恩的塑像是什么时候立的？

郭永福：有四五年了。那个像是在太原做的，是赵树理的孩子们做的。赵树理在我们村的时候，是52、53年那个时间。那会北京的八一电影制片厂的80多人也在我们村住了有一年多，在那儿拍新农村方面的电影了。

张：张（章存）书记，你怎么看郭玉恩？

张章存：他这个人就是老实，他和老李不一样。老李这个人，太直爽，你要是和他说个什么（不正当的）事了，他立马就是批评你说的那个人。

郭永福：这两个老人我都接触过，西沟老李最大的特点是过于相信人。他忠厚老实，他就认为别人都忠厚老实。他就有这个毛病，缺点就是这个缺点。他说动就是，谁谁谁和我说了，也不避讳一下。他的缺点就是脑筋简单，太相信人。本来你说这个话是假的，他也认为这个话是真的。他不分析，就相信你，太实在。我父亲涵养高，他听你说了之后，要琢磨琢磨。西沟老李一是一，二是二，直爽。你说得这个事错了，他马上就翻脸，马上就批评你。老李最大的特点是以身作则，我带头干就行了，你们跟上我干就行了，别的话我也不会说，我干甚，你干甚，就是这种态度。

张章存：老李是从河南林县逃荒过来的，他那个镢又宽又长，山西那个镢宽，但是短。他就讲了镢头要河南那个长度，山西那个宽度。他下地就是拿那个镢所以说别人都不想跟老李去下地。

郭永福：我父亲那个那时候受累了一辈了，一天福都没有享过。因为在大队当干部，光（是）碗就不知道丢了多少。端了个碗吃饭，还要安排农活了。转来转去碗就不知道放到哪里了。有些事情非得亲自干不行。

张章存：老李和老郭就是亲自带头。

郭永福：在农业这方面，没有不会的，犁、耧、耙无一不精，相当精。什么季节干什么，心中都有数，带动全大队。我在村上都学会摇耧了。我初中毕业之后，回村当了一年大队长，当了一年支书。我父亲那会不善于发动年轻人，我年轻，我就是组织了一二十个年轻人，在村里干。为了解放劳动力，我亲自到林县买一百个独轮车。那个独轮车，我两个手不抓把，光凭两肩，就能弄上走。

张：张书记，您和郭主任交往多不多？

张章存：不多，因为那时候，西沟属于西沟公社，川底属于城关公社。

郭永福：我这个村属于城关公社，我父亲就是城关公社的主任。老李是西沟公社的主任。我当大队支书那会，那会招工了，我就规定了一条，年轻人好好干，谁能当了大队干部，谁也信任你，我就放你走。招工时候，放出去了好几个。谁干得好，谁就走。只要你好好干，招工了，你优先走。原先川底属于城关，后来才属于西沟乡。

张：您和您爱人是自己谈的，还是介绍的？

郭永福：我们是同学，一个学校，她比我小一届，我们的事大人没有干预。

刘：你们共同的语言多。

郭永福：我们个人在一起八九年了，从高小到初中，初中毕业了之后，参加"四清"。川底比西沟平，比西沟的条件好。

张：李主任是您的岳父，除了认为他耿直之外，还有别的感觉吗？

郭永福：跟他接触也比较少，他每天也忙。我父亲也是人大代表，参加过两届、三届了。川底那个塑像上边也有个纪念亭。

刘：赵树理给你留下什么印象？

郭永福：赵树理那个人平易近人，他就是个农民，农活什么都会干。

刘：他写《三里湾》用了多长时间？

郭永福：一年多。就在那住一年多，书里的人物都是村上的，都起的外号。

张：这两个名村之间的交流多不多？

郭永福：现在就多了，现在是一个乡了，过去不多。现在开会都在一块，接触多了。现在的人从平顺步行来川底都不想走，我父亲担上一担鸡蛋，还要走到长治东街了，你想那鸡蛋多娇嫩了。赵树理去的时候，都是地委派的马，骑上去的。平顺到西沟过去都是乱石滩，没有路，现在都是公路了。

刘：赵树理为什么要选这个地方？

郭永福：他就是去写我父亲办社了，十个老社其中之一。办合作社的时候去的。你看过《英雄儿女》吗，里面就有一个情节是国内的劳模去朝鲜看望志愿军了，我父亲就去了。前方打仗，工农兵学商代表去慰问了，那一年，我父亲去的朝鲜，她父亲〔李顺达〕去的苏联，同一年。

图 1-17　全国第一届工农兵劳动模范会议给李顺达互助组的奖状

二、同工同酬载入历史

【深度论述】

近代以来，随着世界性工业革命的爆发和女权主义理论的产生，妇女解放、男女平等运动成为世界性潮流，男女同工同酬就是其中一项重要的标志。早在19世纪80年代初，恩格斯就说："妇女解放的第一个先决条件就是一切女性重新回到公共的事业中去。""在工资还没有废除之前，争取男女同工同酬始终是所有社会主义者的要求。"①在国际社会，国际劳工组织1951年颁布的《男女工人同工同酬公约》规定："不因性别不同而规定有差别的报酬标准。"②当今世界各国，大多制定了男女同工同酬的法律或法规，并付诸具体实践。

在中国，男女同工同酬的提出，是在1951年的山西省平顺县西沟村实行农业合作化时期，当时西沟农林牧生产合作社副社长申纪兰在生产实践中，率先提出男女同工同酬，并进行了深入的实践，在当时当地取得了很好的效果。此后，男女同工同酬逐渐作为基本国策，成为中国妇女走出家庭、走向社会、实现自身价值的重要举措。

那么，男女同工同酬为什么发源于地域偏僻、交通不便、信息闭塞、经济文化发展落后的西沟呢？主要原因是：

第一，从全国范围看，新中国成立初期，国库空虚，经济疲敝，国际上敌对势力强大，尽快建立一个繁荣昌盛的现代化工业国家，就成为中央政府的首要的迫切的任务。中国工业的落后，决定了须从农业调取资金，发展工业。而要做到这一点，又须由国家控制农民的生产资料。于是，就有了一步步的集体化运动——互助组、初级社、高级社和人民公社。传统的农业劳动是以户为单位的家庭作业，一般是"男主外，女主内"。当家庭作业变成集体生产之后，它就要求调动一切能够使用的劳动力，以扩大农业积累，为国家的工业化积累资金。由此，乡村妇女作为一种亟待开发的劳动力资源，开始大规模登上了历史舞台。在这一过程中，男女同工同酬是一种颇为重要的动员方式。其实，中国共产党成立以后尤其是建立革命根据地以后，就一向重视妇女解放、男女平等，将劳动解放视为妇女解放的重要标志。在具

---

① 《马克思恩格斯选集》第4卷，人民出版社1972年版，第70、452页。
② 李明舜、林建军：《妇女人权的理论与实践》，吉林人民出版社2005年版，第93页。

体实践中，中共十分重视发挥妇女在农业生产中的作用，大量妇女参加劳动成为根据地经济与社会发展的重要力量。新中国成立后，到了合作化时期，发动妇女参加劳动，仍然成为寻求妇女解放、增加农业生产的重要手段。但与革命时期不同的是，男女同工同酬开始成为实现这一目的的重要措施。

第二，从山西全省范围看，新中国成立初期山西妇女发展的历史源头可以追溯到抗日战争时期。山西作为华北的战略要地，抗战一开始就成为全国抗战的重要战场，成为日军首要攻取目标。1937 年 10 月，太原失守后，在晋东南、晋西北、晋东北、晋西南地区，初步形成了小块抗日游击区，使这些地区成为中共民主政治和妇女解放的较早实行地。到 1938 年，这些小块抗日游击区迅速转化为晋察冀、晋冀豫、晋西北敌后抗日根据地，到抗战胜利时，以山西为依托的华北抗日根据地已经发展为晋察冀、晋冀鲁豫、晋绥三大抗日根据地，到解放战争时期，三大根据地在民主政治、经济发展、社会生活、风俗变迁等方面，以新的价值观急速荡涤着旧有的、传统的观念。

在三大根据地生存、发展、壮大过程中，与山西妇女有密切关联的主要历史事实是：1937 年夏山西女兵连的建立，她把知识女性精英培养成为民族战争的杰出领导者，成为各根据地和抗日战场的坚强骨干；发端于 1942 年遍布各根据地的妇女纺织运动，它在最困难的时候解决了根据地军民的穿衣吃饭问题，使妇女的社会地位、经济地位、家庭地位、人生自主能力提升，并深刻地影响了根据地到解放区的民主政治生活；部分老解放区婚姻法的制定，使妇女在生命的不同阶段有了自主选择的权力，有了择偶和离婚自由，把大批妇女从痛苦婚姻和童养媳枷锁下解放出来；解放战争时期的支前运动，妇女做军鞋、运送物资、肃清后方、动员参军参战，成为解放战争后方的后方，真正发挥了社会大变革时期主体的作用。在这种历史背景下，西沟作为晋东南地区的老根据地，妇女解放步伐就走在了全国的前列。

第三，从申纪兰个人经历看，平顺作为太行山区的老根据地，申纪兰从小在娘家山南底村就参加了妇救会组织，是村里的妇女积极分子，到西沟以后，她继续参加妇救会组织，积极参加纺花织布，是村里第一个学会新法接生的人，作为妇救会主任和此后的西沟农林牧生产合作社副社长候选人，村里还有几位同申纪兰一样优秀的妇女，但历史的花环最终落在了申纪兰头上，"能受、脚大、没拖累"是申纪兰最后胜出的几大因素：

能受，就是说申纪兰能吃苦，能劳动，这个看似平凡的因素，成为申纪兰成为全国劳模乃至第一届至第十二届全国人大代表的最根本因素，成为申纪兰的立身之本，在以后漫长的岁月中，申纪兰牢记自己是农业劳模，不能离开土地，离开了土地，自己就成了无源之水，无本之木；脚大，申纪兰是同龄人中少有的没有裹脚的女人，这使她在以后的岁月中有一双健步如飞的大脚，成为新中国成立初期劳动光荣的大环境下的优势和本钱；没拖累，是说申纪兰当时没有生育，而同村妇女中，有人就因小脚或生育而错失了这一历史性的机遇。当然，除了以上三条，申纪兰能够载入中国妇女史的史册，还有自身不断的努力，以及社会大环境的培育，包括历史的机缘，而她在西沟发起男女同工同酬，就成为这样一个历史性的机缘。

早在李顺达成立互助组的1943年，互助组里实行的是变工互助，就是有劳力的出劳力，有土地的出土地，牲口等生产资料也可以入互助组，年终分红。1951年，西沟成立农林牧生产合作社，创立了"四定"（定土地、定劳力、定牲口、定农具）和"三包"（包工、包产、包财务）的生产管理制度，在沿袭互助组分红方式的同时有所变化，出现了劳动报酬乃至工分的计算，逐渐向劳力分红过渡，也出现了妇女记工的雏形。但在实行男女同工同酬之前，妇女没有生产积极性，主要精力集中在家务劳动及无报酬的家庭生产上，妇女在家庭外的生产劳动主要是干杂活、零活和轻活，因为没有"同工"，在报酬上也不跟男劳力争取"同酬"。对于这个阶段的分红，申纪兰是这样说的：

"问：记工分在西沟是怎么变化的？

申纪兰：开始那会儿有土地分红，牲口分红，还有个人因素，有地也能入股，有牲口也能入股，有劳力也能入股，劳力就是挣这个土地的价格哩。开始初级社呀，初级社就是初级阶段呀，为什么哩？你看这个集体就没有什么大的资产，有那人说我是个牲口挣的工就比我还多哩，我就养活牲口，土地多的人，就靠土地分红。开始最难时候，有人有牲口，还有厕所投粪，还要养猪投粪，这都是个人往集体投哩。投到集体了，赶到秋天分红了，按劳分红。

后来这些个都没有了，就是劳力分红。这个我都知道。

问：高级社以后就是劳力分红？

申纪兰：一大二公了么，都成了集体所有了。"

随着互助合作运动的深入，妇女在农业生产中发挥了越来越重要的作用，在西沟，申纪兰从1951年当选为合作社副社长时，就动员妇女参加生产劳动，并在锄地、蹚耙、撒肥、间苗、放养等农牧活计上，与男劳力展开竞赛，为妇女争得了男女同工同酬的待遇。可是，在1952年山西省长治地委召开了互助合作会议时，参加会议的合作社社长都是男子，没有一位妇女代表参加。当时的长治地委书记赵军觉得，这个现象不合理，当时的平顺县委书记李琳抓住机会，将西沟农林牧合作社副社长申纪兰推荐给赵军，这样，申纪兰作为参加会议唯一的女副社长，在没有任何思想准备的情况下，被推到了历史的前台。

虽然对参加会议没有思想准备，但是，申纪兰在西沟发起的男女同工同酬及其成果，已经面对全中国作好了历史性的准备。长治地委互助合作会议之后，新华社记者蓝邨写了长篇通讯《"劳动就是解放，斗争才有地位"——李顺达农林畜牧生产合作社妇女争取同工同酬的经过》。1953 年 1 月 25 日，《人民日报》专版发表了这篇通讯，申纪兰和她所倡导的同工同酬从此走向全国。蓝邨在文章中写道：

"男人下田一天记 10 分，妇女一天记 5 分。妇女对此称为'老五分'，很不服气，说还不如在家里纳鞋底。在耙地时，女社员张雪花牵牲口，男社员马玉兴站耙。牵牲口算 4 分工，站耙算 10 分工。耙了一前晌，雪花说：'我为啥不能站耙？'马玉兴说：'不怕把你摔下来？'雪花要求试试。两人换了以后，雪花站得满好，整耙了一后晌。到晚上发工票时，雪花说：'我这工票怎样发？'男社员说：'就这样糊糊涂涂两人一样发了吧？'另一妇女申纪兰，是初级社的副社长，很快把这一消息告诉大家。第二天，社里把耙地的活都交给妇女干，男人去修整土地，改良土壤了。1952 年春，春播即将开始，要把成堆的粪匀到整块地上。男人担粪匀粪，妇女用锨往粪筐里装粪。男人担、匀一天 10 分，妇女装一天粪 7 分。妇女也要求担粪匀粪，男人说匀粪要有技术，妇女提议男女分开来比一比。社里给同样多的男人和女人分了同样多的地，男女同时在一个山梁上匀粪。结果不到中午，妇女都匀完了，而有的男人还没匀完。这一来，连最反对同工同酬的男社员张女孩也说：'应该提高妇女的底分了。'从此，社务委员会取消了妇女只顶'老五分'的规定。按照男女同工同酬的原则，重新评定了妇女的底分，申纪兰、张雪花、吕楼兰评为 10 分，李二妮评为 7 分。"①

文章发表后，在全国引起巨大反响，各省党报几乎无一例外地全文予以转载。由此，男女同工同酬作为一个重要命题开始凸显出来，并真正开始纳入中共中央的视野。

几乎与蓝邨的文章同时，全国妇联在妇女工作会议上作了《关于当前妇女工作问题的报告》，指出了互助合作中的同工同酬问题，将男女工分相等作为同工同酬的最终目标②。不过，这一报告更多还只是在妇女工作系统中的一个政治宣传。但是，当《人民日报》这篇报道出现以后，中共中央以及领导人在各种场合提倡男女同工同酬问题，并正式制定了相关政策。

1953 年 12 月 16 日，中共中央通过了《关于发展农业生产合作社的决议》，明确提出男女同工同酬的概念，制定了男女劳力应该按照工作的质量和数量，实行同样报酬的原则。规定在同一工种中，妇女如果和男子做同样多和同样好的工，她所

---

① 蓝邨：《"劳动就是解放，斗争才有地位"——李顺达农林畜牧生产合作社妇女争取同工同酬的经过》，《人民日报》1953 年 1 月 25 日专版。

② 章蕴：《关于当前妇女工作问题的报告》，中国妇女管理干部学院：《中国妇女运动文献资料汇编》第 2 册，中国妇女出版社 1988 年版，第 147 页。

得的报酬必须是和男子相等的；劳动超过男子的，报酬也照样超过；劳动比不上男子或只达到男子一半的，报酬也照样减少①。也就是说，同工应该同酬，不同工则不同酬，男女应一视同仁。而西沟在男女同工同酬的具体实行中，正是遵循了"同工同酬、不同工不同酬"的原则，据申纪兰回忆：

"**申纪兰**：男人也不平等，男人都能挣十分？有那男的还不如个妇女，他就挣十分？

问：那时候是评分吧？

申纪兰：那是按活评分，社会主义是按劳分配，多劳多得，少劳少得，不劳不得。你还不是共产主义社会，分配呢，我们是按劳取酬，按劳分红，按劳平等。

问：还有其他技术活儿？妇女们是不是得一样一样学？

申纪兰：嗯，撒肥就是。这个撒肥，妇女往箩头里装，男人们担到地里撒开，男人十分工，女人七分工，这个活儿需要技术，不容易撒匀。

我那小姑子跟我说，嫂，咱跟他都男人们分开动弹吧，要不，咱只能挣七八分工。我说，要想挣十分，就得跟男人们比一比，跟他都干一样的活儿，才能挣十分。小姑子说，那就跟他都比一比。

我找到党支部宋金山、王周则，他都也支持，团支部也支持这个提议。我跟着妇女们去一块地，男人们去一块地，大小差不多，人数也一样。雪花跟我说，要今天比不过，咱可真就不行了。我说有甚不行，都是个人，咱先把地划成行，一行一行往里撒，保证又匀又实。她都也跟着照办，赶紧干，不到晌午，干完了这块地。

男人们是干一干，歇一歇，抽袋烟，到晌午还没干完。妇女们倒都干完了，他都有些后悔，后悔不该抽那几袋烟，妇女们不吸烟，就不耽误工夫。

问：哪些妇女挣了十分？

申纪兰：黑来评分，我们有好几个人，都挣到了，我跟雪花、桂兰都是十分，二妞记了七分。

问：这次妇女又胜了，有没有妇女占优势的活儿？

申纪兰：这不是又到间苗了？间苗是个细发活儿，男人们圪蹴下就不行，一会儿腰酸腿麻，想快也快不了。男人们干一天挣八分，女人们挣到十分，有的还到了十一分。咱后来就公道，挣到了就给你记十分，挣不到的，就是你体力不行，技术不行，或你不按时上工也不行，就男的也一样，这就是叫作平等了，还合理分配了。后来还不是说男人干甚妇女就（非得）干甚，你要说拔苗吧，妇女就干得好，要像抬石头了，那就是男的比较好，这就叫公道、合理使用劳力。"

---

① 当代中国农业合作化编撰室：《建国以来农业合作化史料汇编》上册，中共党史出版社 1992 年版，第 174 页。

1954 年 9 月，男女同工同酬正式写入《中华人民共和国宪法》，《宪法》第 48 条第 2 款规定："国家保护妇女的权利和利益，实行男女同工同酬。"1955 年，《中国农村的社会主义高潮》出版，毛泽东给其中三篇文章的按语，推进了男女同工同酬的进程：第一篇是《邢台县民主妇女联合会关于发展农业合作化运动中妇女工作的规划》一文按语："使全部妇女劳动力，在同工同酬的原则下，一律参加到劳动战线上去，这个要求，应当在尽可能短的时间内，予以实现。"第二篇是给《妇女走上了劳动战线》一文按语："为了建设伟大的社会主义社会，发动广大的妇女群众参加生产活动，具有极大的意义。在生产中，必须实现男女同工同酬。"第三篇是《在合作社内实行男女同工同酬》一文按语："建议各乡各社普遍照办"。①这三篇按语发出后，男女同工同酬政策迅速在全国各地推广。

随着国家层面上男女同工同酬政策的制定和实施，在西沟村和《中国农村的社会主义高潮》一书中展现的其他先进村的引领下，全国各地农村的男女同工同酬运动迅速开展起来。

与西沟实行男女同工同酬初期的情况一样，各地农村首先通过提高妇女的生产技术和实际成绩，来改变男劳力轻视妇女的观念。山西陵川县原庄连全宝社，副社长金云花一方面劝说妇女重视学习生产技术，一方面组织妇女和男劳力开展生产竞赛，竞赛结果，妇女取得了好成绩，提高了生产水平。合作社里曾对同工同酬有情绪的男社员靳小由、靳来安说："今年妇女在毛主席领导下，甚都能学会，真和从前不一样了，再不敢说人家不行了。"②其次，通过制订定额、按件记工来衡量妇女的劳动。河北省邢台县东川口村，村党支部以中等劳力的劳动效率为标准制定生产定额与标准工分，一方面激发壮男劳力和技术人员的积极性，另一方面又使女劳力、半劳力充分发挥作用。③再次，到高级社阶段，各地从思想和制度两方面来贯彻男女同工同酬政策，提高妇女劳动质量，仍是改变传统观念的关键。在河北赞皇县，县妇联特别强调妇女干活应该保证质量。该县西王庄村由于妇女的劳动质量提高，工分由 5 分增至 10 分，激发了妇女的积极性④。制度上的改进，则与高级社经营方式的变化有关。当土地等生产资料开始归集体所有之后，农民只有依靠集体才能维持生存，付出多少劳动、挣多少工分就成为获得生存资料的标准，这就要求记工分的制度更加合理化。1955 年 11 月全国人大公布的《农业生产合作社示范章程草案》，推荐了两种工分制——"死分活评"和"定额记工"，要求无条件实行男女同工同

---

① 中共中央办公厅：《中国农村的社会主义高潮》上册，第 66、357 页；中共中央办公厅：《中国农村的社会主义高潮》下册，第 1159 页。
② 全国妇联：《山西省长治专区农业生产合作社中女社员活动情况》，1952 年 10 月 21 日。
③ 河北省妇联：《邢台县东川口村王志琪农业生产合作社发动妇女参加生产劳动情况》，1955 年。
④ 赞皇县妇联会：《积极分子会议所交流的工作经验的综合》，1956 年 10 月 22 日。

酬。这两种记工方法比以前的工分制度更加灵活，有利于提高妇女的生产积极性。

男女同工同酬政策的实施，在一定程度上提高了妇女的劳动积极性，各类媒体曾广泛宣传：妇女解放了，妇女能顶"半边天"，男人能做的事情，妇女都能做，男女达到了同工同酬。在初级社阶段，男女同工同酬的口号刚刚提出，妇女的工分就开始增加，生产积极性也随之显现出来。在河北省阜平县南五合作社，以按件记工和包工制重新评定妇女的劳动能力，妇女工分由过去的五六分增至八九分。由于工分提高，妇女参加生产的人数由开始只有几人增至300多个。社员孟小香说："真是参加生产的情绪一天比一天高了，能与男子得同样的工分。"① 到高级社阶段，社员报酬完全以工分为核算标准，妇女的出勤率和生产积极性进一步提高。如河北省完县〔今顺平县——编者〕光明社，每锄一亩地，不论男女均记6分；除虫也是男女一样，每天记8分；打场一天，男的干重活，记10分，女社员打杂，干轻活，翻场、搂场等，记8分，基本达到了同工同酬。因评工记分合理，全社男女老少的劳动得到了相应的报酬，大部分妇女的生产情绪提高了②。

但是，男女同工同酬的历史作用也不宜被夸大。在西沟，通过访谈，老年男性村民对同工同酬的记忆普遍较淡薄，而经历过同工同酬的老年女性村民，对那一段历史的回忆则主要集中在艰苦的劳动和生活上，也有人保留着那个年代愉快的回忆，对于同工同酬本身，大多数人则语焉不详：

"**问**：您能说说您心中的西沟精神吗？

常开苗：那会集体的，得上地就上地，得干甚就干甚，可好哩。那会去地里，又说了，又喜〔高兴〕了，又乱〔扎堆〕了，那个生活就可愉快了。一看到好像西沟的集体观念特别强，这个人哩，就是一个老百姓也是特别认真，特别负责，西沟的人很忠实，干甚都是认认真真的，说干甚咱就干甚，做甚也是踏踏实实，反正是有一种吃苦耐劳、勇往直前的精神。"

经过60多年，同工同酬对西沟的影响更多地集中在当时那个年代。从全国范围看，同工同酬政策取得了一定的成效，无论哪一种记工分方法，妇女的工分报酬都有所增加，乃至与男性相同，相应地，妇女的生产出勤率也明显提高。也正是因为此，妇女的经济地位、政治地位都随之提高。昔阳县后龙凤垴生产大队社员李冈成的一句话，大致表明了妇女经济地位的变化，他说："过去妇女吃汉、穿汉，现在妇女养活家庭。"③妇女政治地位的变化，主要表现在妇女担任社队干部的人数增加，

① 阜平县妇联会：《关于四月份妇女情况的报告》，1955年5月。
② 完县妇联会：《关于北下叔光明社农业生产合作社一年来发动妇女参加社内生产情况和几点经验向专区妇联的报告》，1955年8月28日。
③ 昔阳县妇联会：《后龙凤垴生产大队关于妇女劳动保护工作的调查报告》，1961年。

如长治专区 118 个农业合作社中，就有女正副社长 95 人[1]，妇女在地方政治生活中的话语权得到提升。申纪兰在西沟发起并实行同工同酬也因此而被写入中国妇女史和中国农村发展史。

（一）传统时代的西沟妇女

1. 访谈对象：申纪兰
访谈时间及地点：2014 年 5 月 17 日；西沟乡政府
访谈及录音整理：刘晓丽

刘：平顺有"好男走到县，好女走到院"这个话吧？

申纪兰：那是封建社会思想，（妇女）只能到院里头，不能到县里头，男人就高一步了，就能到县里头。妇女走到院里头，就是你经常走的地方，要不叫到院到哪呀？这是封建社会一句说法，（妇女）就不能往远处走，你就不是个主导人员，要办什么事都是男的办哩，不是女的办哩，你就到这个范围就行了。（现在妇女）不但能到县里，还能到省里，这就是时代精神。

2. 访谈对象：牛全秀（女，1966 年生于西沟村池底，小学文化，经营小商店）
访谈时间与地点：2013 年 6 月 4 日，东峪商店
访谈及录音整理：赵俊明

赵：我觉得你挺行的。

牛全秀：我不行，过得不好。我从小在池底村背后山沟里长大的，嫁到这里。

赵：那里属于不属于西沟？

牛全秀：属于西沟，就三户人家，就没有电灯。

赵：小时候就没有电？

牛全秀：现在也没有电。儿女们都成了家，老人们就自理不了，都跟上儿女出来了。沟里嫁出来了，你说能找个好地方，有钱的小伙子不去那里说媳妇，你说我说得对不对？十个就有九个，村上就能说上了，谁还说沟里的媳妇。现在里头车都进不去，自行车都不能走，就得走，还是上坡。都是穷家的孩子，说不上媳妇的才到沟里说去，所以说找不上个好的。一直到现在也没有电。

赵：那时候受苦多了。

牛全秀：比村上受多少罪，小时候念个书，跑七八里地，离川底近，去那里念，

---

① 中国妇女干部管理学院编：《中国妇女运动文献资料汇编》第 2 册，中国妇女出版社 1988 年版，第 131页。

离那个地方近。

赵：你今年四十（岁）出头？

牛全秀：快五十（岁），四十八（岁）了，我是66年出生的。

赵：说说你小时候的事情。

牛全秀：我和你说开，你笑话我了，我那时候8岁以后才念书了，念书以后就在川底往下，就在驾校那上边，你瞧那有多远了。

赵：得走一个小时？

牛全秀：呀，可得一个小时，往外走一个小时，你要是往里走一个小时都走不回去，往里走是上坡。那时候冬天中午就没有吃过饭。

赵：中午不带饭？

牛全秀：以前条件不好，带个糠疙瘩。不是光玉米面，秕谷还配点玉茭，早上给你烙出来，走的时候给你纸包上，放书包里，一个人带一个，家里就没有，兄弟姐妹多。

赵：有兄妹几个？

牛全秀：光念书的就4个。一共7个。姑娘给带上1个，儿子们就得带2个。到吃饭的时候，还有一个村子里的孩子也带干粮，都在一个小火上烧，都烧不热，都是冷的吃了，晚上回了家了，也吃不上个啥。

赵：小时候在地里干过活吗？

牛全秀：小学还没毕业，就念不上了，想去念，家里累得不让你去。一个星期去上两天，再去你就跟不上课了。

赵：完了就回家干活？

牛全秀：家里又是猪，又是羊，又是驴。放驴，给放羊送饭。喂的大母猪，就走不了，有时候还得做上那么多人的饭，一个老母亲还有山上放驴，还得垫圈，还得送饭。我才几岁一个人，那么大的锅做饭。我有个姐姐，也出嫁了。那真是受的不是罪。

赵：社会就那个样子。

牛全秀：现在再苦，起码交通方便了。以前我们累吧，主要是老的们累得太厉害。我家姊妹7个，老子重男轻女，光让儿子念书，不让闺女念书。我的大哥哥那会儿在县一中念的。

赵：念的高中，考大学了吗？

牛全秀：那会儿只要一念就分配了，我大哥还没有毕业，我老子倒怕他说不下媳妇了，就给他娶上媳妇了，完了再去学校人家就不要了。你瞧这老人。我哥那脑子好了。

赵：你大哥现在干什么？

牛全秀：在村里，农民，娶过媳妇后来去了学校人家倒不要了。他同学都是念大学的，来我家到沟里找我哥哥，我哥哥就不见人家，你知道为什么呀，没脸见人家，觉得败兴了。咱那会儿学习那么好，你们都好了，我是这个样子，就不见人家。我哥哥告诉我们就说他不在。

赵：现在还在那里？

牛全秀：出来了，孩子念书，搬到池底了。都怪我老子，他还在学校念书了，就给说下媳妇了，只怕在沟里以后说不上媳妇。哎呀，真是，这些故事天底下恐怕就没有。我们这个是太特殊吧。我家四个女子，三个男的，哥哥都是高中毕业生、初中毕业生，最小的也是初中。

我们家那会儿的老人们就是偏心了，就是光叫儿子念书，不叫闺女念书，人家说了，闺女是给人家养了，不让你念书。我是姐妹们当中，就是反正我想念就要去念了，可是最后家庭拖累得没有念成，我那两个姐姐、一个妹妹就没有念过书，都不识字，你瞧开这个小铺铺，她要开这个来，干不了，因为什么，给人家写个什么都不会，就不行。

（二）申纪兰当选为副社长

1. 访谈对象：张松斌（男，生于西沟乡西沟村刘家地，高中文化，中共党员，平顺县县志办副主任）

访谈时间及地点：2014 年 5 月 12 日；平顺县张松斌家中

访谈及录音整理：张章存、刘晓丽、张文广（整理者）

叙述：老李培养申纪兰，其实也是非常巧合的。当时在西沟，李顺达母亲是妇联主任，老李的夫人是韩春兰，西沟有"三兰"〔韩春兰、申纪兰、张春兰——编者〕，三个先进人物。在长治地委召开先进人物会议的时候，当时说得派个人来。有人说，就让老李老婆去。老李说，我一天忙的，家也顾不了家。（张）春兰也没去，因为她的丈夫在外面当兵，没回来，就剩下她〔申纪兰——编者〕了。这些没有写进书，但是我们得明白。从这件事上看，李顺达还是表现了一定的高度的。尽管他不是那么崇高，（说）我一天在外头，也顾不上家，但还是能体现出他一心为了工作，没有私心。现在书上都写，申纪兰是中国举起男女同工同酬大旗的第一人。这话对，也不对。应该是中国农村，不要说整个，取得男女同工同酬的第一人。西沟是首先建立党组织的地方，毕竟她的那个觉悟还是有的。当时李顺达去苏联了，当时她是副社长，当时的副社长很多，李顺达一走半年，你要说当时是申纪兰一个人弄同工同酬，还是不准确的，应该说西沟党组织还是支持的。我和你们干的活一样多，为什么工分少？这不合理。从那以后，申纪兰在地委做了个报告，当时有个记者叫蓝邨，在《人民日报》上发表的一篇文章，奠定了申纪兰的地位，在全国妇联的地位，以至于奠定了代表中国妇女参加世界妇女大会的地位。

刘：申纪兰的成名吧，是西沟党支部推出的，因为平顺这个妇女地位并不是很高，西沟的妇女地位也不高。

张松斌：当时战争年代，特殊的情况，困难的岁月，战争的岁月，造成了西沟妇女冲破封建的束缚的那个东西，也不是突然爆发的。高级社以后，57年以后，兴办人民公社，平顺县最早是羊井底，武侯梨［全国劳动模范——编者］办的，羊井底在长治地区可能是第二个，原来的潞安县，现在的长治县可能最早，河南的什么地方的办的也早。兴办人民公社，并不是说西沟反对，西沟也有兴办人民公社的激情，由于处的地方比较落后啊，那个时候，中国就已经全都解放了，并不一定需要你西沟来做榜样了。

2. 访谈对象：申纪兰

访谈时间及地点：2014年4月20日；西沟乡政府

访谈及录音整理：刘晓丽

叙述：初级社我当了副社长，人家有规定，有男社长还得有女社长，这是大家选举我的。我倒解放出来了，开开会了，跟着李顺达。

我们村那会儿只是黑夜开会，白天不开会，就跟习近平说的一样，长会短开，黑来开会白天不能开，白天都下地，劳力少那会儿。黑来开到十点十一点以后，早上五点还起来照常上工。那时候没有车子，就是人担哩，我叫了他都［大伙儿］，我担上粪还要上了地，他都才去了，我倒下了工了，他都还没有下哩，带头就是起到这个作用。那汗就是矶溜矶溜的，可不是……上着这坡，那汗就矶溜，黑来喝那饭又不好，还没有干粮，那会儿那生

图2-1　1953年1月25日《人民日报》刊登的长篇通讯

活多不好，还是糠菜面，就那样艰苦我没有喊过一声苦。一个共产党员就不是顺利地就能得到个同工同酬，顺利地就能当上个干部，自己吃苦在前享受在后，瞧见群众困难就跟咱自己困难一样，路线教育，真能体现在这一点就能教育好。你不能

（跟）群众到一块，体现就不一样，想法也不一样，做法也不一样。

3. 访谈对象：申纪兰

访谈时间及地点：2014 年 5 月 25 日：西沟乡政府

访谈及录音整理：刘晓丽

叙述：我第一次讲话是在 1952 年，长治地位合作化会上。嫌怕，就不敢说，少说了两句，说不上来，不会说。后来锻炼开了。

刘：当时说的啥？

申纪兰：说我们妇女解放了，发动妇女同工同酬，也不容易，同工同酬要没有党的培育党的领导也不行，光我一个人能行？社会多复杂，那男人说了，男人吸袋烟也顶住你都动半天，再一个男同志还说了，你是副社长，你不能光站到妇女方面，你不能光管妇女。也不容易。

刘：你是哪一年入的党？

申纪兰：53 年。

刘：51 年入了团，53 年就入了党，同时入党的有几个人？

申纪兰：哎呀，那时候那党可严格呀。

刘：怎么培养来，培养了两年？

申纪兰：我当了初级社副社长，党倒培养我入党，当时我还是青年团么。

刘：当了副社长管些啥？

申纪兰：开始是发动妇女，男人说来，你不能光管妇女，还得管男人，社长又不是光妇女选。也都是争吧，咱主要还是个妇女领导。

刘：妇女也不好发动呢吧？不出来。

申纪兰：不是，它一个是工分不平等，男同志也知道，妇女劳动了也能分点红，那会儿还有土地分红，牲口分红，还有个人因素，有地也能入股，有牲口也能入股，有劳力也能入股，劳力就是挣这个土地的价格，开始初级社呀，初级社就是初级阶段呀。为什么？你看这个集体就没有什么大的资产，有那人说我那个牲口挣的工就比我还多，我就养活牲口。土地多的人，就靠土地分红。开始最难时候，有人有牲口，还有厕所投粪，还要养猪投粪，这都是个人往集体投。投到集体了，赶到秋天分红了，按劳分红。后来这些个都没有了，就是劳力分红。这个我都知道。

刘：高级社以后就是劳力分红？

申纪兰：一大二公了么，都成了集体所有了。

4. 访谈对象：杨树培（男，1924 年阴历九月初二生于山西黎城，中共党员，曾任平顺县农工部部长，县委委员、长治地委农工部部长，市科委主任等）

      王爱环（女，1932 年阴历十二月二十八日生于山西黎城，中共

党员，曾任平顺县委副书记）

访谈时间及地点：2014 年 5 月 17 日；长治市旧地委大院

访谈及录音整理：刘晓丽、张文广（整理者）

刘：李顺达是怎样培养申纪兰的？

杨树培：当时办了十个合作社，开现场会的时候，地委书记王谦［有误，应为赵军——编者］一看都是男的，没有女的。就想办法让西沟选一个女副社长，地委就让西沟选一个女社长。李顺达和李琳，原来就选的是韩春兰了，春兰还是军属，她男人当兵了，一选上她了，她男人当兵，就白搭工，这不行。又选了个马俊召，马俊召，漂漂亮亮的，就是脚不好，不是小脚，是个花个乱脚［半解放脚］，嫌花个乱脚败兴了。纪兰 25（岁），个子高高的，是个大脚，哎，这个就好啊，这就选下了。选下以后，还有一个好处，身体健康，爱劳动。申纪兰搞同工同酬，男人记 10 分，女人记 5 分。她说，这就不公正啊，男女要同工同酬。男的要上把了，是 10 分，女人牵牲口了，是五分，这不公道啊，妇女们也要上把了。妇女那时候最多 8 分、6 分。这样子，慢慢以后，就培养怎么劳动。纪兰身体好，个大，还不偷懒，后来就中了。全国妇联会，53 年又派了一个工作队，培养好，给她写资料。她自己本也争气，劳动好。

5. 访谈对象：申纪兰

访谈时间及地点：2014 年 5 月 12 日；西沟乡政府

访谈及录音整理：刘晓丽

刘：我听说也有人在你和李顺达之间制造矛盾来，可是你们就没有听。

申纪兰：有矛盾倒不能工作了，还能有矛盾？我非常尊重李顺达，他是个好带头人，我要不好好听他话，人家都谁听？我听了，他都就不说甚了，谁也不敢在面前说什么了。但是有些人说，你就是受哩［委屈］长呀短呀，这个同工同酬是李顺达支持，他要不支持也不行呀，他要不同意，我怎能弄得过他呀，你说对不对？我就在这一点上非常感谢他。

图 2-2　李顺达与申纪兰

72

刘：他是个男的么，他能支持你这个妇女同工同酬就不容易。

申纪兰：像评工什么的，我跟老李挣一样多，我说，不要这样，你是领导，你付出了很多，咱这个发展都是你。老李说："你还争取妇女同工同酬，你就不解放思想怎弄？"我跟他评一样工，都是10分。

李顺达是个老实疙瘩，就是听党话。没有党，就没有（新）中国，我们村里头来说，没有李顺达就没有西沟，咱这个村再怎不好，也比他都（周围村）好，说是生活（水平）低，比其他地方还是好得多，咱这个过年还能分一袋面，发展了生产了，盖新房家家都能拿出钱来。

6. 访谈对象：张虎群（男，1950年生于西沟古罗，中共党员，退休干部，小学文化）

访谈时间与地点：2013年5月29日；古罗家中

访谈及录音整理：赵俊明

刘：你和李顺达、申纪兰他们熟不熟？

张虎群：认识，也打过交道。像李顺达那时候我就小了，不大记得。纪兰我就了解。申纪兰没有文化，就是农村出身，劳动出身，有文化也可能就成不了劳模了，有文化一参与到政治里头，就成了路线问题了，劳模一般没有啥大错误。

张虎群媳妇：李顺达我记得了，下雨了，水库里头就流河了，李顺达就先起来，一个村一个村地叫人防灾了。申纪兰也很行，一个女人，干不了大事业吧。

刘：申纪兰也不容易。

张虎群：身体也好，坐一天车感觉不到累，一般人就受不了。对老人也很孝顺。

7. 访谈对象：申纪兰

访谈时间及地点：2014年5月13日；西沟乡政府

访谈及录音整理：刘晓丽

叙述：李顺达的妈妈入党还是李顺达介绍的，他家就住那工作组，地下那人，外地那人，都在他家住。他家有个锅，家里头那饭也不好吧，粗米淡饭，水也要滚上〔开上〕教他都喝上点哩。

李顺达母亲郭玉芝是个好人，妇联主任，老西沟的妇联主任。带领妇女纺花织布。

刘：你就跟她学织布来？

申纪兰：我没有跟她学。当时一个妇女要做六双军鞋呀，派下来的。那会儿那八路军就没鞋，也没有布厂也没有什么，就叫老百姓纺花织布做鞋，谁做得好了就表扬谁，做得歪了就批评谁。那妇女就是支前线，做军鞋，送郎上前方，有哩〔有的〕是送子当兵，咱这真正是为抗日战争做出贡献哩，都是根据地呀。长治那地方都是维持会，敌人占了么。

刘：你学纺织是啥时候？

申纪兰：李顺达他娘在整个村上开展纺织，村上老百姓都会纺，一辆纺花车，纺花，解决穿衣问题。再一个，公家有组织了，你纺了花交到那，人家再织布，（再算）你挣多少钱。

我是后来才学习的，我纺花很积极，村里头黑夜还纺花，那时候就是有了这个半机械化了，县里头能织布，你到那里头领上棉花，纺上花，交了挣个钱。

刘：纺车是自己准备的？

申纪兰：自己做的吧，木匠就会做。后来自己家里头也学会织布了，都会织，家家都有机器。

刘：交上去以后给多少钱？

申纪兰：那就记不清了，纺一斤棉花是挣小米还是挣钱，我记不清了。根据地这人都是纺花织布，就跟南泥湾一样。

刘：参加纺织以后，妇女家庭地位就提高了。

申纪兰：你想她就帮助家庭解决了这个穿衣吃饭问题了，就说妇女就不是个闲人了，光做饭看孩子，家务劳动人家就不算劳动，就说妇女吃闲饭。

刘：现在就挣上小米了。

申纪兰：纺花织布就发展了生产了，这就是西沟的开始。

（三）妇女也能干各种农活

1. 访谈对象：申纪兰
访谈时间及地点：2014 年 4 月 23 日；西沟乡政府
访谈及录音整理：刘晓丽

叙述：这个石头山上长树难，我们就开始号召。李顺达就告诉我说："纪兰，你必须发动妇女，过去咱这点地哪行，现在要治山治水，就必须要解放妇女。你的任务，重点是发动妇女。"叫我发动妇女。就这样，我们就组织劳力大干起来了。活了一棵树啊，就活了一坡树，有一棵就不愁一坡。

2. 访谈对象：常开苗（女，1948 年农历五月初五生于平顺县青阳镇崇岩村，高中文化，曾任西沟村妇女主任）
访谈时间及地点：2013 年 5 月 24 日；沙地栈
访谈者：刘晓丽

录音整理：郭永琴

刘：您能说说您心中的西沟精神吗？

常开苗：那会集体的，得上地就上地，得干甚就干甚，可好哩。那会去地里，又说了，又喜［高兴］了，又乱［扎堆］了，那个生活就可愉快了。一看到好像西沟的集体观念特别强，这个人哩，就是一个老百姓也是特别认真，特别负责，西沟的人很忠实，干甚都是认认真真的，说干甚咱就干甚，做甚也是踏踏实实，反正是有一种吃苦耐劳、勇往直前的精神，干一行爱一行，不管干甚，都是很认真，很出力。在老申的带动下，妇女更是，跟她在一坨［一起］了，她挑一担，跟住也挑一担。西沟大队思想一贯贯彻集体观念、集体思想，爱社如家的思想，它都在这个新农村好像就注定了。像以前哇，西沟的苹果这些，满地都是，怎么不偷吃？那会那参观人可多了，那车扎得满挺挺的，都来参观像苹果甚的，搁到其他地方早偷完了，西沟这人就不敢干坏事，过去有多少运动，在西沟也没多少反映。

3. 访谈对象：申纪兰

访谈时间及地点：2014 年 5 月 27 日；西沟乡政府

访谈及录音整理：刘晓丽

刘：垫地之前咱们村的粮食够吃吗？

申纪兰：后来就是吃饭，造地吃饭，过去我们还吃过返销粮九万斤，我们平顺是最贫困的一个地方，这山沟里头都是以前河南逃荒来的。为解决吃饭问题，我们订的计划就是，地冻不收兵，雪下不停工，正月初一还来个开门红，（这样）干了几年，我们生产队把这些劳力就都管住了，艰苦奋斗，打坝，修堤，造地，原来这个河沟没呐水库的时候，龙镇那个下来水，一伙就冲完了，这两边就不抵。李顺达带领我们打成这七十亩地了，七十亩滩地。开始治理时候，第一年才修了九亩，打了一道坝。

后来打成那个坝，说看看效果，下来河了，号召男女老少，扛上门板，扛上玉茭米那个杆子，都去堵住河。到河里堵半天，那（每个人的）嘴呀，出来以后就一点红的都没呐了，我们真是艰苦奋斗精神。

刘：你也下去堵了？

申纪兰：我？我还得先走哩，那会儿有个钟，也没呐其他什么，打打钟就都集合了，紧急集合，都下河滩，像那个王招根倒 60 多岁了，也跟上去了。得到了男女同工同酬，我们不能不去呀，也去那河里头了。我就发现了，人家男同志就顶住这个水了，我出来了，我这个腿就冰得就不行了，我也不知道咱这个女同志有这个生理现象，我站到那儿晕，那个男的，一个副书记，我就摸了人家那个腿，还热乎的，咱这个腿就是冰凉，就不敢说这个话，也不能说这个话，要一说，都不去了，都不干了，吃苦在前呀，真是，这样才解决了吃饭问题呀，增加了 500 亩好沟坝地，你看高处这两岸，这都是修起来的。

（我们是）十年规划五年抓，五年规划抓三年，他（李顺达）也有个长计划短安排，所以他就改造自然条件，就是愚公移山，就是毛主席说的那话，艰苦奋斗，在山上栽树，治山，（治理）水土流失问题，（当时是）有水一场流，没水亢[渴——编者]死牛，人吃不上水，甚也喝不上水，所以，就在山上栽树，（李顺达）提出这一条。

刘： 解决不了吃饭问题？

申纪兰： 解决不了吃饭问题。（李顺达）说这是一个方面，西沟要想多打粮食，必须治山治水，治了山，再治沟，把七条大沟，打坝，小流域治理，那沟沟都有工程。

刘： 这些沟治了多少年？

申纪兰： 哎呀，治理可有老多些年，从 50 年代就开始了，主要是从初级社就开始，从 1951 年正式干起来，这是治沟。治沟就是农田基本建设，打成坝，再挑上土，一担一担，垫地。土也少啊，哪里有一点土，我们把它均开，弄下来，那会是担子挑哩，靠着毛泽东思想，靠着群众肩膀，连车子都没呐，那时候连电都没呐。就在那种情况下，能走出困境。（那时候的人）特别能战斗，特别能吃苦。

远抓林近抓牧，农林牧副吃饱肚，这就是个远大理想，大家就有劲了，（就想）真要吃饱了，这就好办了。这是开始的第一个计划，

4. 访谈对象：申纪兰

张李珍（女，1952 年 3 月生于西沟村沙地栈，中共党员，大学文化，中国人民解放军第二八五医院妇产科主任，主任医师）

张锦绣（女，1946 年 12 月生于西沟村沙地栈，中共党员，工人，高小文化）

访谈时间及地点：2013 年 6 月 10 日；西沟沙地栈申纪兰家中

访谈者：刘晓丽

录音整理：郭永琴

申纪兰： 那会那干部可积极。我们有一个队长，没有老婆了，又当爹又当妈，还要当好生产队长。他是赶到下了工来了，就滚水就上进米，滚中了，就吃饭，还要把孩子都打发上了学。那会那干部可认真了，工作可积极了，一个劳动日五毛钱，一直上山栽树，咱西沟都是靠自力更生，艰苦奋斗栽上的，现在都是国家拨上款来了。你去包那个挖挖，他去包那个挖挖，包这个发了财。咱们都是大队出上工栽树，

这个思想就不一样。这会是想挣钱了，那会是想发展，发展我们也做出了投资。那会那人可真是劳动啊，一个是劳动好，（一个是）一直开会，比思想。那会还有一句话，你干不惯，爱国会上见见。每月要开一个爱国主义教育会。都要比了。

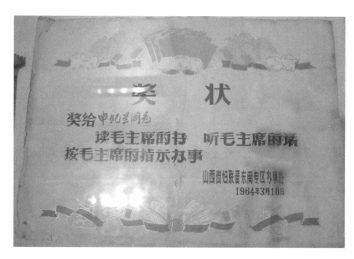

图2-3　1964年山西省妇联给申纪兰的奖状

张锦绣：我那会上地，来了例假一个是腰疼、肚疼，有时候咱就不说呀，那年假如我嫂早上不见我上地，就骂我。上地，有水，我是一见水，一忉〔冷水激〕就没了。那时也不说，有一天早上，我嫂不知道，就骂我了。我在茅房哭一早上，不吃饭。咱也不能跟嫂子说，我有例假不能去。她是觉得，我是干部，连小姑子都带动不了。人家说，你嫂不知道，你还生她的气了。实话说，我嫂一步一步走到今天，真不容易。别人不相信，有时候，有人说那话，我心想我和她一直在一起，我觉得真不容易，又当女的，又当男的。有时候我父亲病了，不在的时候，我嫂在家里担水、里里外外，都是一把手。在村上，生孩子，办红白喜事，都要到了。农村讲，谁家死了人了，半夜三更去装棺，不敢回家，她就什么都不怕，以前在垴头开罢会，谁还送老婆婆回家呢，自己就下来了。现在可真是不行了，年龄大了，坐下就起不来了。她一辈子当这个劳模，可真是兢兢业业一辈子。我嫂朴朴实实走到现在，像她闺女，谁知道？一开始当兵，喂猪，炊事班，什么没办过？

张李珍：我当了那么多年兵，我们领导都不知道。那年我去军区开党代会，我也差点选上人大代表，我从来不去跑关系。我被选上军区的人大代表、党代表，军队内部的，部队领导说真不知道你是她的女儿。我和我妈的原则是高调做事，低调做人。咱们都是西沟人，我们都是见证人。

5. 访谈对象：张秋财（男，1936年农历八月二十九生于西沟村沙地栈，中共党员，曾任西沟村生产小队小队长）

马志勤（男，1937年农历七月初七生于西沟村沙地栈，煤矿工

人）

访谈时间及地点：2013 年 5 月 25 日；沙地栈

访谈者：刘晓丽

录音整理：郭永琴

张秋财：你说那个时候，人的觉悟都那么高。你要一般过去，公安局在这里，干部都在这里，老李说，"早些起啊，公安局局长就在这里哩，叫人家捉住你，立正哩。"就早早地瞧着他，五点多就往地走，那会在家的女的怀孩子还去翻地哩。人家有小磅在哩，秤哩。

马志勤：开始还是几毛，后来才到了一块钱。到七几年吧。

刘：怀孩子还要下地？

张秋财：你不去，你要挣工哩。你这个年龄都得去哩，有那老婆子，过去那个小脚，个到个到〔颠着〕都得去。

6. 访谈对象：张芝斌（男，1936 年腊月生于西沟村沙地栈，小学文化，曾任西沟村记工员、农业技术员、生产队小队长、村民小组组长）

访谈时间及地点：2013 年 5 月 24 日；沙地栈

访谈者：刘晓丽

录音整理：郭永琴

刘：女的也参加（劳动）？

张芝斌：女的也参加劳动，那会都组织参加劳动。那会困难，都念书，就少呗，穷呗，念不起，当时那会也不花多少钱，没那钱。

7. 访谈对象：郭苹果（女，1956 年农历二月十九生于西沟村老西沟，初中文化，村民）

访谈时间及地点：2013 年 6 月 7 日；南赛

访谈者：刘晓丽

录音整理：柏婷

刘：你来的时候土地已经下放了，没有参加过集体劳动？

郭苹果：我那时候还没有，我来了还参加集体劳动了。

刘：你哪年来的？

郭苹果：我女儿今年 34（岁）了，起码 35 年了。

刘：30 年是 83 年，正好没有下放。来了参加了几年劳动，集体劳动？

郭苹果：集体劳动参加了好几年，在李顺达那会儿，每天起早贪黑，干集体活。

刘：说说那个时候，愿意不愿意？

郭苹果：愿意啊，集体还好了，挺热闹的。

刘：那时候工分也行了其实。

郭苹果：女的七分工每天，男的十分工。

刘：七分工有七毛钱？

郭苹果：可没有这么多，两三毛钱，有时候多，产量多了就多，产量低了就少。

刘：每个队的工分不一样，大家整个年底的产量高，钱就多。

郭苹果：增产增收了以后钱就多，不一致，集体时候也可好了。

刘：那个时候也年轻，反正是也没有什么家务负担，劳动就行。

郭苹果：对，劳动就行，年轻很好，集体社就很好，李顺达那会领导着西沟。

刘：那时候李顺达其实是先进，说实话，是不是比现在先进？

郭苹果：先进，李顺达是说到做到，实干，说实话，不虚，干实事。

刘：人家也能弄回来，弄回人来，弄回东西来，反正都能行。

郭苹果：过去的不像现在，过去搞个副业才挣五块钱，现在一年比一年高啊，是吧。

刘：倒是一年比一年高。

郭苹果：可是经济是一年比一年高，可是价格也一年比一年高，物价上涨。

8. 访谈对象：张根秀（女，1947 年农历十月十二生于西沟村沙地栈，小学文化，村民）

访谈时间及地点：2013 年 6 月 7 日；南赛。

访谈者：刘晓丽

录音整理：柏婷

刘：还想让你说说上学的事，在村里上的学？

张根秀：我是在老西沟小学。

刘：你们那时候小学是啥情况？

张根秀：在老西沟上小学上到五年级，我家住在老西沟那沟里面，五里地，每天早上吃上早饭就走了，像夏天，中午赶回来吃饭，吃完饭再走。

刘：你上的是老西沟小学，不是咱现在那个？

张根秀：嗯，老西沟。

刘：老西沟小学当时多少学生？

张根秀：20 来个。

刘：一共就 20 来个学生，还是一个班 20 来个学生？

张根秀：就是那么多，一至五年级就在一个班。

刘：全学校就 20 来个学生，大家都在一起上课？

张根秀：嗯，都在一起上课，一个老师。

刘：初中时候你就到了古罗那了，西沟学校，那地方是不是就正规了？

张根秀：正规，我是半农半读。

刘：那是怎么回事？

张根秀：碰上一个礼拜，下午有劳动节，西沟小学盖的那些房，都是学生搬的砖。

刘：学生自己盖起来的？

张根秀：自己搬砖，有一节课统统在瓦窑上搬砖，就这样搬回来了，有搬五个的，有搬四个的。

刘：不是西沟希望小学，是旁边那个学校吧？

张根秀：旁边那个，现在都盖了。

刘：都拆了又盖了，过去是不是窑？

张根秀：不是，是房子。

刘：初中时候一个班有多少孩子？

张根秀：初中时候西沟学校人就多了，一个班有三四十个。

刘：那就多了。

张根秀：那就多了，因为地方多了，同学就太多了，这儿也有，那儿也有。

刘：经常是去劳动去，停了课劳动去？

张根秀：过去那就是吧。以学为主。

刘：还干啥？修水库？

张根秀：没有修水库的。

刘：初中是几年？

张根秀：初中三年，没有毕业。

刘：最后没有上了三年？

张根秀：因为我家困难，我母亲一个人在家里，我有个小妹妹，姊妹两个，跟一个母亲，不挣上工分养不住（养不起）。

刘：那你就参加劳动了么。

张根秀：就参加集体劳动了。

刘：同学里边，像女孩这种情况多不多，因为家里困难上不了学？

张根秀：有是有，可能应该都比我强，我 16（岁）上我父亲死了。

刘：你那时候不让上学也没有说是不高兴，不上就不上了。

张根秀：你不高兴也不行啊，当时咱家庭困难，有个老母亲，还有个小妹妹上学。

刘：你妹妹就上（学）下来了吧？

张根秀：妹妹也没有，妹妹上到初中了，家庭没有个父亲吧就困难。那时候住的沟里边路也不好走。

刘：每天都自己走？

张根秀：每天都自己走，不上学就是参加集体劳动，也是跑得远，上午下午跑得就太远了，下了工就往家里走，提早上工。

9. 访谈对象：裴秀则（女，1950 年生于平顺县西沟乡赵店村，初中文化，西沟村村民）

申纪兰

访谈时间及地点：2014 年 5 月 25 日；沙地栈裴秀则家中

访谈及录音整理：刘晓丽、郭永琴、张文广（整理者）

刘：是哪一年过来的西沟。

裴秀则：40 多年了。

刘：那你多大了？

裴秀则：60 多（岁）了。

刘：你是西沟人还是嫁过来的？

裴秀则：嫁过来的。

刘：老家是哪的？

裴秀则：上头那个赵店，西沟乡的。

刘：能不能说说以前劳动的事，记得不记得了。生了孩子以后是谁管了？

裴秀则：是奶奶管了。

刘：那时候是妇女队长？

裴秀则：不是，是社员。

刘：你能不能说说参加过啥了，修水库，修大坝？

裴秀则：垫过地，垒过大坝。水库是前头的，没有修水库。

刘：有几个孩子？

裴秀则：3 个，2 闺女，1 个男孩。一共 3 个。

刘：都挺好的吧。

裴秀则：瞎凑合了，自己瞎胡顾住自己。

刘：那个时候天天早上起来干活。

裴秀则：那个时候就不累。

郭：您能担多少斤？

裴秀则：那会在地里头能担一百多斤，担玉茭。

郭：那会早上几点就得去了？

裴秀则：早上六点吧。队长就要叫了吧，自己也要看时间了。

刘：家里那些家务活就是晚上回来做的吧。

裴秀则：嗯。黑夜回来做。

郭：黑夜回来就几点了？

裴秀则：就黑了吧，就瞧不见了，才回来了。

刘：那会咱这有电吗？

裴秀则：有电了。

郭：中午让不让回来？

裴秀则：中午回来了吧，中午回来吃饭。

郭：吃饭多长时间了？

裴秀则：十二点一点回来吧，十二点多回来吧，两点三点上。

郭：男的女的一齐上吧。

裴秀则：一齐上。

刘：你有没有记得特别艰苦的事？哪件事，特别是冬天特别冷的时候。

裴秀则：特别冷的时候就是在小坡地垫地，冬天七点就走了。黑来七点才回来。晌午回来吃一顿饭，就又赶紧走了。

刘：不是带干粮上去的？

裴秀则：不带干粮。

刘：印象那时候特别冷吧？

裴秀则：冷，可冷了。腊月二十几了还在垫着地了，天天垫地。早早起来，把孩给了奶奶，就走了。

刘：那个时候咱村里办过这个托儿所没有？

裴秀则：没呢。

刘：那要是没有老人看怎么办了？

裴秀则：那就是互相看了。

刘：申主任，这冬天最冷的时候冷到啥程度了？

申纪兰：最冷，冷到零下十几度。飘的那雪是六尺深。栽树就不用提了，就是平常。完完全全是服从领导。她也是五好家庭了。

刘：咱这五好家庭的标准是什么？

申纪兰：（她）就是爱国爱集体，和和气气，参加劳动，这都占了，比其他女同志都强。现在这社会就是好，还有养老保险。她这冬天就不用说了，孩子就是她

82

婆婆给她看着。她比我小十几岁。她比我好，她是能管好集体管好家，我是不管家。这一点我比不上她。

（四）妇女争得了同工同酬

1. 访谈对象：申纪兰

访谈时间及地点：2014 年 4 月 11 日；西沟乡政府

访谈及录音整理：刘晓丽

刘： 当时有哪些妇女能记上十分呢？

申纪兰： 我们有好几个人，都挣到了。咱后来就公道，挣到了就给你记十分，挣不到的，就是你体力不行，技术不行，或者你不按时上工。就男的也一样，这就是叫作平等了，还合理分配了。后来还不是说男人干甚妇女就干甚，你要说拔苗吧，妇女就干得好，就比男人分还高，她那手也巧，那男人又吸烟，圪蹴下他又不方便。要像抬石头了，那就是男的比较好，这就叫公道，合理使用劳力。社会主义就这个优越，（以前）不但对妇女不公道，对男人也不公道，男人有人好有人不好，都能挣十分？这也不公道。为公道而斗争，解放（思想）可不容易呀。

图 2-4　申纪兰参加历届全国人民代表大会照片

就是西沟妇女解放，要没呐西沟党支部支持，李顺达要不支持，我也同酬不了，我要跟李顺达一直生气，哪能同工同酬了？也不可能。李顺达是个好同志，他非常支持，他也是支部书记，他就代表了党支部了。所以，研究党支部，就把妇女工作带上去就行了。我不计划留下什么，给西沟党支部留下就有我的一份，留一个人很渺小。

2. 访谈对象：王支林（男，1951 年生于西沟村池底，初中文化，经营粮食加工厂）
　　　　　　郭开花（女，生于平顺县西沟乡赵店村，小学文化）
访谈时间与地点：2013 年 6 月 5 日；池底家中
访谈及录音整理：赵俊明

赵：那时候每天就得上工？

郭开花：嗯。

赵：冬天也得修地？

郭开花：（腊月）二十八九、阳历年也修地，越冬天越修地。

赵：你有没有去修过地？

郭开花：去过，怀的那个二孩子，那也得去。人家非要去，人家有领导，有工作组检查，要不就不给你分。都得去。

赵：孩子呢？村里有幼儿园没有？

郭开花：没有，有个老婆婆，人家就不管看。

赵：那孩子怎么办？

郭开花：逼得不行了，硬给她放下，又回来了，冬天在南屋，把脚都冻了，人家就不管看。

赵：全靠自己把三个孩子拉扯大？

郭开花：人家还有四个孩子呢，顾不上给你看，人家就四个孩子、两个姑娘，那就八九口人了，顾不上。我家孩子和他小姑姑差四岁。

赵：你家老头是老大？

郭开花：嗯，老大。

赵：你家孩子和人家孩子差不多？

郭开花：我家孩子和他小姑姑只差四岁。

赵：就全靠自己拉扯大的？

郭开花：嗯，是。

赵：那时候辛苦了。

郭开花：就这个命。

赵：白天上工，晚上回家还得做衣服什么的？

郭开花：那会又不兴买，赶会的时候，去了给孩子买了块一块半的的确良，蓝的确良扎一扎。咱也不会缝，就给孩子瞎胡做呢。

赵：衣服都是自己缝？

郭开花：凑合着缝，不会缝。

赵：那时买布还得布票吧？够不够用？

郭开花：那会就是一个人一年七八尺布，当时咱也舍不得花了它，弄啥都得布政、粮票了。养那个大的那时候，那会就没吃的，那会坐月子就没吃的，弄点粮票换上二三十斤麦，就那样亏对〔凑和〕。那会都困难，这会儿老了，现在条件好了，这会儿政策也好了。咱是出不去了，就出不去。

3. 访谈对象：申纪兰
访谈时间及地点：2014 年 5 月 22 日；西沟乡政府
访谈及录音整理：刘晓丽

申纪兰：那开始办社时候可苦，可忙。一方面是劳动带头，最主要方面是在这个工分上下决心，改造工分。

刘：男女同工同酬么。

申纪兰：男人也不平等，男人都能挣十分？有那男的还不如个妇女，他就挣十分？

刘：那时候是评分吧？

申纪兰：那是按活评分，社会主义是按劳分配，多劳多得，少劳少得，不劳不得。你还不是共产主义社会，分配呢，我们是按劳取酬，按劳分红，按劳平等。

刘：你给队里放羊了？

申纪兰：这个就不用写了，就是那么一次，不是个普遍事情，你像内蒙英雄小姐妹就是放羊，人家那就都是看羊，我们这里头羊工就是羊工，农业就是农业。我放羊是有人故意出难题时候，他不是绝对叫我放羊，他就说，你能干你也放羊，那是一种不和谐不团结的一种做法，我这会儿就认识到这个，但是我也不能搁下，说我不干了，不去了，不去了你斗争了回就完了。

也可不容易呀，说是这样说，要做起来可难呀，农村这个工作可难呀。我过去当上这个妇女干部，李顺达非常关心，我跟李顺达能挣成一样工分，这就当了代表了。我还说来，我说应该比他低点，他是个全面的领导，我是个副的，他就说："你争取同工同酬哩，你还看不起你个人！"人家李顺达就教育我。

刘：那您说说同工同酬的事吧？

申纪兰：同工同酬就是李顺达同志非常重视劳力，上山栽树，下河修堤。同工同酬开始的时候李顺达不在西沟，他去苏联了，我们县里头派干部住在这里，包队，全国妇联也派人住在这，省妇联也有人在这，还有记者也在这，帮助发动妇女，同工同酬要没有共产党也酬不了，我们妇女也是个人，为什么不能跟男人一样动弹？我不认为是人与人之间的问题，是因为封建社会看不起妇女，封建思想统治，妇女劳力就不行，就这个问题。

现在共产党多好，妇女不单到院里，也能到省里头了，这就行了。男女一样，

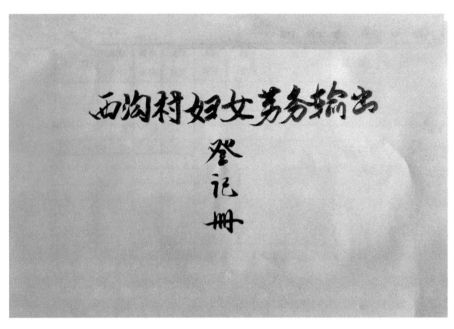

图 2-5　20 世纪 90 年代西沟妇女劳务输出登记册

男劳力也不都是一样的，也有软弱的，也有没劲的，他们都挣十分也不公道，我们只能挣少分也不公道，所以就是为了这个不公道，才争取同工同酬，也是党的支持党的领导，李顺达要不支持，我们也得不到。李顺达是个很公正的共产党员，说妇女劳力家家都有，为什么家里头还卡住？这就是一种思想斗争，旧社会就说妇女不行么，后来还是这样，要有个孩子，他妈就不能立户，只能立这个孩子。我自己就觉得不合理，我是个主事人，就立不了名字？

　　刘：我看那个档案里，你家的户主也不是你，你是副社长，户主还不是你。

　　申纪兰：对对，你看出来了，户主是男同志么，后来记工分我就要记到我个人名下，我就有了力量了。

　　刘：你在家里有了权利了，在社会上也有了地位了。

　　申纪兰：在家里有了权利了，在社会上也有了地位了，这是一回事。

　　但是这个妇女（地位）的提高，也不能去欺骗男人去，也不行，平等才行。有些妇女是不该干的事干去了，我就觉着还不如过去。那会儿妇女自强自立的，现在这妇女不强也不立了。应该是不该办的事，一点也不办，给钱都不干，该干的事自己要艰苦奋斗去干好，我带领妇女争取同工同酬，就这个决心，为妇女争口气，我们妇女是个人，为什么不能当人待？我觉着问题的认识，也不是男人和妇女问题，主要是封建思想统治着，就有隔阂。为什么那时候妇女还得给她裹住脚？就把妇女当成不是人，我觉着解决这个问题，这就不是个小事情。我们就要为半边天争光，争气，要妇女不给妇女争光，你代表什么妇女？

4. 访谈对象：张朋考（男，1937 年出生于西沟村沙地栈，小学文化，中共党员，林场工人）

访谈时间及地点：2013 年 5 月 27 日；沙地栈

访谈者：刘晓丽、赵俊明

录音整理：郭永琴

赵：咱们这里最高的工分能分多少钱？

张妻：村里一般的劳力能一天（挣）十二分。他就是死死那两个钱。按你的工分，好劳力顶十二分，还有九分、五分。评上最高才能领上这两钱。好劳力出去，早上二分。男劳力当天十分。

刘：女劳力最多挣多少分？

张妻：八九分的很少。那会是按劳取酬，做生活，有时候一天也就是三分，早上去了八分。一天五六分工。有些才定二分五。早上去了才能定七分。妇女不行。到一月了才评工分。

刘：评分公平不公平？

张朋考：好劳力八分工，男劳力最高十分，十二分工是特殊，奖励，和副业队、打工高一样。

5. 访谈对象：郝秋英（女，1962 年农历三月十七生于西沟村南赛，高中文化，中共党员，西沟村党小组长）

访谈时间及地点：2013 年 5 月 29 日；老西沟

访谈者：刘晓丽

录音整理：郭永琴

刘：以前日子苦吧？

郝秋英：当时我来到这，那会连买八分钱一张的黄纸钱都出不起，我 82 年冬天过来的。可能就是 84 年，那会上坟去，在家里窗台上瞭了找了二分，机器斗里找了几分，连抽斗里强找了八分钱。强出了八分钱买了一张黄纸。这会赚不住吧，也能顾住一年花了。那会自住毕业了，十八九（岁）上不念书了。就是跟人家老李推小车子推粪，往地里。壮劳力一个人推一个小车子，妇女是两人一个小车。挑也是说地点了，你要是到赛西沟，挑也挑不上去。

刘：你来的时候，挣工分？

郝秋英：来这儿正是 82 年那年冬天垫地来，以前在娘家时候也是挣工分，那会过那穷天气在队的时候，有时候就生活就没了。后底能找上砖瓦厂，砖瓦厂靠住了呗。一天就是八分工，到年底是一个工一块钱，最高了，一年挣人家八九十个工，这就很觉得不错。特别清明以后暖和了才开工，赶到一上冻，密道冻了就不能干了。都是穷家庭出身，哪里有个钱就得赶紧挣上个了。那会就不允许你出（外面工作）。我那会小的时候，管理严，你替人家挑担醋，就不让你出。你替供销社挑了一担醋，挣了人家一块五毛钱，赶最后，纸上就都给你贴出来了，你要说出来挣钱哩？像那会三分钱也给开了，这会两毛钱的票票都不能使唤。

6. 访谈对象：侯雪珍（女，1937 年 11 月生于平顺县东寺头乡寺头村，扫盲班毕业，中共党员，曾任西沟村生产队小队长、大队妇联工作）

访谈时间及地点：2013 年 5 月 26 日；沙地栈

访谈者：刘晓丽

录音整理：郭永琴

刘：您看见身体还行？

侯雪珍：我去年是一直感冒，就这伏天还要感冒了。这几年倒是吃的方面不受罪了，孩儿们也不叫受罪了。论受累那会，这个村吧，属咱苦难，人家都比咱强。家庭也可以，男人在家也不一样，想挣人家点了，不挣个钱不行。苦难了，那会。现在社会好。

刘：交公粮了吧？其实咱也没余粮。

侯雪珍：没余粮，公粮队里头叫一个女劳力晒多少，半劳力晒多少，我给我婆婆定了半劳力，我定全劳力了，我晒三百五（十斤）。我就怀我那个大孩子时候，咱那会长得不大不是，人家给你分上了，你不晒也不行呀。男人不在家，给人家晒不出去，弄上布袋移出去，移上晒了，再不了是，移上那儿晒一顿，那时候私人有鸡了，吃了，看了，我就上土堆上看去，就把我凉了，吃了风了，腰里疼。疼也得干，四百五（十斤）了，你给人家晒不干，行啊？这会有塑料袋，那会就扛毯子，给人家晒了。白天弄出去，黑夜移回来，你不移回来，黑夜就要掉了呢。那时候，苦着呢。你想了，这会这人享透福了。就不要要那些（孩子），要受罪了。像我这个小孩子，都五个月了都不敢叫他跑出来。过去那兜子长呗，三个兜子接住他，一厢一个，接住他，就跑不了。你跟地里来了，他还在那里。成天劳动呢，你不织点布吧，就没穿的，（回）来了就纺线了。

刘：还有织布呢？

侯雪珍：其他家有吧，这个家，他没那。其他家有，我那个母亲织布纺花很行，我就一直学了。她不是娶过三个媳妇，当婆婆了，给人换季了，单的、棉的，都得给人家换上。她就一直纺花织布，我后来来了这，不纺也不行，挺困难，炕上也没有铺的。这会买一套，可要盖好长时候呢。那会一分钱也没那。

刘：那会有布票？

侯雪珍：布票那倒好了，有布票了发给你，你就想要啥了就能买点，过去就没那。那时候，那人吧就是受累，没法。那时候社会上就困难。

刘：是不是咱这个地方先进，大家就干得紧？李顺达就弄得紧。

侯雪珍：那还用说？不假。我不说那两个六点，早上六点就得走了呀，那时候这个先进地方，有干部蹲点，就要笑话你了，小喇叭广播你，所以咱当队长敢走得迟了？早一点。秋天分上那小红萝卜，不粗，我说熬上一堆喝喝吧。四点倒起来了，孩子家一大家，都要喝了，还有个老婆婆，她也年纪大了。熬上（我）还喝不上哩，听上走了，就喝不上也得去劳动一天。也是很苦。

刘：西沟的干部就是带头？这个风气是好。

侯雪珍：好，干部就在这蹲点，有下乡干部，有来了三个月两个月地住，我们就和他们成天在一坨跑。

刘：干部也参加劳动？

侯雪珍：那时候那干部参加劳动，追得紧。我当队长跟着，有蹲点的，那时候有个蒋书记、王队长在这住，每天人家跟着去了。过去老李在的时候，紧着哩。

刘：你那个时候有没有纯粹不下地的妇女？

我来了没有。有人家庭好一点的，有孩子，去少一点，重活就不想去踏踏实实干了。那些就都有。你要说是雷厉风行派个什么，非叫去，她都知道了也就，我那时候不爱说话。我那时候家也困难，我也不爱说话。我那会就是派这干甚你去啊，一般来跟我很不错。

我那时候，你说劳动那么苦，还吃不上，吃顿饭很紧张，就那就想赶紧回来要给孩子补补纳纳，赶紧纺上点花织上点布，咱就富裕了，能闹个箅子，闹个甚哩。这会孩家说开了，我说这会这青年人家是越享福，越吃得好。社会好啊。

7. 访谈对象：周群考（男，1950年8月12日生于西沟村小东峪，高中文化，中共党员，曾任西沟大队记分员、生产队长、党支部副书记）

访谈时间及地点：2013年6月4日；东峪村

访谈者：刘晓丽

录音整理：郭永琴

刘：你从学校出来干过啥？

周群考：就一直在村里劳动。过去还是生产队的时候，那会就当那记工员，相当于小队的会计，后来又当了几年生产队长，后来在大队当个副书记。（20）08年退下来了。

刘：工分怎么分级？

周群考：集体化那个时候，评工分，那就是一个月一评，属于队里面给社员多少，大家说。

刘：评工分有没有政治因素在里面，像成分？

周群考：西沟评工分，成分不在，就是看你的劳动能力，老百姓不考虑这些（政治因素），劳动好就行。干多少活评多少工分。

刘：男劳力工分多少？

周群考：男劳力一般是十分，也有十一分。十分就正常，十一分就是顶好点的劳力，年轻力壮，老的就有十分零五的。

刘：女劳力多少？

周群考：女劳力少点，一般是七分。

刘：有没有意见？

周群考：那会人思想不像现在这个开放，不追究这个，对个人的得失，不像现在这样（关注）。说一月一评，基本就是老调子，评了，也不一直评，两个三个月也不评。你就是十分工，就是上一天回来，记在一个小本上，盖上章。那会都是比较认真。

刘：工分怎么算钱？

周群考：算钱是按一个工以十分为标准，出一天就是十分，一个劳动日是一块钱，一分就是一毛钱。

刘：最低和最高的时候差多少？

周群考：差一毛来钱。十分有一块一的时候，也有九毛多的时候，那就算高的。那会叫西沟生产大队。自然庄就是生产小队，全大队合算，统一一个工是一块钱，看你小队，超过评比标准，你就可以多得。比方说，你这个小队有多少地，那会是下指标呢，产多少什么，土豆、萝卜这类，算经济账，经济收入和粮食收入达到人家大队，那会叫革委会下的生产标准，超了指标就可以按比例多领，少了少领。比如说，我定任务一年一万块，我弄了一万二（千块钱）了，就可以挣一块二（毛），八千（块钱）了就挣八毛。不是统一大锅饭。差别虽然不会大了，肯定是有差别了。一到春天，我在实验室，指标就派给你了。种多少亩，也是下任务。完成得好就多分。

刘：生产队长怎么干活？

周群考：那会儿生产队和这会儿不一样。那个时候，全中国也是（一样的）。西沟比较特殊，生产队长带头动［劳动］了，哪个队都是。

刘：李顺达怎么选生产队长？

周群考：那会人都是不愿意干。说实在话我那会就不愿意干。那是个很累的差事。再一个也多挣不了，反正一年就三百来天。你再动，一天多五厘，能有多少钱。

你挣了，超标了，都还好，赔了，老百姓就要少吃了，口粮要少了，一系统的东西。

刘：每天派工好不好派？

周群考：派工好派，那个时候其实就是不上工就没出路，和现在不一样。生产队按照地亩数，工作量，需要几个男劳力、几个妇女劳力，大队就算好了，没有大队调动，你到哪头也挣不上工分。那个时候一块钱老百姓也愿意出工。那个时候的思想比较单纯，好好劳动，挣工分。

8. 访谈对象：张章存（男，1947 年 12 月生于西沟村老西沟，初中文化，中共党员，原西沟村党总支副书记）

访谈时间及地点：2014 年 4 月 20 日；老西沟

访谈及录音整理：刘晓丽、赵俊明、郭永琴、张文广（整理者）

刘：妇女有什么活动了？

张章存：妇女这个就多了，像上山造林要发动妇女去造林，还有大队那会定的男劳力算一个劳力，女劳力算半个劳力。

刘：不是申主任那会就同工同酬了吗，怎么还妇女才算半个劳力？

张章存：同工同酬就是说你劳动一样，像拔苗、担肥，这样的一样的工作就同工同酬，不一样工作了，妇女就不是这样的。

刘：那种树大家不是一样的？那就是同工同酬吧？

张章存：嗯，同工同酬就是男女一样，我种一斤树苗，你也种一斤树苗，那是同工同酬一样的。下地的话男人去犁地，像申主任犁地什么的和男的一样，那就同工同酬。一般就是男的十分，女的就是一半工。就是男人是全劳力，女人是半劳力。不管怎样妇女还要照顾家庭了，养活子女，伺候老人，还有去到地有些就做不来，有些有小孩的就出不来。

（五）村委和支委里的妇女

1. 访谈对象：郭广玲（女，1972 年 9 月 12 日生于西沟村刘家地，初中文化，中共党员，西沟村委会原妇女主任，分管妇女工作的副书记，现西沟村支委委员）

访谈时间及地点：2014 年 5 月 21 日；西沟展览馆

访谈及录音整理：刘晓丽、郭永琴（整理者）

刘：你什么时候入的党？

郭广玲：我是 84 年（注：1994 年）入的党，我那会小了，积极分子时候，我还没有结婚。结了婚就去县里住党校，84 年（注：1994 年）4 月 10 号住的党校，我们那时候就是第一批、第二批兴开入党，我们一起那会才三个人入党，我、秋英、根山。那会乡里边一共就是七八个人入党的，那会还是去县里边那个大礼堂。

刘：只要西沟党支部审查过了，县里就批准，咱就多发展点党员？

郭广玲：那几年就是发展得多。我是94年，到后来96年往后就多了，入党的人就多了，开始就没有女的，都是老太婆，我前边就是侯雪珍、周朝贵、马俊召，前边就他这几个女党员。我跟秋英就是第一批。

刘：现在女党员是不是也不多，现在有多少党员？年龄层次？

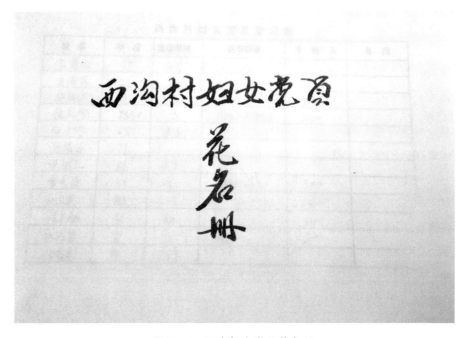

图 2-6　西沟妇女党员花名册

郭广玲：现在女党员相对可多了，有20个。这几年二十来岁党员就没有几个，比我们小点就不太多。我那时候相对都是先进人呗，也年轻，咱那时候，父亲死得早，家里边咱就什么也干，村上就发现咱，人家这个闺女真能干，甚也干，实际咱不是能干，咱是家庭逼着咱没办法非得干，就发现咱了。其他人就不用干，就发现不了人家，实际咱跟人家也一样。咱就是麻烦事多，什么也得做了，咱就是又当男孩，又当女孩，人家都来了不挑罐，我挑着肩膀疼了呀。我就骑上车子，骑那二八大自行车，绑上那个罐，往地里弄，自行车带上，我就带地里面，我那会就能会，她们就会不了，我从前边也会上，后边也会上。都说我就跟男孩来来，我不男孩也不行，我家里没有男孩，不能叫我老妈一直动呀，我陪伴我妈了就是，非得去干那活了。就是真是早当家，我就是早当家，啥事都得干。

刘：你除了分管计生妇女工作，在支委还分管其他什么工作？

郭广玲：其他的就是党建工作多，纪检工作。我那时候进来就是03年、04年，就是纪检小组，我做那块工作，资料也多。这些东西最后，学习科学发展观什么的那些笔记本都还在了，摞了好高。

2. 访谈对象：张章存（男，1947 年 12 月生于西沟村老西沟，初中文化，中共党员，西沟村党总支原副书记）

访谈时间及地点：2014 年 4 月 21 日；老西沟

访谈及录音整理者：赵俊明、刘晓丽、郭永琴、张文广（整理者）

赵：像你发展的这个里面，女党员多不多？

张章存：以前开始的时候全村女党员只有两名，后来也重视发展女党员。现在女党员不少了，将近二十来个吧。这几年发展女的也不少。他主要是有这个指标卡的你了，乡里边给你下指标就卡的你了。我那个时候，在西沟是发展最快的。

2000 年以后，妇女工作在西沟一开始就是申纪兰，还有韩雪兰。后来是李菊仙，李菊仙是李顺达的妹妹，还有个李婷仙，这也是李顺达家妹妹，李菊仙是老大，李婷仙是老三。那会是李婷仙干得挺好，当过副乡长，后来出去往外走了。李菊仙罢了以后是李雪涛，李雪涛后面就出去了。

刘：嫁人了？

张章存：不是，调出去了，后来在虹梯关乡当过乡长，党委书记，后来到了公路局，在公路局退休了。李雪涛罢了以后就是侯爱景，现在就是郭腊苗。

刘：民兵多长时间组织一次打靶？

张章存：一年最少有两次了。

刘：有没有女的打得好的？

张章存：有。女民兵她这个心啊，心细，瞄准之后，没把握，她就不打。五发子弹，最少都是四十五环以上。有的，枪枪是十环。西沟的女民兵打得可好了，有男的就不如女的。女民兵也是一个连，一百多号人。西沟的女民兵可算话的了。

刘：参加西沟民兵的一般上都是多大年龄的？

张章存：18—40 岁，这是女的，男的到 45（岁），这是普通民兵。那个时候上地还带枪了。休息的时候，练三枪，在地里边，就趴到地里边，瞄准。

3. 访谈对象：常开苗（女，1948 年农历五月初五生于平顺县青阳镇崇岩村，高中文化，曾任西沟村妇女主任）

访谈时间及地点：2013 年 5 月 24 日；沙地栈村

访谈者：刘晓丽

录音整理：郭永琴

刘：你来了当干部没有？

常开苗：当过两天，怎么说呢，每个村上有一个妇女代表，这个西沟大队很大，每个村上有一个。

刘：啥时候开始当的？当了多少年？

常开苗：我都忘了，不当了好几年了，五六年了吧。我也说不上多少年，叫我开会就开会，叫我干甚就干甚，大队有妇女主任，你这个村上就告诉你，干甚了，弄甚了。你就赶紧回来说说。

刘：有些什么会？计划生育管不管？

常开苗：不管。过去计划生育光大队管，其他村上都不管，后来兴了村上也给你登记啦，这事情都复杂了不是？也就都给管一管。每个村上有那种，谁家生孩了，告诉告诉。现在有没有也就无所谓了，因为甚？都是大队号召干甚，可以这么说倒成习惯性了。

4. 访谈对象：郭腊苗（女，1970 年 11 月生于平顺县西沟乡韩家村，初中文化，中共党员，村委委员）

访谈时间与地点：2013 年 6 月 10 日；西沟村委会办公室
访谈及录音整理：刘晓丽、赵俊明（整理者）

刘：你是村委的妇女委员还是支委的妇女委员？

郭腊苗：村委的妇女委员。

刘：支委是广玲？

郭腊苗：对。

刘：村里就两个女委员？

郭腊苗：对，就我们两个。她是支部的。

刘：你在村委主要做些什么？

郭腊苗：我是分管计划生育。一年就是查四回上环了没有，有时候查个妇女病。最近这不是县里妇幼站让查妇科病，有时候有时间了我就和她们相跟着去了。

刘：去哪里检查？

郭腊苗：县妇幼站查妇科病。

赵：你领她们去？

郭腊苗：去年我就领她们去了。查吧，完了吃上一顿饭，我给她们安排了。

刘：是免费的吗？

郭腊苗：免费的。

刘：每年都查？

郭腊苗：每年都查。

刘：那你事就挺多的？

郭腊苗：真忙，琐碎，计划生育的事让人费心。

三、治滩绿化当代愚公

【深度论述】

西沟原生的自然地理条件非常恶劣，基本上是"山连山，沟套沟，山是石头山，沟是石头沟，冬季雪花卷风沙，夏季洪水如猛兽"。[①]"山上，岩石裸露，草木不挂，都是光秃秃的。沟里，缺土没水，禾苗不长，都是灰楚楚的。河滩，乱石滚滚，寸土没有，都是白花花的。"[②] 解放前这里更是"光山秃岭乱石沟，庄稼十年九不收。山贫地瘠租利重，十人见了九人愁"。[③] 受地形地貌的影响，西沟村春季干旱多风，夏季炎热，夏秋之交雨量相对集中，冬季则极为寒冷干燥。这样的气候条件，非常不利于植被的生长。

恶劣的自然条件使得本地人烟稀少。但是，只要能生存就同样会吸引其他地方移民的到来。现在居住在西沟的居民大都是从河南林州逃荒来的穷苦人，他们一直在与恶劣的自然环境做着斗争。

西沟号称金、木、水、火、土五行俱缺，而五行之中最缺的是土地。1943 年，李顺达成立互助组，并带领互助组成员在老西沟尝试填沟造地，造出了一块只有三分的好地。虽然面积很小，但是它给缺地的西沟人指明了一条可行的发展道路。从此西沟人开始在山坡、深沟和河滩上做起了文章。

西沟的沟多地少，填沟造地和垦荒，在最早的时候被认为是改善生产条件最好的办法。1953 年，合作社发动群众，沿老西沟主沟自上而下筑坝填沟。一个冬天就筑坝 20 座，填沟造地 3 亩多。1957 年，为了贯彻执行《全国农业纲要四十条》，西沟掀起了筑坝造地高潮，制定了"苦战一冬春，建设拦洪坝 220 座，造地 200 亩"的奋斗目标。各村集中劳动力和投入，如期完成了任务。1971 年，又制定了三年完成 7 条大沟筑坝造地的计划。到 1973 年底，7 条大沟筑坝造地工程顺利完成。

相对山坡和深沟，河滩比较平缓，垫地条件要好一些。1954 年，李顺达、申纪兰领导社员依托 1952 年修建的顺水大坝，在沙地栈河滩平滩造地，一个冬天造地 70 亩，可惜的是就在大家期盼这 70 亩地能给大家带来好收成的时候，一场洪水，

---

① 张松斌、周建红主编：《西沟村志》，中华书局 2002 年版，第 15 页。
② 张松斌、周建红主编：《西沟村志》，中华书局 2002 年版，第 2 页。
③ 张松斌、周建红主编：《西沟村志》，中华书局 2002 年版，第 2 页。

冲毁了所造的土地，损失达七成左右。[1] 于是村里有人说："办社以前马四保靠全家20多个壮劳力，在东峪沟打坝一条，修地3亩多，结果三年辛苦一水漂。现在咱社花了一冬力气又是一水漂。河道河道，有河就得有道。河滩上的文章趁早别做了。"[2] 这是农民的一种朴素的经验总结，是符合自然规律的认识。但是，在那个时代，面对人们迫切希望改变自己生存状态的现实，这种认识被视为尝试失败后的低落情绪的表现。西沟党支部召集社里的各方能人召开会议，经过讨论，大家一致认为，初级社保留的许多分散和私有因素，造成在规划大坝时无法打破传统的村界、山界、地界，河滩上的大坝都是以村以组为单位修建，分布零散，缺乏整体抵抗能力，造成洪水一来，各个击破，坝坏田毁。1955年高级社成立后，西沟党支部从1956年秋冬开始在"集中治理，综合治理，不断治理"的方针指引下，决定向"七条干沟"进军，在每一条沟里修一座拦洪大坝或水库。1955年西沟便已对7条大沟进行逐一勘察。在此基础上，1956年组织了塘坝建筑工程队，采取长年取石备料、冬春突击修筑的办法，首先在老西沟筑坝。1958年秋，西沟金星人民公社开始修建民兵战斗水库，经过一年的苦战，于1959年秋竣工。在保证民兵战斗水库劳动力充足的同时，公社还抽调强劳力和妇女投入到筑坝工程当中。到1966年完成了南赛到老西沟口的筑坝疏洪工程。是年冬季，开始全面开展平滩造地工程，造地80亩。此后造地运动一直开展，到1966年，共向河滩要地350亩，自此民兵战斗水库以下的平滩造地工程基本完成。

1967年，西沟提出了"奋战两冬春，完成打坝疏洪主体工程和配套工程"的奋斗目标。1969年，完成了主体工程大坝3000余米，各主沟引洪大坝和引洪涵洞1000多米。为了增强工程御洪能力，全部大坝都采取了水泥加固措施。到1970年，西沟8里长滩，连接7条大沟的疏洪工程和南北两条总长7000米的疏洪大坝全部完工。

随着农田基本建设层次的提高，为了进一步发展水利事业，经考察论证，西沟人决定在石匣沟修建一个既能抵御山洪，又能储积泉水的水库，取名为西沟战备水库。该水库1968年8月动工，1971年10月竣工。[3]

伴随着水利工程的逐步完善，西沟人的平滩垫地工程进一步展开。党支部作出了将战线南移，把南赛河建成小平原的决定。1969年和1970年冬春两季，动用男女劳力300多人，机动车辆2辆，平车、独轮车数百辆，大型推土机两台，在南赛河发动了人造平原大会战。到1976年，这段滩面彻底治理完毕，造地近200亩。

---

① 张松斌、周建红主编：《西沟村志》，中华书局2002年版，第76页。
② 张松斌、周建红主编：《西沟村志》，中华书局2002年版，第74页。
③ 《西沟村志》对此记录有矛盾。第73页记载1971年竣工，第77页记载1969年竣工。

西沟人在向山沟、河滩要土地的同时，也时时不忘祖辈的教训。在他们的记忆中，雨季的洪水是生产和生活最大的威胁，因此他们在与穷山恶水斗争的过程中总结出了"水是一条龙，先从山上行，治下不治上，等于白搭工"的经验。[①] 足见西沟人对于培育植被抵御山洪已经有了足够的认识。但是在解放前，由于人多地少租重，人们不仅不可能大规模地植树造林，而且种植的林木也以给地主缴纳地租的山桃、山杏等经济林为主。零星种植和偏重经济林种植的局限，都无法改变西沟植被严重缺乏的现状，因此一旦洪水到来，既不可避免地出现冲房卷地的情况，而且也无法蓄积水源，无雨时节，也只能是苗枯草干，饿殍满地。

李顺达互助组创办之后，不仅在农业生产上重视互助合作，而且也组织互助组在老西沟的山坡上种植树木。到 1948 年，已有集体林 110 亩，个人林 127 亩。但这些林木仍然局限在山桃、山杏和核桃等经济树木范畴，绿化尚未提上日程。解放后，西沟的绿化事业蒸蒸日上，以 1985 年为界，分为两个时期。前期是在李顺达领导下，进行阴坡造林和多种经济林发展。这一时期，李顺达提出"先吃肉，后啃骨头"的绿化战略，整合集体力量进行阴坡为主的荒山造林。后期主要是进行阳坡绿化。

新中国成立初期，李顺达受到毛泽东主席的亲切接见。在接见过程中，领袖表达了希望他能带领村民建设好山区的深切希望。于是 1952 年春，西沟农林牧生产合作社在南沟背试播油松 300 亩。因经验不足，成活率很低，一部分群众泄气了，但是李顺达没有被失败击倒。据张章存回忆，"老李就组织党员上山看了，怎么不能种树，他就去来回瞧瞧了。活的也不是一棵，也有几棵。老李说大家了，说你看这树是不是在咱西沟山上了。老李就说干吧。老李说，毛主席说了星星之火可以燎原，再干几年山上绿油油。走路不小心，苹果核桃碰到头。他就鼓励说干吧。有些就说那跌干话［风凉话］了，说劳动一年一场空，秋后去喝西北风。这一年啥也没有，吃啥了，喝啥了，咱能喝西北风？就这样以后，老李就坚持要弄了"。

1952 年 4 月 27 日，李顺达随中国农民参观团到苏联学习。他访问了 5 个加盟共和国的 9 个集体农庄及许多工厂、学校、拖拉机站、电站。"他去苏联以后，就讲一年四季常青的就是松柏。老李他是扫盲班毕业，过去时候都不识字，就老申都不识字。所以说，这样以后他从苏联回来以后，你看他不识字，他就说山上青松山下柏，山上青松核桃沟，河沟两岸种杨柳，梯田发展苹果树，西沟发展农林牧。你像这个来回在山上种树啊，山上松柏树咱去种，咱又没有。所以说他那个时候啊，他就号召共产党员啊，他就发动上山种树了，就在这个老西沟。"（张章存口述）可见，李顺达的苏联之行，直接促成了他的绿化行动。

1953 年，李顺达请来林业专家郝景盛，帮助西沟制定长远规划。确定了十五年

① 张松斌、周建红主编：《西沟村志》，中华书局 2002 年版，第 68 页。

实现造林 10000 亩的目标，并提出用四种方法开展封山育林的建议。即：在土层贫瘠的背坡刨鱼鳞坑；土层丰厚的背坡就地穴播；在植被薄、土质好的地方撒播；向阳山坡打大型的卧牛坑，栽植抗旱能力强的山桃、山杏等树种。

当年，李顺达就带领社员在小花背开始挖鱼鳞坑造林，申纪兰还发动全村妇女参加了刨鱼鳞坑的会战。1954 年春第一次播种，出苗成活率达到 90% 以上。到 1959 年，发展牧草 3000 亩，封山造林 8000 余亩。西沟在干石山上植树造林的事迹在全国产生了深远影响。1960 年，全国林业现场会议在西沟召开，推广西沟植树造林经验。同年，西沟村成立了专门为本村农、林、牧服务的科研组，划拨了专门的试验田，建起了实验室，并研制补苗机。1971 年，全国林业先进单位代表会议在西沟召开。会上，西沟与长治县的林移、辽宁省赤峰东方红林场、河南省鄢陵县被评为全国林业战线的四面红旗。

1983 年春，西沟村全面推行了联产承包责任制，但所有山林一直属于集体所有。1985 年，阴坡绿化全部完毕，开始进行阳坡绿化。引进推广核桃树剪枝新技术。1987 年，国家林业部拍摄了一部名为《西沟之路》的电视片，记录和宣传西沟植树造林的成就。1994 年 8 月 28 日，时任中共中央政治局常委朱镕基到西沟视察，登上西沟村东峪沟，亲眼察看了西沟的松林，对西沟 50 多年来，坚持自力更生、艰苦奋斗，建设山区的壮举给予充分肯定，并亲手栽下了一棵柏树。2009 年 8 月，全国林业现场会在山西召开，与会代表参观了西沟干石山的松涛林海，称赞西沟创造了太行山绿化的奇迹，是一个杰出的典型。

西沟人的绿化成绩得到了世人的肯定，也使西沟人自己得到了实惠。现在西沟全新的青山绿野的环境也让西沟人在经济相对落后的情况下，得到了些许的安慰。

西沟的植树造林一直是绿化林和经济林两手抓，两手都硬。李顺达带领西沟人搞绿化是为了保证农业生产，而种植果树等经济树种则是为了响应党的号召，发展多种经济，建设美好山区。在西沟的经济树种中，苹果树是最为外界熟知的，也是西沟人回忆中最津津乐道的。苹果树在西沟的兴衰真实地反映了西沟经济发展的历程。

1983 年，西沟村全面推行了联产承包责任制，但两万亩山林一直属于集体所有。1985 年，西沟开始啃骨头，搞阳坡绿化。阳坡绿化总计一万亩，由于阳坡石多土少，种植难度大，因此采用了当时先进的营养袋育苗技术，雨季进行种植。经过二十多年坚持不懈的努力，终于取得了成功。

（一）李顺达访苏与苹果

1. 访谈对象：张章存（男，1947 年 12 月生于西沟村老西沟，初中文化，中共

党员，曾任西沟村党总支副书记）

访谈时间及地点：2013 年 5 月 27 日；老西沟家中

访谈者：刘晓丽

录音整理：张文广

刘：李顺达真是个劳动英雄啊！

张章存：实际上，他先是杀敌英雄，后来成了劳动英雄。杀敌英雄是日本人在的时候（被授予的）。八年抗战，三年解放战争，那个时候老李一年光参战就参战十六七次。抬担架，支援八路军，救护伤员。（抗日政府）就授予了他一杆枪，（他）上地累了，就趴到地上（练）射击。为什么给了他一个杀敌英雄？（是因为）共产党有个伤病号，他给人家抬担架了。运送伤员的时候，日本人那个飞机过来了，其他人都是把担架撂下，赶紧跑。他不撂。那一次飞机走了，就给了他一个杀敌英雄。50 年代中国在农业方面，西沟在农业战线上（处）在前面了。所以说，那个时候苏联专家来西沟考察，就感觉西沟这个地方啊，山是石头山。

刘：苏联专家什么时候来的？

张章存：那个时候我还小了。来的时候我还给人家送花了。（苏联专家）来的时候，就考察。平顺县的书记叫李琳，李琳在平顺县培养了 80 多个劳模啊。全国有名的劳模（有）4 个，西沟、川底、羊井底，3 个地方（出了）4 个劳模，西沟有两个。所以说在那个时候，苏联专家来的时候，就说这个地方就没有生存条件。山是石头山，沟是石头沟，没土光石头，谁来也发愁。就是说这个了。天不下雨旱个死，天一下雨冲个完。山上没草，洪水从山上下来以后，就冲出来了。所以在这个时候，就感到西沟是比较难（发展）了。

刘：咱这儿的苹果树最早是怎么弄回来的？

张章存：老李在 52 年的时候，他从苏联回来，在北京待到八月十五，毛主席就在中南海接见他了。（接见的时候）就取的苹果（给他们吃），谁也不知道那是啥东西，都没见过。见都没有见过，更不用说吃了。毛主席就给他讲了，这叫什么苹果，给了他五六个。就给他讲了，这叫苹果，东北有，华北、华南都能种。听了这之后，老李就好像突然解放了一样，这就见了稀罕了。（给他）发了五六个，他也没舍得吃，就装起了。（毛主席接见完）下来，他就问专家，这苹果在我们山西长治那可以种吗？专家就说，东北还能种了，华北还不能种？能种。这样，老李就高兴了，带上（苹果）就回来了。回来以后，他就开了个党员会。开了个党员会，并且把那苹果就取出来了。（老李）说，大家看看这是啥东西？谁也不知道那是啥东西。老李说这叫苹果，毛主席说东北就有。（他）用刀切开，发给大家，一个人一小块，叫（大家）吃了。吃罢了，叫大家发言了。有些（人）就发言了："啊呀，瞧见好看，吃动甜，可西沟发展苹果难上难。"咱这有小乔，小果果，就把这个东西在那上边嫁接，嫁接上以后长开了就是苹果。后底就不相信这个。老李说，就上东北联系苹果苗，一个党员80棵，秋苗，就去刨苗了。每个党员交80棵苗。所以他就跑五六十里地去刨秋苗，党员都刨回来，养着。最后从东北弄上（苗），（让技术员）嫁接。嫁接的（技术员）叫方聚生，那个时候他是林业主任啊，那个人很老实啊，老李叫他管这个林业了。那个时候，你放羊，播上那个（苗的地方），你头走，方聚生就追上你了，就非得要攥你了，最后弄到老李那，就要处分。那个时候，山上播的那个小松树，3年不见树，5年不见林啊，头一年出来的不高，小松树，你要放羊过去就全毁了。那个时候，他去学习这个嫁接（技术）了，上东北弄上那个苹果（苗）来，嫁接上。嫁接上，西沟就开始种了300亩苹果了。

（二）鱼鳞坑撒种造林

1. **访谈对象**：常开苗（女，1948年农历五月初五生于平顺县青阳镇崇岩村，高中文化，曾任西沟村妇女主任）

访谈时间及地点：2013年5月24日；沙地栈

访谈者：刘晓丽

录音整理：郭永琴

刘：您有3个孩子？

常开苗：3个孩子〔指儿子——编者〕，没女孩。来了（西沟）那个时候，这里也是先进（地方），可好了。像昨天下雨了吧，阴天下雨了，或者就是春天了，冬天了，老申〔申纪兰——编者〕领导上（我们）。还有我那个婆婆，也是共产党员，叫个马俊召，也很进步，这家庭也很进步。（我婆婆）不是不管那种人。上地啦，上山栽树啦，那会那年轻人吧，将〔刚〕娶过来的（媳妇），小闺女都去，像那个小花背，老西沟，乃峪沟，走遍了。那会我不是也好说，也好唱，我就编上："走一山又一岭，山山洼洼去播种，今天栽下一颗籽，来年满山绿葱葱。"我好说不是，都领着去（播松子）。有时候就在老西沟那最后面，每个人开始给你挖上点（松子），你自己找个袋装住。后来上六六粉拌了以后，怕虫子吃了，每个人给你挖上一碗，你必须把它栽完，认认真真栽。栽松子，排住（行），你在那，她在这，一不溜。有个绿地，（人们）在那底下有说有笑，石头蛋绊绊叉叉的，赶响午上到顶了，栽完种就可以回了，（每个人都）认认真真地栽。

2. **访谈对象**：马志勤（男，1937年农历七月初七生于西沟村沙地栈，煤矿工人）

访谈时间及地点；2013年5月25日；沙地栈

访谈者：刘晓丽

录音整理：郭永琴

刘：这里有没有煤?

马志勤：没有。这个县（是）穷县，煤没有，水也不行。（种树是）到这山上，老李、老申两个人领导，叫老百姓，社员组织上，大的小的（人），装进松子，装上小口袋，使镢（刨坑）。那会都是大镢，没有小镢，（不好用，就）使镰，小镰子，一个人拿一个镰，一个小洞点点（籽）。去了山上（点籽），去了不能点得多了，就把松子搁小口袋一掏，拿进去三四个放进去按住。你看现在的松树（长得多好）。

刘：第一年松树长得怎么样?

图 3-1　西沟小花背

马志勤：第一年长得不行，那会不知道咋闹了。他（李顺达）也不知道怎么闹。后来知道向阳的阳坡不行，背坡行。这不是开始阴坡（栽树），后来发展得阳坡也行了。老李和申主任就是在那个沟里边，叫个小花背。人家编了（歌），（用）过去家里边那薄铁皮，张一张，这边细一点，那边粗一点，弄个小喇叭，就说了都在山上栽树哩。老李跟老申就说，"走一山又一岭，小花背上去播种"。人家两个人领导的（大家）都去播种，你看这一山一岭，现在到处都是松树，这么粗［用手比划——编者］，进都进不去。后来说，播开了柏树，那会老李栽了些核桃树、梨树。后头跟外头引进品种，外边来点人，（有）技术的，来了教一教，怎么栽，怎么生根，怎么剪呀。

3. 访谈对象：张买兴（男，1933 年农历正月二十六生于西沟村沙地栈，小学文化，中共党员，曾任西沟大队副队长、西沟乡秘书、西沟乡团委书记、西沟大队副主任）

访谈时间及地点：2013 年 5 月 25 日；沙地栈

访谈者：刘晓丽

刘：那会种什么树了？

张买兴：松树，第一年种松树籽就没有上来。原来有个老支部书记马何则［曾任西沟村党支部书记——编者］，他和李顺达上山查了，都说没上来，找找还活了一棵，活一棵就能栽，就重栽。那东西靠天了，不能自己浇水。当时那十分困难，老的、小的都上山，凡是能动的都去。那会搞绿化，那会山上，甚也没啦，没啦树，老百姓困难。都是石头山，土很薄，基本都是石头。有点土都种了地了。山上栽树很困难。这个绿化当时人还想不通。当时绿化不是搞生态环境（保护），是要挣钱，树长大能卖上钱。当时那个也是，头一年灾荒，老李也是全村都发动（种树）。那会生活很困难，早上吃上疙瘩［将玉米面捏成饼状，放入小米粥中熬熟］，把疙瘩从锅里捞起来，到火上烤一烤，装到身上，上山。那是中午的干粮。

刘：那会人心齐？组织得好？

张买兴：（西沟党组织）一贯是组织得好，搞甚（活动都）组织得不歪。人家把山绿化了一部分，后来有了树了，领导有了信心，老百姓也有了信心。开始好像劳民伤财，不管用，有了树，（群众）就有积极性了，发动就好发动了，（领导）一句话就都开始行动。

4. 访谈对象：郭清贞（女，1940 年农历腊月二十二生于西沟村沙地栈，扫盲班毕业，村民）

访谈时间及地点：2013 年 5 月 26 日；沙地栈

访谈者：刘晓丽

录音整理：郭永琴

刘：说说种树、绿化的事吧。

郭清贞：种树，绿化（的时候）就成（立）了社了，种树就是点个种。一个人发斤把小柏树籽，排住行。那会那（人）认真了，一行一行，编着组，排住行，跟住。后底也有人检查。叫你点几颗，你点上几颗。

刘：种的什么树？

郭清贞：松柏树，也有毛桃子。

刘：苹果树呢？

郭清贞：苹果树那是在地里种，不在坡上，坡上长不起来。

刘：核桃树呢？

郭清贞：核桃树就是（种）在山上外地墙靠的岸边。

刘：杏树、梨树都有？

郭清贞：各种树都有。老婆们那会文化程度都没呐。

5. 访谈对象：侯雪珍（女，1937 年 11 月生于平顺县东寺头乡寺头村，扫盲班毕业，中共党员，曾任西沟村生产队小队长，曾在大队妇联工作）

访谈时间及地点：2013 年 5 月 26 日；沙地栈

访谈者：刘晓丽

录音整理：郭永琴

刘：孩子们都在外头呢？

侯雪珍：大闺女在家，二闺女从小不想劳动，爱念书，在县里警校干，我那小闺女不听话，不好好念书。我大闺女没怎么念书，那会困难，也是顶高中毕业了来，都念得也可以来，没啦出去吧。我说，想想这会的人，你说笨蛋呀。你说笨蛋，那时候，开个会弄个甚，（我）可能跑了。就韩春兰〔曾任西沟村妇女主任——编者〕在那会，老河滩（原来可以看到），这会倒没那老果园树了。那不是 53 年种上那个树来，果园下头地大树圪道，方圆 3 尺宽，3 尺长，方的呗，（让我们）栽哩。我跟韩春兰两人去县里听了报告回来，还要去刨去哩。人家就定着（任务）。（家里）有男人（在），男人就去替了，没男人在家，自己刨了。我跟她两个人，也是黑夜怕了呗，听了报告回来，那时候我已经参加妇联会，跟我跑呗，人家一走，把队长也给我搁下了。两人黑夜怕了，（刨一刨）起来瞧瞧，你打了多深了，搭搭话，两人就挖挖，歇歇，挖挖，歇歇。那时候我（要是）不弄着腿，可以说真是雷厉风行。叫干甚，一有什么（事）咱就赶紧去，安排什么任务，赶紧去。（现在）也老了，这会倒不行了。这会有甚病，那几年我还多少搁捎了。这十来年病加重了。

6. 访谈对象：胡买松（男，1945 年生于西沟村古罗，初中文化，中共党员，曾任西沟村会计、党支部副书记、书记）

访谈时间与地点：2013 年 5 月 30 日；古罗家中

访谈及录音整理：赵俊明

赵：那几年除了办厂，林业上干了些什么？

胡买松：那几年，除了办这个厂，西沟生产队就是以林为主，每年攻阳坡，每年要植树造林，到春季刨鱼鳞坑，育苗，植树造林。每年搞这个。

赵：主要种些什么树，种经济林没有？

胡买松：经济林是一少部分，主要是绿化山。过去在老李和老申的带领下，把阴坡都绿化了，已经成了林。剩下阳坡了，主要就是绿化阳坡，用科学的方法（绿化）。

赵：成效大不大，阳坡需要些啥技术？

胡买松：可以啊。第一个没有土，都是石头，必须刨成鱼鳞坑，把地整好，然后育苗。育好苗以后，春季雨季，秋季下雨，就上山种树，这个成活率还可以，现在西沟的这个阳坡基本上都绿化了，都长起来了。

赵：一年能够绿化多少亩？

胡买松：哎呀，反正每年任务倒是也不少，阳坡不是一茬两茬，就是年年植树造林，有时间就植树造林。

赵：那时候好不好领导？

胡买松：咱们西沟一直就是集体领导，走集体化道路，老百姓脑海里，依靠集体，诚信度比较高，领导西沟行，其他地方办不到，西沟能办到，只要是西沟党总支下一个任务，安排这个事情，就带领群众上山种树。很好领导，西沟这个组织起来走集体化道路，几十年形成这个（习惯）了。

赵：下放了以后也行？

胡买松：农民承包土地，只有你一个口粮田，但是土地是集体经营管理，你只有一个管理权。

赵：集体种树给不给种树的人报酬？

胡买松：按株算，给报酬。比如说今天上山植树造林，刨鱼鳞坑，一个几毛钱，你达到标准以后结算。

赵：刨一个鱼鳞坑多少钱？

胡买松：有2毛的，有3毛的，然后你刨成以后，林业组组织验收，分三等，有一等、二等、三等，验收以后，到收罢秋以后给你结算。

赵：你当支书的时候还有哪些具体的事情？

胡买松：其他一般日常工作，你什么也得管，上传下达。农业生产，季节性的，也得指导一下，日常性的事情也得做。

赵：你就是自己顾了自己就行了？

胡买松：我自己有国家这些补助，自己还能挣点。

赵：你当支书的时候，申主任还管不管村里的事情？

胡买松：开会参加，只要在家就参加，一般大事情都得和人家商议，要她点头，具体事情就不管。

赵：现在呢？

胡买松：现在也参加，也是大的事情，都得她点头。

赵：你算不算支委了？

胡买松：退下来了，60多（岁）就退了，这倒两三届了。

赵：咱们大队大啊，事情也多。

胡买松：这个大队就是大，过去领导一直走集体化道路，老百姓也习惯了，依靠集体，好领导。过去那个就不行，这会儿的思想也不行，走集体化道路，现在西沟也好领导，西沟人就不一样。农村没有经济不行，到哪里也是，经济上不来，你就无话可说。

图 3-2 李顺达、申纪兰与西沟绿化

7. 访谈对象：马怀生（男，1945 年 7 月生于西沟村池底，初中文化，中共党员，西山矿务局退休工人）

访谈时间与地点：2013 年 6 月 6 日，池底郭广玲家中

访谈及录音整理：刘晓丽、赵俊明（整理者）

赵：咱们这里（住的）分散呀。

马怀生：现在可不算分散呀，以前才分散呢，一户也是一个村，一个户也得起个名字吧。一个沟沟里边有 3 到 5 户人家，各起各的名字。乃峪沟我就知道，他家就在红土卜岔，那个村名就叫红土卜岔，因为有红土。那地方有口泉水井，就叫井村。再往这边有个一户人家，又是一个村。那个沟里就有 3 个村。

赵：现在都搬出来了。

马怀生：早没有了，搬出来了。那沟沟里边都要养几十口人，现在都荒废，地也没有人种了，过去 7 分地，现在我估计更少了。人口基本上没有大的增加，我走的时候有 1400 来口人，现在不到 2000 口人。

赵：1974年到2003年？

马怀生：咱这个河滩没有地来。这地方这老百姓艰苦啊，昔阳县的老百姓哪有这个地方这么艰苦呢。山上的松树，他要是50（年）以后出生的娃娃，就不怎么艰苦。就像我七八岁就弄个小袋袋，装上松子，就拿上个镰刀，一下雨，就到山坡上播松子。

刘：不上学了吗？

马怀生：种树的时候还管你上学不上学。再一个苹果树，咱这有20多年的苹果树，苹果树不好管理，腐化以后就全部处理掉了。那十来岁的娃娃，十一二、十二三岁都得来栽树，刨坑，一米见方，河里边都是石子，把周边的土拨起来，栽上树，填上坑，垫起来这才有点地。国家还是没办法，整个坝堰，后来改造了，就水沟东边，我从咱这个水沟往东一直到厂这段，这是我72年〔73年种地——编者〕领了78个民兵垒的坝堰，那时候垒得相当结实。前年、大前年，全部把这个坝堰拆了，换了一种垒法，这就叫折腾。那坝堰可真好了，你要是敢这么用上一块，人家县里边有技术组监督，就不收你的工，一个工还得给他一斤粮，不给你工，连3毛钱的生活费也没有。这地方流水。你们看看现在垒的，可是不一样。现在下雨少了，不要紧了。

8. 访谈对象：张仁忠（男，1952年6月生于西沟村南赛，初中文化，中共党员，村监督委员会委员）

访谈时间与地点：2013年6月10日；西沟村委会办公室

访谈及录音整理：刘晓丽、赵俊明（整理者）

赵：咱们种了那么多树，就那几年收益好？

张仁忠：林业发展，将来这个核桃是个出路。现在苹果树受柏树影响，苹果树想发展就不行了，发展不起来。

赵：木材林，松树怎么样？

张仁忠：松树现在不让开采，不让伐。前十来年，西沟村每年卖山上砍的橼，能卖个20来万（块钱），我们这个坡多坡大，满山都是树。现在管紧了，那时办砍伐证好办，每年办了砍。现在不行，办不下证来，人们也不很用了。

赵：现在如果能砍的话，有人买吗？

张仁忠：不行，不能砍。以前大了，我们能卖坑木，煤窑上用。细的盖房子用，以前卖橼的，长期有个人来买，每年有人来买。现在卖不动，上头也不让砍了，也不好卖了。现在煤窑整合了，不用这种木料了，坑木不用了。盖房子都是用水泥了，不用木料了。

赵：咱们树种得密？

106

张仁忠：树稠了。树原先都是一窝一窝地栽，一个坑都是一窝一窝地。当时林业上也进行减伐，把里边的小的砍了，留下一棵树。树与树之间的距离密度大，互相争了，地质条件歪，生长期很长，成一棵树很慢，都搞过实验，因为咱这个土层很浅，下头都是石头山，都在石头缝里长的，树长得慢。

刘：这几年松树没经济效益？

张仁忠：十几年前还有点效益。现在效益很小，也不卖，也就不砍伐。

刘：应该间伐一些，小树才能长起来啊。

张仁忠：也有大树，现在不办证不敢卖。要是以前呀，整个坡上把坑木一下，数少了，松子落下来，几年就长起来了。现在树太稠，落下松籽长不起来。

刘：等于说现在木材就没有经济效益？

张仁忠：是（有）生态效益。经济效益不行，绿化了，有氧气，经济效益不很大，对老百姓实惠少。

刘：除了发展核桃树，还能发展什么？

张仁忠：西沟土地少，其他发展就不好发展。果树发展就是核桃树，比较粗放，好管理。苹果树发展不行，山害太多。现在河滩里种梨树，说是水晶梨，一到秋天还不够这个鸟啄，山害太厉害了。核桃树损失的核桃都厉害，现在有种鸟，嘴这么长〔用手比画——编者〕，一个核桃好吃了，成熟了，就啄开了。

刘：生态好了反而有害了？

张仁忠：是。

图3-3　申纪兰在小花背

9. 访谈对象：申纪兰

　　张锦绣（女，1946年12月生于西沟村沙地栈，高小文化，中共

党员，工人）

张李珍（女，1952 年 3 月生于西沟村沙地栈，大学文化，中共党员，中国人民解放军第二八五医院妇产科主任、主任医师）

访谈时间及地点：2013 年 6 月 10 日；沙地栈

访谈者：刘晓丽

录音整理：郭永琴

刘：说一说植树吧！

申纪兰：你瞧咱这水利条件，再下雨也不怕，在山上把水就拦住了。那会下雨就漂起来了。植树造林 50 多年了，快 60 年了。从 52 年开始，过去就没啦（种过）。有时候学生放了假，也组织上他去，起早，什么时间造林，群众都得去。李顺达说，要想打胜仗，男女老少一起上，不动员起来，我们这多生活就完不成。他对生活要求也很高。咱要不艰苦奋斗，西沟就吃不饱。一直是为大家改善生活。那会一个劳动日才 3 毛钱、5 毛钱。干一股劲，现在给人家 3 块钱也不干了，时代不一样了。

张锦绣：我那会有十四五（岁），咱就去老北沟栽树，带上干粮早早就吃了，一会就饥了。

刘：刚开始种上树，是不是活不了？

申纪兰：第一年种了 300 亩，活了一棵树。成活率很低，老百姓说就是不行。前面松，后面柏。老李说，这会和过去就不一样，有一棵就不愁一棵。现在你瞧长起来多少？你是没有进林坡。都长起来了，管理好，还是党支部领导得好。有那地方吧就下放了，下放了就成了个人的了，想砍就砍。

张锦绣：里头密匝匝的，树都是这么粗。[用手比画——编者]

刘：你［指张锦绣——编者］那会多大？

申纪兰：（她）那会栽树，翻地，甚也干。她 20 来岁，还是民兵干部，要求也高，那会劳力就紧张。谁过过礼拜？苦干了几年，上山栽树唯。吃了早上饭，带上干粮就走了，好像就跟家常便饭（一样）。

张锦绣：那会播种，跟上我嫂［指申纪兰——编者］，吃了早上饭，随上干粮早早就吃完了，赶来的时候就饿了，我嫂就编上"走一山翻一岭，小花背上去播种"。跟上她，我说："一点精神都没有，你还顾上唱了。"累得不行。

刘：再说说学校植树吧。

张李珍：少年林（是）西沟小学包的。现在长树看不见，石头垒的，刷的白灰。我在家干得少，我们两个参加工作前后差不多。（山上原来）都是石头山，现在都长满了。

张锦绣：原来西沟的山都是秃油油的。长开的树都是我们植树造林，播种播

108

上的。

刘：山上种的什么树？

张李珍：山上都是松树、柏树，苹果树在地里。松子好吃，怕播种去（动物）偷吃了就伴着六六粉。

张锦绣：老西沟苹果树可多了。都在地里。

刘：每天每个人发多少籽必须播完？

张李珍：一个坑里放两三个（种子）。也有多放呢，弄不完就都倒进去了。你看山上种的树还比较匀。真没想到，我们小的时候看的都是光秃秃的山，我们都参加种树，现在都长得绿油油了。

张锦绣：一斤，检查哩，不能多放。认真的，老实人按标准（放）。

刘：现在有什么动物？

张李珍：有獾。那会咱们这反正经常发水，种了树就好多了。我还去过东峪沟，每次她都坐车带我去。

张锦绣：那会滑坡。种了树就好了。

10. 访谈对象：申纪兰

访谈时间及地点：2014 年 4 月 20 日；西沟乡政府

访谈及录音整理：刘晓丽

刘：咱们这里种树是用的苗还是籽？

申纪兰：我们过去就不育苗，就是播种哩。一个人一天播一斤种，计算好了都，李顺达数了数一亩有多少果树，需要多少树种，造林。我们走遍山流遍汗，瞧这山上这树，这还是小的，那沟里头比这大。我们要真是木料值钱来，早就户均万元也多，阳坡有 10000 多（亩），阴坡是 15000（亩），整个是 25000 亩成林面积，我们真是（坚持发扬）艰苦奋斗精神，流血流汗，建设社会主义，一个劳动日，最高到了一块钱，我们挣到一块钱以后，就是多积累少分配，巩固集体经济。

（那会）县委来人领导我们（绿化）了。

刘：县委谁来了？

申纪兰：李琳［曾任平顺县委书记——编者］在这下乡蹲点，李琳来帮助我们制订了计划，我们就开始积极治理、生产。山上栽了林了，才长了一棵树，成活率很低，老百姓就说，不行，这是眼不见，千年松，万年柏，还不如叫大家歇一歇，要抓眼前利益，搞个副业，挣个现钱。植树造林，还有人也说了，社会主义好，盘缠路费少，住到西沟不好搞，还是糠菜半年粮，怎么能享受上。李顺达说，没有眼不见，就没有社会主义建设，长远就是抓林，远抓林，近抓牧，农林牧副吃饱肚，这就是西沟的一个规划。

所以，我们西沟向荒山要林，跟河沟要粮，艰苦奋斗，（当时的）十年规划也已经实现了。

刘：总结西沟这个路呀，开始是"领着走"，领头人；中间是"跟着走"，学大寨；再后来改革开放以后就是"摸着走"，摸着石头走，对吧？

申纪兰：那会儿要不组织起来，这个树就长不起来。为什么呢？那会儿咱是集体经营，山上就没有一点（树），下上雨来呀，哗哗就都（流）下来了。这会儿这水就下不了山。

刘：锁住水了么？

申纪兰：水不下山，土不出沟，长期在这，这空气真好。

11. 访谈对象：张章存（男，1947年12月生于西沟村老西沟，初中文化，中共党员，曾任西沟村党总支副书记）

访谈时间及地点：2014年4月18日；西沟村委会

访谈及录音整理：刘晓丽、赵俊明、郭永琴、张文广（整理者）

刘：李顺达是怎想在山上种树的？

张章存：毛主席在49、51、52年三年连住接见他［李顺达——编者］。接见他3次。毛主席就说，你在太行山上了，那个地方也很困难，你要在山上靠山吃山，靠山养山，把山区建设好。他那个老汉比较老实。毛主席说的话，他就记在心里边了。互助合作时候啊，他组织那6户贫农，当时说往上是一片天，往下是河滩，社会主义工业化机器也来不了。意思说的是，咱去潞城那地方干。老李要在山上建设山区了，毛主席说了的。他们就想的你带上咱们去平川的地方发展，在咱这没有什么前途。所以在这个时候，老李就说，毛主席说了，要走你们走，就我一个我也要把山区建设好。所以他决心（不走）。当时那个桑三则，也是互助组的成员，也是老党员，他就下山了，去了潞城。后来老李就没有走。毛主席接见他的时候，说建设山区，他就提到这个了，（要让）咱西沟这个山上一年四季常青，咱种什么好。一考察之后他就（种树）。

老李后来出国上苏联了。他去苏联以后，就讲一年四季常青的就是松柏。老李他是扫盲班毕业，过去时候都不识字，就老申都不识字。所以说，这样以后他从苏联回来以后，你看他不识字，他就说山上青松山下柏，山上青松核桃沟，河沟两岸种杨柳，梯田发展苹果树，西沟发展农林牧。你像这个来回在山上种树啊，山上松柏树咱去种，咱又没有。所以说那个时候啊，他就号召共产党员啊，发动上山种树了，就在这个老西沟。

发展种树的时候啊，他就开始开荒。种树时候，有些老汉就说了，顺达啊，山是石头山，沟是石头沟，万物土中生，没土咋活成。老李上山了，他们把镢一放，说来这能种树？老李就讲了，山虽然是石头山，石头也不是一块活动石头，扒开石头就有土，石头缝里能种树。他就意思说，那石头有缝，缝里就能长树，所以从50年代就开始种树。那个时候，他压力也比较大。也没有技术，那个时候，天气又旱，都取得镢头，刨开那坑，往那撒上籽。有些人风凉话就说了，兴师动众上山种树，种了300棵只活了1棵树。意思说这就不行。当时老李的压力也比较大。老李就组织党员上山看了，怎么不能种树，他就去来回瞧瞧了。活的也不是一棵，也有几棵。老李说大家了，说你看这树是不是在咱西沟山上了。老李就说干吧。老李说，毛主席说了星星之火可以燎原了，再干几年山上绿油油。走路不小心，苹果核桃碰到头。他就鼓励说干吧。有些就说那跌干话［风凉话］了，说劳动一年一场空，秋后去喝西北风。这一年啥也没有，吃啥了，喝啥了，咱能喝西北风？就这样以后，老李就坚持要弄了。

当时成活的树不多，可是就一直坚持啊，就总结那个小经验，就使那小镰刀，在那毛糙的地方，使那小镰刀一各别［挖］，弄上五六颗松子，一埋。没有草那地方，乌鸦、野雀一弄，就不行了。所以说它那损害也比较大。这样以后啊，那狐狸也多，獾也挖，乌鸦、野雀也刨，这样也一直摸索这个经验。老李说咱先吃肉、后啃骨头。肉和骨头是这样区分的，背坡比较阴，它比阳坡这好（成活）。所以就先弄阴坡后弄阳坡。这样以后啊，从50年代就一直在山上种树，在山上就种了这几年。

在老西沟这上头这就都栽上了。一般开始发展栽树，都是在老西沟这了。栽上以后，老李也爱树。山上这个，一个是牛羊不能进。背坡吃肉了，阳坡吃草了，他说的农林牧啊，农是农业，林是栽树，牧是阳坡，阳坡种草。所以那个时候，西沟光大牲畜，光骡马就六七百头、牛2000头。光羊群就12个队，一千四五百多头羊。羊多。他回来以后了，就包，就到处宣传。他说来是，我们到了共产主义（时代了）。共产主义过去时候，苏联就是牛肉配土豆，到了共产主义了。他说来是，咱们干吧，再干几年，山上绿油油，牛羊满山走，走路不小心，核桃苹果碰着头。到那个时候了，就楼上楼下电灯电话，耕地也不用牛了，走路也不用走了。大伙就说，你可会编。说的是咱这儿？说到了共产主义了，就楼上楼下了，电灯电话了？

64年西沟就通了电了，在全国来说西沟的电是比较早的，通电比较早。所以说，电灯电话，楼上楼下，耕地吧，不用牛。以前这沟里边这个树，河沟两岸全是杨柳。最后，这有个铁匠叫崔三兴［音］，在平顺县那都是有名的铁匠了。老李打的那个镢是从河南（拿）来的，河南那个镢是长，比咱山西镢就长这么长，山西的镢是比较宽，它短。他就和三兴说，你给我打镢，我要山西的宽度，河南的长度，我就要这个镢了，又长又宽。杨柳树他又不是去哪买树了，就是杨树上、柳树上，到清明上树上，就去砍了。做个柳条也好，比柳条细也好，很细的也好。他就把它深深埋上，就长出来了。现在这是老李在60年代在这儿（栽的树），就还有了。在盖戏台的时候，那树都在了，长得这么高。他栽的那个（树）都归了公了，最后给他丢下了两棵。就都归了公了，就不是私人的了。就这个沟下，地下还有一棵。所以他就栽的时候，民兵了，你给我弄民兵连，青年了，你给我弄青年连，妇女了，你给我弄三八连。这都有，民兵也有，青年也有，妇女也有。在这底下栽的杨树，青年林，还有民兵林、三八林。他就都发挥出来了。所以你瞧他没有文化，可你看，他那个真是实干了。

郭：那少年林是怎么回事？

张章存：那是学校组织的。那就是专门给他分配个任务。就那个坡，组织学生上去，有时间了，礼拜天了，老师带上，小孩都带上镰刀，去那种了。学校那就是老师，一般人去了，你就管不了。

郭：带上饭？

张章存：不，就半天。

郭：妇女都是整天？

张章存：女的有时候整天，有时候半天。

郭：他们不是去播种了吧，是去弄苗去了吧。

张章存：就是播种。

郭：都是用种子种了？

张章存：原先是镬头，以前那野雀、獾、狐狸什么的就去把（种子）刨着刨着就那就吃了。吃了以后，后来就发明这个（小镰刀），干脆，他也总结经验了吧。再一个，那个时候，李顺达兴师动众，上山种树，种了300亩，只活了一棵树，成活率比较低。后来总结经验就是，在毛糙地方，用小镰刀在这儿一剁，一薅以后，就不要取镰刀了，把那五六颗松子一弄，把那镰刀拔出来，把土一埋就行了。

郭：这么的，动物就弄不开它了。

张章存：在毛糙地，它就不很好找了。（树）长出了以后，小苗头一年长出了，就是这么高。赶到2年，哎，3年看不见树，5年不成林。一般就是四五年的小树出来以后，五六年，小树才有这么高了。七八年以后，你才能看见树了。

郭：哦，松柏树长得比较慢。

张章存：慢。生长周期比较长。为什么就一直补呢，因为遇上一个大旱年，天旱了，雨水少。它有些就干死了。干死以后，天年好了，再往里种。种得多了，它的根来回往里去，就自己长出去了。后来的树，树大了，有这么粗的树了。它上面就有松果，乌鸦、野雀一啄，就掉了。它自己树上就落籽，就长出小松树来了。

112

郭：松子，咱们为什么不收回了呢？

张章存：那个就多了。

郭：那个松子在饭店做成菜卖得挺贵的。你们怎么处理的？

张章存：我地里就有那个小松子。松鼠、各铃等小动物，它就嗑上那个，就把松子就埋到地里，就让以后吃了，结果它也找不到。还有核桃，打核桃的时候，有时候没有拾净，松鼠、各铃就把它埋到地里边，埋到地里边，它也找不到。有些就都长出来了。现在的树多了，就不用你自己去种了。榆树、杨树、柳树等，就刮下来，水库里头长得就多了。它自己就刮的，自己就长出来了。以前了是，背坡种树，阳坡种草。种草是绿化呗，不着下。另外就是，喂牛羊牲口。它这个不容易，一直栽，栽了四五十年了。老李死的时候，背坡全部成了林了。阳坡后来就是，先吃肉，把背坡这个肉吃了，就剩下啃骨头了。这就比较难了。最后弄的就是营养袋，就（长）出来了，长得这么高以后，就取上营养袋，下上雨来了，就挑山阳坡栽了，它有百分之七八十要活了。有些就是刨上个坑，坑上栽一棵。

郭：那样的话好活？

张章存：嗯。现在西沟这山上整个绿化了。阳坡也绿化完了。营养袋弄上，就把牲口就控制了，把牛羊全部处理了。

郭：就不让牛羊上山吃草了？

张章存：嗯。

图 3-4　绿色西沟与金星峰

113

（三）苹果树核桃树远近闻名

1. 访谈对象：张芝斌（男，1936年农历腊月生于西沟村沙地栈，小学文化，曾任西沟村记工员、农业技术员、生产队小队长、村民小组组长）

访谈时间及地点：2013年5月24日；沙地栈

访谈者：刘晓丽

录音整理：郭永琴

刘：李顺达那会拿回苹果来？

张芝斌：没有见过苹果树。（李顺达）从东北，弄回了苹果树苗来栽上，苹果就是很好，种子也很好。

刘：苹果那会种了多少？

张芝斌：种了百把亩，苹果树都（栽）在沟底、山地。以前种的苹果树很好哩。品种很好，好吃，种上以后年产三四十万（斤）呢

图3-5 西沟核桃林

刘：苹果是什么品种？

张芝斌：品种叫的是红星、元帅、黄香蕉、国光、红玉、红富士。红富士过去就有，很好吃，李顺达给弄的品种。红富士，红丹丹，紫微微的，可不和这会一样，果很好吃。

刘：除了苹果树，还有什么树？

张芝斌：核桃树后来也发展了，花椒树，还有杏树、栗子树，有那种林青［音］树。林青树的果，放了是紫微微的。都种过。

刘：当年收了就卖到外头了？

张芝斌：特别是苹果卖得多。苹果从几毛钱卖到一块多，两块，那会（卖）块

把钱不简单呢。

2. 访谈对象：张买兴（男，1933 年农历正月二十六生于西沟村沙地栈，中共党员，小学文化，曾任西沟大队副队长、西沟乡秘书、西沟乡团委书记、西沟大队副主任）

访谈时间及地点：2013 年 5 月 25 日；沙地栈

访谈者：刘晓丽

录音整理：郭永琴

刘：金星农业生产合作社是什么时候建立的？

张买兴：52 年，那会刚参加，开始是光这个小村［沙地栈——编者］和老西沟，后来发展到池底、南赛。我是个小学毕业生，小学文化，那会农村没文化，算是有文化的。53 年，我是去长治地区农业科学院学习了半年农业技术来。

刘：那会几个人去了？

张买兴：我一个人去来。在农科院住了半年，学习农业技术。53 年开始栽苹果树，省里头、市里头都来人来，帮助规划苹果园。

刘：苹果籽哪里弄来的？

张买兴：去外头调回来的。他［指李顺达——编者］是去外头一直参加会议、学习，发现这个东西了，弄来小树苗，栽了好多亩，记不清亩数了，但是不少。后来顶了事了。苹果树结果最少四五年，开始都不懂，是他来了宣传了，说这个东西好吃。开始也是不行，卖不了。种下没人要，卖不上钱，都给烂了，后来市场行了，5 毛钱一斤呢，那几年发了点财，就挣了钱了。

刘：有什么品种？

张买兴：元帅、香蕉、国光、红富士，多了，六七个品种呢。苹果树那年发展起来起了个作用。

3. 访谈对象：王支林（男，1951 年生于西沟村池底，初中文化，经营粮食加工厂）

郭开花（女，生于平顺县西沟乡赵店村，小学文化，村民）

访谈时间与地点：2013 年 6 月 5 日；池底家中

访谈及录音整理：赵俊明

赵：集体的时候苹果树怎么样？

郭开花：那时候苹果树都还很好，山上、沟里都是，我来那时候，好着呢。

赵：都是苹果树？

郭开花：都是，全都是，这山洼里全是。后来死的死，刨的刨。

赵： 那时也有管果园的？

郭开花： 那会儿正旺着呢。后来下放了，还有承包的了也还行呢。那会就不叫搞什么，你要是搞个什么，就叫小资产阶级。只有听领导（的话），就不让出去，你就到家里做个什么也不行，搞个什么政策就不让出去，就是在村里劳动，挣那个工分。

4. 访谈对象：张秋财（男，1936 年农历八月二十九生于西沟村沙地栈，中共党员，曾任西沟村生产小队小队长）

　　　　　　　马志勤（男，1937 年农历七月初七生于西沟村沙地栈，煤矿工人）

访谈时间及地点：2013 年 5 月 25 日；沙地栈

访谈者：刘晓丽

录音整理：郭永琴

刘： 苹果过去最高卖到 5 毛？

马志勤： 5 毛？ 8 毛、9 毛。就是这三四年，咱这苹果不很行了。这地方的苹果和以前的苹果还不一样，（周边的苹果）都没有这里的苹果好吃。这个侧柏，风景柏，有刺这个，好像是（和苹果树）相克，现在（苹果树）为什么不行了，这个苹果结起来，一撮一撮出毛，就不好吃了。弄上柏树是绿化好。老李和申主任，（以前）外边（人）来了，给拿点苹果，品种特别多。梨以前是大黄梨，后来是刺梨、鸭梨，人家闹上栽起来了。老李他还不知道，他知道梨是梨，不知道哪好吃。后来叫老李吃哩。拿上去了，说"李主任你吃吃这个""这老大黄梨啊""你吃吃啥味道，吃个这个"，比他软和，好吃，说是给你这个梨吃吃，（李顺达说）"这能吃，这能咬动呀"。那个梨是鸭梨，上边都是这一块，那一块，有疙瘩，忽然一咬，（李顺达说）"哎哟，比那个还好吃"。（李顺达）高兴地就说，"那就这了，有条件多发展一些"。申主任跟外面弄回来的大枣，咱这里（种植）不行。现在到处都是松柏。（嫁）接苹果树、梨树，其他树，我看着你品种好，我就弄上一点，我回家也（嫁）接，就都会了。

张秋财： 过去那个元帅跟现在红富士一样，三四个就一斤。一斤就好几毛钱。（西沟）发展早了一步。外地都知道了，都来这里买了，还竞争呢。搞旅游栽这柏树对苹果有害。（我）还找支部书记和县里反映这个来。因为他栽这个柏树，隔两天，它就出来黄黄细细那个窜苹果树，就生出撂跤各套〔一种危害苹果树生长的植物〕，逐步逐步苹果树就死了。你瞧咱现在看到东厢有了，隔着河，隔离区远的，能结住（苹果），都是私人的。现在是风景柏树。（也和）气候有关系，开始（枣）结的这么大，黄不了。到了秋天上冻，吃着味道不好。后底，外地来了一种（枣），

116

有的能黄，吃着发甜点，这个地方冷。这山上很适合核桃，核桃这个品种很好，再一个是打打药就行，剪枝也不怎么费事。苹果每年都得剪枝。打药、剪枝都成专业了，（好多人）都会，因为他经验多了。那会，老李不就说银行在山上了，结果都不相信他。后底，苹果卖动就是到山上卖，人家就买了。你说一不小心苹果碰到头，就有这种现象，黑夜点上灯，安玻璃，一碰，就报销了它了。这东厢柏树都是五几年以后逐步起来，都是咱亲手栽的。他们两人领导着，社员们参加。下来了山，回不去，累的，就和他头说的，小花背上去播种。（我）有天黑夜叹气，又哭，回不来家，（李顺达就）鼓舞你精神。上午带干粮。省里头林业厅（的人）去了也是捎上个馍，吃了。因为太远，哪里走都得好几里地，不是那么好走的地方。山上的小毛桃，赶到清明这个节气，山上就是红哇哇的。想让你种松树，失败了，种柏树行，毛桃也行。山上只要你管理好，也就是五六十年，这坡（上的树）就（长）起来了，哪里土厚哪里更快，土薄种得慢点。核桃产下来，到收罢秋，你卖的就是一斤十二三（块钱），就销了。以前，到农村买，十二三块钱，褪光，晒干，湿的就拉到外头卖。到年跟前，在外头没有三四十（块钱）不卖给你。绿皮的，块把钱。

马志勤：这就是申主任和老李领导就不一样。现在核桃可多了。那会老李跟老申说，银行在山上哩。现在山上向阳地方栽那些不行，就种毛桃、山杏、核桃。今年，老西沟沟里边，哪里都是核桃树。一家承包起来，收核桃的时候，白露以后，人家就都来收了，一车一车地拉了，现在都不脱皮了。以前卖核桃褪光，晒干卖。现在摘下来，人家收的（人）就在这里等你，装车。不带皮，晒干卖，5 斤才能晒1 斤。城市里边都要绿皮的，都吃新鲜的。

5. 访谈对象：张章存（男，1947 年12 月生于西沟村老西沟，初中文化，中共党员，曾任西沟村党总支副书记）

访谈时间及地点：2014 年4 月18 日，西沟村委会

访谈及录音整理：刘晓丽、郭永琴、赵俊明、张文广（整理者）

郭：咱们的苹果树从哪儿弄过来的？

张章存：东北。在东北，把苹果树剪了头，把它装到小塑料袋里头拿回来，去（嫁）接苹果树。现在我要去（嫁）接那个苹果树，（嫁）接10 个，成活10 个。

刘：栽苹果这个技术都是李顺达教给你们的？

张章存：嗯。当时，还专门有个林业主任。

刘：是农科院的人？

张章存：不是，这是西沟大队，找了一个（技术员）。（那个人）脾气暴，也很直爽的人，叫方聚生。

郭：他去哪学的技术？

张章存：他以前学技术，在林科院。最后把他给调回来了。他是省农科院林学所的，周翔陆把他给弄回来的。

刘：周翔陆现在不在县里头？

张章存：走了，早就走了。回了开封了，老家是开封的。

刘：苹果不下放，咱现在的收益会更好吧？现在的苹果卖得贵了。

张章存：他们也不会得那些。西沟大队那是平分的。

刘：肯定不会谁多得。

张章存：他弄苹果多的，一年最少也弄10000块钱。

刘：现在多少亩？

张章存：300多亩。

刘：300多亩能产多少斤？

张章存：现在的苹果要管理好的时候，有一百二三十万斤。

河滩现在都修成地了，河两岸种的是杨柳，沟里边是种核桃，山上是种松柏。"山上松柏核桃沟，河滩两岸种杨柳。梯田是发展苹果树，西沟发展农林牧。"他是这个想法。

刘：都实现了？

张章存：按他说的那个，都实现了。那个时候，老李就讲，1亩园，10亩田。老李弄那个，不是说光弄苹果呢，还有核桃。核桃是和苹果一起弄的。

刘：核桃是从外边引进的？还是咱这就有。

张章存：咱这就有核桃。过去就有核桃，少。以前工作组批老李呢，说西沟是以粮为纲，就把这么粗的核桃树砍了。等老李回来的时候，就已经把核桃树毁了三分之一了。老汉一看，气坏了，说："李顺达犯错，树犯啥错了。省里边批我了，我没罪。"老汉不往里走。一瞅见那么粗的树都给锯了。

学大寨了没有。西沟学大寨，大寨就没树，那就是粮食。西沟学大寨了，得以粮为纲。

刘：大寨就是种粮食，开梯田。它没那么大地。

张章存：（以前）沟沟洼洼都是核桃。他讲就是山上松柏核桃沟。河沟两岸种的都是杨柳树，那个时候。杨柳树不用去买，到杨树上砍下来，到清明时候，弄上一二十棵栽上就行，不多长时候就都活了。他以前发展的是梯田，也不占好地。用梯田栽苹果树。后来，梯田发展了。就在河滩上，家家户户分的任务，家家挖上各道，挑上土。挑上60来担土，在各道栽上树。西沟这个坡一直从老西沟下来的，种的都是苹果、核桃树。因为他在那住了了，他就在老西沟住了了。所以说，西沟大队以前，西沟也是从老西沟来的。新西沟、旧西沟。后来干脆就不用了，统一叫西沟。原来西沟就加上个老字，老西沟。老西沟是西沟的发源地。西沟这个村是从老西沟叫起的。老李以前有句话，参观西沟不去老西沟，等于没有来西沟。将去的时候，现在我住的那个窑顶啊，那都是一片大果园。

刘：现在都没有了。

张章存：没有了。核桃树去年冻了一下，核桃就冻死了。它发的芽全冻死了。后来，才重新冒出芽来。

刘：今年核桃应该行了吧。

张章存：今年没事了。核桃丰收也怕了，一各抓，3个4个。一个枝上3个4个。现在为什么都愿意给饮料厂。核桃从树上打下来了，饮料厂就去收了。到那一支（秤）。再一个，它就比一般地方就贵。其他地方两块，它就两块一。原先（张）高明［曾任西沟村民委员会主任、中共西沟村总支书记——编者］在的时候，白露节令，那核桃在树上已经开了嘴，就要掉了。就叫收了。（现在）有些人不很到白露时候就打了，收了。

6. 访谈对象：申纪兰

访谈时间及地点：2014年5月12日；西沟乡政府

访谈及录音整理：刘晓丽

刘：李顺达在的时候怎么领导大家栽树的？

申纪兰：李顺达在的时候，他就布置好，"要想打胜仗，男女老少一齐上"，农业社就订了这十年规划，10年抓5年，5年抓3年，当前就是抓生产，我们就开始打坝造地。1952年就开始治理这个河滩，栽树。1952年就栽了300亩树，活了一棵，大家都也不积极了，说了不能栽了，说千年松万年柏，还不如教大家歇一歇哩，不抓眼前利益，抓的是长远利益，大家就有意见了。

后来李顺达就想尽办法，栽松树是绿化荒山，可是咱这个石头山就没办法改造了，后来就想出办法来了：松树年代长，我们种苹果树，眼前利益跟长远利益结合起来。那会儿就没有搞副业的地方，就这点土地，都在这守着，那会儿出不去，没地方去。国家不搞建设，他去哪儿搞副业？像盖房就是互助组打发［集合］起来盖房。

刘：刚开始是不是阳坡就种不了树？

申纪兰：那会儿阳坡不行，后来就育苗种阳坡，科学发展了，人家是林业局管这个事，阳坡绿化，我们就种山桃、柏树。柏树就长到这个石头缝里，就能水土保持，靠它是发不了财，它能绿化荒山。

刘：那时候西沟的老百姓收入就比周围的村多吗？

申纪兰：那会儿松柏树急档［很快］成不了材，当然这会儿成材了。桃三年杏

119

四年，枣树立地就当钱，就挣钱。特别就是种上苹果树，李顺达到省里头开会，从省农科院带回来两棵树，他也去苏联参观过，苏联的果园就多，苏联有集体农庄，所以呀，他把那个经验带回来。他很会管果树，我们种了300亩果树。

刘：主要种在哪儿？

申纪兰：就在河沟、河滩，不是变不成良田？就打上一米高一米宽一个坑，（栽）一个苹果树。一天打两个坑这是定额，打成坑再推上土填起来，70担土才填起这个坑来，一共种了300亩果园。这300亩果园，在下放时候［实行土地联产承包责任制时——编者］就发财了。这是起点。

刘：那会儿苹果那么多也没人拿？

申纪兰：人家有个制度，要没有个制度，都抢了。我们栽那些个苹果树可不容易呀，那真是流血流汗，真是不容易。

7. 访谈对象：张仁忠（男，1952 年 6 月生于西沟南赛，初中文化，中共党员，村监督委员会委员）

访谈时间与地点：2013 年 6 月 10 日；西沟村委会办公室

访谈及录音整理：赵俊明（整理者）、刘晓丽

赵：现在村里是不是还有一部分山桃？

张仁忠：坡上（还有）山桃树，气候不很好，山桃能长起来。山桃能挂住果，4 年 5 年才能挂住一年。你要春天来，我们这漫天遍野都是桃花，往往清明天一冷，一下雪，挂不住。前年，山桃树就挂上果了，漫山遍野的山桃，哪儿都是山桃，那时候，也能弄几十万斤。

赵：山桃是集体的？

张仁忠：集体的，挂上果了，集体搞承包。这片划个片，这片你出点钱把这片采了，他出点钱把那片采了。今年就基本上没有，冻了。

赵：它受气候影响更大？

张仁忠：很受影响，三四年挂不上一次果。

赵：效益不行？

张仁忠：绿化行，经济效益山桃树不行。咱这现在冬天变暖，山桃花开花提前，今年提前一个节令就开花了，可是气候一变冷，一下雪寒流来了，一开花一冻就不行了，像今年山桃、杏、桃、苹果、梨都受冻害，都不行。

赵：对山桃影响尤其大？

张仁忠：今年核桃基本绝产。核桃树出来那个小嫩芽，就这个才能挂果，一冻它就干了，就不行了，再出来就不开花了，没果了。今年咱们平顺县基本就没产量了。

（四）改造七条干沟与修筑水库

1. 访谈对象：常开苗（女，1948 年农历五月初五生于平顺县城关乡［今青阳镇］崇岩村，高中文化，曾任西沟村妇女主任）

访谈时间及地点：2013 年 5 月 24 日；沙地栈

访谈者：刘晓丽

录音整理：郭永琴

刘：你是哪个村（嫁过）来的？

常开苗：城关上来的那个村，现在改叫青阳镇，叫崇岩村。

刘：什么时候嫁过来的？

常开苗：我记不清了，我是 21 岁嫁这里。那会是公社化，没啦分土地。

刘：那时咱这个村条件比你们那里好点？

常开苗：怎么说呢，我这个历史说起来很好。那个时候吧，这个水库是个民兵战斗水库呗，那个时候年轻人吧，你要不念书了，就参加劳动，那个时候修东厢那一片，他怕漏水了，把我抽上修水库来，我在底下那个村住来。修了几天水库，走了以后，底下那个村有个人给我介绍非叫我嫁到这里。（她说，）你这个好人、好心，各方面也都很好，也忠实。

刘：修水库你参加了吗？

常开苗：修这个水库，我没啦参加，那时候还小了。

图 3-6　辉沟坝

刘：你来了参加什么劳动来？

常开苗：那是东坝两厢漏了，往下漏水了，就是各个村从城关大队到西沟大队，各个大队的年轻人，调人过来，推上烧土、石灰，把它搅拌起来，夯碾住，不叫往下漏水，堵住，怕它漏了。这道坝吧不是那会怕水库（裂）开了以后，哇，流下来，冲的地就没了。冲了又修起来，那不是把麻包装上沙、土一个一个堆住搭住，它不是要钻洞了。这水库不是。现在发展林业以后，对水土保持有很大好处，像过去那个红土，山上光秃秃的，没啦什么，一下连泥带水一起都冲下来，所以说过去那河大，可怕了，谁还敢（在河边）盖房，盖房都盖高处。后来各个地方都修水库，南边各个沟上（的水）都下不来了，所以这个就是起到老大好作用。你像下头盖那房子，修这路，不是水库，河下来了，各个沟都要往下流，一下都冲了。

刘：整个西沟有几个水库，还是一个水库？

常开苗：现在经过栽树和水土保持，倒很好了。现在经过水库里头不很蓄水了，雨水也不像过去那么多了，不是说不下雨了，也下了，就是说山上松针、草跟各种植物落下的叶，都绊到山上了，下来的水，洇到这，洇到那了，到最后也就没啦多少了。像过去就是光的，那边有个石匣水库，上头有个东彰水库，还有两大水库，再往南，沟沟岔岔，那个沟里头都有小型水库，那咱就说不来了。水库也保持住，山上也种上树。现在那个山上都是树，水土保持好了。

2. 访谈对象：张买兴（男，1933年农历正月二十六生于西沟村沙地栈，小学文化，中共党员，曾任西沟大队副队长、西沟乡秘书、西沟乡团委书记、西沟大队副主任）

　　　　　　　　郭爱巧（女，1937年农历四月初三生于平顺县城关乡［今青阳镇］路家口村，小学文化，曾任西沟村幼儿园负责人、保姆）

访谈时间及地点：2013年5月25日；沙地栈

访谈者：刘晓丽

录音整理：郭永琴

刘：水库是什么时候修的？

张买兴：水库是58年修的，县里头组织的，全县民兵（参加修建的），叫民兵战斗水库。修水库困难更大，过去没办法，人担，人抬，轧道机也没，就是那个碾盘，中间有个洞，把那个找上，等起来五六个穿成一个，拖拉机拉。除了这个就是打夯，过去都是抬了，一块一块大石头，中间按个把，四个人抬住往下打，主要是压瓷（实）。西沟水库是县里武装部组织，原来计划蓄水来，都渗了，存不下，技术员也没那办法，也搞过几次想堵住堵不住。

刘：水库修了多长时间？

张买兴：水库修了三年［准确时间为1958年到1959年——编者］，把人都累坏了，紧张时候是三天三夜不睡觉。

刘：修水库、修坝出过事没有？

张买兴：没人受伤，就受了罪了。那会有个武装部长叫殷文兵。民兵战斗水库，是县武装部主管，有一次三天三夜不能睡觉赶工程。不让睡觉，人真是受不了。我陪着他晚上查岗，有的睡觉了。他穿那大皮鞋，那会皮鞋很少，咚咚两脚蹬起来了，"你怎么不劳动，在这里睡觉了"。将还没有走了几步，他就又倒了（睡着了）。

郭爱巧：也有那妇女、小孩去。我那会怀着孩子，孩子四五个月了，还排着小班，一前响挑20担土，从家挑到水库，你走到那里发一个签，你上午没有挑够不行，不放你走，下午再来，又是20担，就是任务。

张买兴：过去那怀孩子不算事。

3. 访谈对象：张丑则（男，1946年农历七月十二生于西沟村古罗，小学文化，村民）

张喜松（男，1953年农历五月二十五生于西沟村古罗，高中文化，村民）

访谈时间及地点：2013年5月28日；古罗

访谈者：刘晓丽

录音整理：郭永琴

刘：这个小村（有）几个组？

张丑则：这个小庄才两人。那会一天才挣三分工。（我在）58年前上小学来。58年修大水库。

刘：水库叫什么水库？

张丑则：就叫西沟水库［即民兵战斗水库——编者］，修了三四年了。

张喜松：修上水库拦住水，下头造成地了，修完水库没发过洪吧。

刘：什么时候修水库来？什么人来修了？

张丑则：57、58、59这几年来［准确时间为1958年到1959年——编者］。全县都来，（有）两三千人，人是真多了，都是担的。年龄18岁往上，60（岁）往下的劳力，够年龄的，老的不来，不是劳力不来。

张喜松：我还去拾过人屎，人就多，过去就是人抬肩挑，全县来修，人太多，随便大便，就地搭那小厕所。

刘：七几年干什么来？

张丑则：李顺达活的时候，王庭栋给了这个50000块钱，（在）东峪沟、老西沟、辉沟、乃峪沟，做了4个大坝。上面搭成拦洪坝，下边造成地。

4. 访谈对象：张章存（男，1947 年 12 月生于西沟村老西沟，初中文化，中共党员，曾任西沟村党总支副书记）

访谈时间及地点：2014 年 4 月 18 日；西沟村委会

访谈及录音整理：刘晓丽、赵俊明、郭永琴、张文广（整理者）

刘：咱们这里修过拦洪坝吗？

张章存：来回走路都是从台阶上走了，上面有路，58 年修的，"大跃进"的时候修的拦洪坝，西沟修了一个，上面东彰那修了一个。

刘：东彰乡？

张章存：原先是西沟乡东彰村现在是龙溪镇，淤满后现在都种成地了。

刘：就是南赛背后那个吧？

张章存：不是。

刘：南赛背后那个叫什么？

张章存：那是石匣。

刘：那个有水没有？

张章存：那个里面也没有水了，就去年流进去点。东彰往上那个就成了龙镇了，往下这个还是西沟的，现在分开了。

刘：那个水是漳河上的？

张章存：从山上流下来流漳河了。

刘：从哪个山下来的？

张章存：从龙镇流下来后就到漳河了。

刘：县里面修水库，村里面是不是也组织修过水库大坝？

张章存：以前村里面都是拦洪坝，西沟是有七条沟，五个水库。

刘：你说说这个。

张章存：以前洪水泛滥，整个河滩就淹了，李顺达以前就治滩。

刘：什么时候？

张章存：1958 年修的。

刘："大跃进"时候。

张章存："大跃进"时候修的，最后治滩弄的拦洪库，那几年洪水还要从拦洪库往外冲了，后面有十四五年根本就没有水了，干了。

刘：是因为什么？

张章存：山上造林，造林了种上草了，挡住水了，流不下来。

刘：咱们这山上大概是什么时候都种上树的？

张章存：从 50 年代就开始种。

图 3-7 水库旧址

刘：李顺达死的时候成什么样了？

张章存：他死的时候背坡的树都已经成材了。

刘：北坡也成材了？刚开始不是背坡不长吗？

张章存：阳坡不长。

刘：阳坡因为啥不长？

张章存：阳坡是因为晒太阳太多，它干燥。再一个在那放牧了，放牧得有个地方放牧了。

刘：放牧去阳坡放是吧？

张章存：嗯，阳坡放牧，阴坡长树，因为那会是农林牧全面发展，不是单发展一项。最后是农林牧副渔，渔就是把石匣水库变成活水，修水库以后养鱼。

刘：那时候还养过鱼了？卖过没有？

张章存：卖过，张来锁就带人来这捞鱼来了，最后水库水少了以后抓的鱼七八斤重，八九斤重，一个人才能搂住那大鱼。那会专门从外头弄回来的鱼苗，再放进去，这是58年修的。我正上学校的时候人家修水库了，修水库是7天7夜不回家，一个礼拜连续干了，人站那就瞌睡了。

刘：就不睡觉？

张章存：不睡觉，黑夜继续干。以前马俊召说了7天7夜不回家，在这修水库了，最厉害的时候是一个礼拜连夜干了，人在那站着就瞌睡了，她老婆婆搂着申主任哭了说，马俊召天天不回来，吃也吃不好，连续受了，站那就睡着了。

刘：那是哪年开始不发洪水的？就是说树木也长好，水库也修好，大概是什么时候？

张章存：大概就是80年代以后，基本上没有了，好像有过两次，不过也不大。

刘：那就是主要因为植树来？

张章存：过去的时候下点雨，3天一晾就旱死了，后来山上有树了，长了草了，水就下不来了。西沟那会都是造林了，不造林也长了草了。

刘：那你说修这个大坝作用有没有那么大？

张章存：在六七十年代洪水就比较泛滥，像老西沟沟里面修成地了，修成地后洪水一下，整个沟里就淹了，劳民伤财，所以最后就修了5个库。

刘：那咱们7条沟都有名字吧？

张章存：有，叫石匣沟，老西沟，老辉沟，东峪沟有两个水库，南沟，北沟，乃峪沟，都修成水库了，修成水库后就都成了地了，东峪沟修了两个库，东峪沟全是地，一沟庄稼，老西沟往下也都成地了。

5. 访谈对象：张章存（男，1947年12月生于西沟村老西沟，初中文化，中共党员，曾任西沟村党总支副书记）

访谈时间及地点：2014年4月19日；西沟村委会

访谈及录音整理：刘晓丽、赵俊明、郭永琴、张文广（整理者）

刘：1958年修的水库是在西沟的啥地方？哪个村了？

张章存：沙地栈。

刘：是战备水库？

张章存：嗯，石匣沟是战备水库。这是水库，底下那是拦洪库，拦洪库是水下来拦一下，不一样。这个是蓄水了。平顺县修的那个大水库是西河水库。

刘：西河水库是在哪了？

张章存：平顺县城。

刘：哦，看见过那个，那就是那个水库？

张章存：嗯，高速（公路）从那过了。

郭：河滩里这个水库是不是那个民兵干的水库？

张章存：民兵干的那个水库就和这个不一样了。全县抽的那个28岁以下的基干民兵，全县的（武装部）副政委都在这带队，半天训练，半天劳动。来这儿的部队供应的一天60%是细粮。

郭：吃得不错啊。

张章存：吃得好。都还愿意去水库上了。过去时候，说的是吃过蒸馍的了。吃的蒸馍，端的碗都是尽饱了。有些年轻人吃七八个。吃那个面，这么大的碗〔用手比画——编者〕，都要吃3碗了。

郭：可以吃面条？

张章存：面条、蒸馍。那个时候都还愿意去水库上了。那时民兵盖的水库就在石匣沟〔指1968年到1971年修建的战备水库——编者〕。那就不是土打了，到这儿

126

就是土，那儿全是石头、水泥。

郭：哦，那个水库好。

张章存：哦，中间还打的隔渗墙、混凝土、拱形坝。和这儿不一样，这儿是把地挖开，都是人，（用）小车子推，肩挑，往那上土了。这儿是土，全是土弄开以后打的。中间那时候有个拖拉机，最后就把那碾六七个，中间那个心一遭套上，拧住，弄上拖拉机（来回拖着把土压实）。

郭：来回拧，艰苦啊。

张章存：艰苦了。下头四五十米宽，修了三截了，修水库可累了，全是土。

郭：可要是积上水以后，时间长了，不就淤住了？

张章存：这不是现在三截都已经把两截淤平了。上头一截，实际上还有半截。下边那都是土。

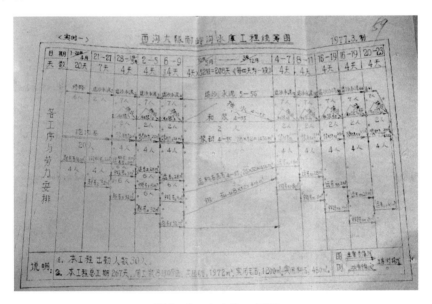

图 3-8　水库施工原图

郭：那后来没有再弄过？

张章存：后来就是中间加了。

郭：我看那都种了地了。

张章存：种地，没有水了。

郭：这两年就没有下过什么大的雨。

张章存：没雨旱死牛，有雨满山流。一下雨之后，这满山上连石头带土就都卷下来了。啊呀，那水怕了。

郭：真是想堵也堵不住吧？

张章存：堵不住。老李最后把这水库一修，拦了这个下边，申家坪修了一个、

127

东彰修了一个，都小。

6. 访谈对象：申纪兰

访谈时间及地点：2014年5月27日；西沟乡政府

访谈及录音整理：刘晓丽

刘：西沟的7条干沟是说什么呢？

申纪兰：我跟你说，南赛就是两条沟，一个石匣沟，一个辉沟，知道吧？一个西沟，老西沟，有个北沟，还有个乃峪沟，还有个东峪沟，这是七条大沟。有时间你到我们的东峪沟看看，8里深，光东峪沟就有好几条沟，像老西沟就有几条沟，老西沟有南沟、北沟，还有后北沟，李顺达那个三岔口，还有老北沟，光老西沟就有四五条沟。

刘：7条干沟是大沟？

申纪兰：大沟，主沟，剩下的都是支沟、毛沟。大小320个山头，那小毛沟就不算了，算不清。我们石头山，石头沟，没土光石头，谁干也发愁，不艰苦奋斗就没出路，就在这个石头山上干革命。李顺达遇到这样一个石头山，就是带领群众艰苦奋斗，推倒山也没啥土，就是带领群众栽树，分苗必争，分土必种，因地制宜，发展优势，这就是马列主义。

刘：最早修的是哪条沟？

申纪兰：最早修的是老西沟。李顺达就在老西沟来，辉沟是六几年修的，七几年是东峪沟。我们是从远到近，先治远，后治近，先治沟，后治地，后头再治面上的。我们绿化，山上有树了，脚底少，就给它穿上鞋，中间没有（种树）了，就给它弄上腰带（种上树），那会儿的规划也可好了，就这个艰苦奋斗，那会儿钱少，就闹的一股劲儿。

刘：那会儿都是好好干，不要钱。

申纪兰：那会儿就没啥钱，一个工才3毛钱，就是共产党说了，李顺达说了，这个社会主义，不是天上掉下来了，就是双手建设来的，哪个国家也是一样呀。

刘：全县大战干石滩是哪一年？

申纪兰：那年是在龙镇［今龙溪镇——编者］，在那住着，集体宿舍，号上老百姓的家，妇女都住到那，带上铺盖，大队还给送上粮食，这些我都经过了呀，深翻土地，地冻三尺不收兵，雪下三尺不收工。

刘：深翻土地是冬天翻的？

申纪兰：秋天吧，收了粮食以后翻，两头见星星，黑夜点马灯，正月初一还来个开门红，那时候那群众也积极，都顾不上家。

刘：过年也不在家过？

申纪兰：正月初一还来个开门红。

刘：也不吃年饭？

申纪兰：不吃，就上地去了。

刘：谁也不用说谁家吃了好饭了。

刘：大炼钢铁的时候还修水库？

申纪兰：修这个水库时候是 1958 年，几个月倒修成了，全县的民兵都来了，战斗水库，都是带上粮食来的，三天三夜不回家，赶国庆节献礼，（最后）修成了，还献了礼。

我们守着家近也不能回家，就在这吃饭。

刘：累得不行。

申纪兰：累得不行，那是那会儿，这会哪有那个劲儿。

刘：咱修水库时候牺牲过人没有？

申纪兰：死过一个人，他黑夜休息去了，人家就不叫休息，他偷偷跑到那个小河沿地下，塌下来一块土，把他砸死了。

你看这会儿有挖土机，那会儿哪有？那会儿是几个推米那个碾子，把它绞到一处，推上，碾，往硬处压。三天三夜不回家，往地里送饭，哎呀，坐到那儿比吃饭还好，可累了。

刘：家里人送饭？

申纪兰：人家村里头送饭。那会儿跟许国生［曾任山西省委党校副校长——编者］在一块，他是大学生，推一车土呀，他就说，申老师这是不是愚公移山？我们带上干粮到地里头，大战石匣沟，就是南赛那的地，那都是我们垫起来的。早上起来，带上干粮，土暖气就是烘烘火，烧干粮，吃完了到那将将歇起来就干开了，到晚上 5 点多，不是日头也没呐［没有］了，才要下工才要回家。这是任务，今年（当年）冬天必须干下来。

（五）向河滩要耕地

1. 访谈对象：张秋财（男，1936 年农历八月二十九生于西沟村沙地栈，中共党员，曾任西沟村生产小队小队长）

访谈时间及地点：2013 年 5 月 25 日；沙地栈

访谈者：刘晓丽

录音整理：郭永琴

刘：老李怎么安排修地的？

张秋财：老李安排修地，水库靠西厢那里。大队真没钱，修一亩地，就得三百块钱。老李说支部书记算不清账，叫我去。这不就是矛盾。他是不叫去，他是叫去了，听老李的吧。支部书记说，"大队里头没收入，推土机耗油了，修一亩地就要三百块钱"。老李说，"你要是修一亩地，一直能种"。那一年我修了十几亩地，两人开住推土机，推了石头，推上土，就能种。全大队弄了几十亩，底下辉沟新农村，老西沟搬出来在公社两厢，（当时）还有公社哩。辉沟搬上来，变小区了。

图 3 - 9　蓄水池旧址

2. 访谈对象：张买兴（男，1933 年农历正月二十六生于西沟村沙地栈，小学文化，中共党员，曾任西沟大队副队长、西沟乡秘书、西沟乡团委书记、西沟大队副主任）

访谈时间及地点：2013 年 5 月 25 日；沙地栈

访谈者：刘晓丽

录音整理：郭永琴

刘： 过去怎么修地了？

张买兴： 过去合作化以后，修地。过去雨很大，山洪暴发，原来没有修水库，下面河道的水一下大雨流下来，把地就都冲了。那会合作化组织造地，在河上打个坝，把河逼到一边，留下空地了，有时候是利用洪水冲过来的泥弄成地，有时候是垫地，人造地，人造地造了好几百亩呢。现在河滩地都是垫起来的。

3. 访谈对象：张朋考（男，1937 年出生于西沟村沙地栈，小学文化，中共党员，林场工人）

访谈时间及地点：2013 年 5 月 27 日；沙地栈

130

录音整理：郭永琴

刘：咱们的地怎么填出来的？

张朋考：那会主要是荒山秃岭，河大。咱这都是大地沟，集体时候填了，人工推小车垫出来的，平了一块大地。像这一溜河滩可比这个宽。过去山还没造林，这会过去两家，你就说不好，啥时候河下来了，回不来家吃饭，就过不来河。过去这个沟是个大沟。有一个放羊的，就在大滩里头，两厢都是河。夹到这个大滩里头，最后地这个河一直加，连人带羊都冲走了。封山育林以后就没有那么大水了。过去山里边有一块大石头，山口就石头那么大。就在辉沟，河出来石头就掐那里了。最后，又不知道咋回事，又发了一年大河，把石头也夺上走了。战乱时期结束，山上开荒，山上丁桃香，遍地去开荒，收罢秋后多打粮。老李脑筋行，能赶上形势了。国家号召造林，赶紧封山育林，化圪道［属于虹梯关乡——编者］那个杨峰山，也是个老劳模，他思想不行，刚开上荒，才发起来呀，思想变化不转，赶不上形势。老李会上说他："老杨呀不懂，得跟形势走哩，回去赶紧封山育林吧。"他才跟上形势。舍不得呗，种上谷也能吃，种土豆也能吃，生活就保障了。山上不封山育林，平原地方都是遭殃了，经常遭水灾。

4. 访谈对象：张中林（男，1970 年 4 月生于西沟村刘家地，中共党员，饮料厂办公室主任）

访谈时间与地点：2013 年 5 月 28 日；饮料厂办公室

访谈及录音整理：赵俊明

赵：你就是本地人？

张中林：本地人，每天就是在外边跑，我管办公室。

赵：我们就是做个访谈，准备写个西沟的历史。

张中林：早几年是哪个作家写过 100 位北京人还是啥。西沟这个地方，从早几年到现在主要是山上的这个树栽得好一点，林业发展好。

赵：老百姓受益了没有？

张中林：不大，没有。这就是说，现在老百姓盖房子用的都是钢筋水泥，椽、檩都不用了，早几年用的时候，西沟老百姓也便宜用不上，也是市场价买的，现在也就没有人用了。再一个说，老百姓为什么受不上益，山上的树都很粗了，但是国家不允许你卖，完全可以间伐，老百姓栽了这么多年树，山上这个林木可以说是没有受益。过去的这个果园一类，老一辈栽的，改革开放以后八几年有一部分人受益了，后来老化了，前几年更新的不太成功，市场也不好了。

赵：果树在 80 年代有些人受益不小？

张中林：计划经济时期，苹果通过供销社走了，就是 5 分钱一斤都没有人要。改革开放之后，承包了之后，价钱就涨起来了，两三毛钱，价格涨起来了，就有一部分人受益了。

赵：后来是种成核桃树了？

张中林：本身有一部分李顺达那时栽的核桃树，那个受益了。现在新栽的核桃树也开始挂果了，这一部分经济林是能受一点益，但呢西沟栽的山上的树林，老百姓基本上没有受益。

赵：有没有卖过一些？

张中林：就是九几年的时候好像是卖过几年椽子，那个时候树还不大了。

赵：后来就不让卖了？

张中林：需要林业部门审批，就批不下来。护林防火还得看好，看不好就烧了。防止水土流失，起一部分作用。我小的时候，一下雨就流河，那时候雨大、雨也多，山上树也少。

5. 访谈对象：张明朝（男，1946 年农历正月二十一生于西沟村池底，初中文化，中共党员，曾任西沟村生产小队小队长、西沟大队副主任、东寺头乡乡长、平顺县科委副主任）

访谈时间及地点：2013 年 6 月 5 日；池底

访谈者：刘晓丽

录音整理：郭永琴

刘：说说你以前的经历，李顺达那会的事？

张明朝：老李那会很信任我，在咱们村上，他是成了中央委员以后，中央委员不叫脱离群众，可是群众见得就少了，我去他的下边那个房子，我去门上一敲，他的警卫员就叫我进。警卫员住在下面（的房子），现在都填了。他的窑都塌了。他的窑顶上是秦周则（家），周则就在他现在住的地方，就在老西沟。过去民兵干部，好像是自上而下都重视。过去有个大背景是，跟苏联关系紧张的时候，就是全民备战备荒，民兵弄甚也是拉出去。过去 71 年、72 年春，自然灾害也多，这不是陈永贵第一次来咱平顺以后，咱平顺造地，都把所有的河滩不留河路，不流水，占住就修成田了。学大寨什么呢，修成田了，陈永贵瞧了说："造田不能满，要留个出路。没出路不行。人没有个出路，不叫他生活，就要造反呢。"结果陈永贵走了第二天、第三天，下了一场大雨，一遭冲了，辛辛苦苦种了 2 年，村民都还想掉泪呢。老李也说："要汲取经验，不能这样，老陈说得对，得留出路。不留出路不行。"老陈那会叫老李是李老师。后来民兵们自己先修自己的。全县又调了民兵，百把里地，从漳河到这里，干了有十来年。

6. 访谈对象：张章存（男，1947年12月生于西沟村老西沟，初中文化，中共党员，曾任西沟村党总支副书记）

访谈时间及地点：2014年4月18日；西沟村委会

访谈及录音整理：刘晓丽、赵俊明、郭永琴、张文广（整理者）

刘：修了水库后哪成了地了？

张章存：河滩呀。

刘：意思是修了水库不怕发水了，河滩就全成地了。

张章存：现在想看看河滩就是南赛那。

刘：我们去看来，挺好的。

张章存：两厢是垒的坝，原先全是河滩，后来垒的坝变成了地。就那还能看到点河滩，其他都没有了。过去的时候洪水泛滥，沟里面什么也没有。

刘：没有办法种地？

张章存：嗯，现在水库这成了一百六七十亩地，原先全是河滩，现在开始有汽车，汽车也是走河滩。

刘：哦，过来时候的路？现在修路也占了不少地？

张章存：原先修的路基本上不占地，都是河滩，河滩挨着坝，留的路，基本上修路不占地。西沟修果园和河滩也是分任务的，男女老少一家一家给分几个坑，挖两米一，把石头都挖走，从其他地方担的土，担上土填在这，填上土再种上树，现在的树底不是都种成地了，土都不好。

刘：河滩的土好吧？

张章存：它是河滩，平了以后垫土垫了很深，一担一担挑上垫起来。

刘：哦，河滩这么厚是垫起来的？

张章存：嗯，垫起来的，其实底下还是石头。

刘：能种点玉米？

张章存：种玉米不行，种菜行。

刘：那都种的是菜？

张章存：种玉米长不起来。像水库行，像水库我估计有三四十米厚了，都是洪水下来带的土，来了后沉下去，一年要沉二尺厚的土了。这几年没水了。以前水库那的地就不用上肥，这都快20年了就没发过水，现在水库那都种地了。

刘：这会咱比周边的也强不了太多是吧？

张章存：现在不行，以前西沟这个其他村就没法和西沟比。原先垫地是一挑一挑挑了，申主任和那些妇女们都是挑了，后面老李去河南以后就发现这个独轮车了，

133

这就弄回来了。

刘：从河南弄回这个独轮车来？老李弄过来的？

张章存：他就专门买回这个独轮车来了，开始我就记得都就不会，推不了，我就记得老西沟那个有道，他老家也是河南的，他能将就能推了。你像以前推那个电线杆，弄上一个小独轮车，一个人就行，剩下就是前头七八个人抬上，后面一个独轮车。后来推小车的说"小车不用学，只要屁股活"，意思就是屁股来回跟着小车倒的方向扭就行，独轮车要推六七百斤了。

刘：这就解决大问题了吧？

张章存：后面就用独轮车推了，那就加快速度，那就快了。

（六）生态平衡新环境

1. 访谈对象：王根考（男，1956 年 9 月 29 日生于西沟村古罗，高中文化，中共党员，西沟村党总支书记、村委会主任）

访谈时间与地点：2013 年 6 月 11 日；西沟村委会

访谈：刘晓丽

录音整理：郭永琴

刘：那咱们这个生态好到什么程度，里头有什么动物？

王根考：里头动物吧，这几年狍应该说这么高，经常下河里，野兔以前山里就有。狍比较多，狍子经常见，山羊也有，山鸡、兔子、狐子，那些都有。

2. 访谈对象：张雪明（男，1969 年 3 月生于西沟村古罗，高中文化，中共党员，村委委员）

访谈时间与地点：2013 年 6 月 12 日；西沟村委会办公室

访谈及录音整理：赵俊明

赵：山上的木材能不能做家具？

张雪明：咱这个松树不是好材料，木质不是很好，和人家那个红皮松不一样。

赵：现在就是能卖也卖不了。

张雪明：老百姓没有能力的，比方说当地村民盖不起预制板房子，可以砍树，大队赊给他木料，他才盖起这个房子，就是个这。

赵：没有其他用途吗？

张雪明：（树的）木质不好。现在想卖也不好卖。就是个檩条和椽子。以前有割松油的，咱这两年也不让割了，他说不受影响，哪能不受影响，那个对树损害比较大，山上大树上都是拉的一丈多长的口子，往下流松油，哪能不受影响，咱西沟的没有。

赵：是不是等于说种了这么多树没啥经济效益？

张雪明：经济效益不是很理想。

赵：你是什么时候进班子来的？

张雪明：08年进来的（班子），协助副村长管理林业。老百姓用的人越来越少。前几年还都是木结构的房子，在最近这二三年，可以说是都是钢筋水泥的房子，种树的经济效益不大。

赵：没有实现了李顺达说的银行都在山上。

张雪明：咱小时候，梨树、果树、桃树，就不是说书上写的，确确实实就是那样，咱就出来想吃个苹果比，那会儿伸手就是苹果，和这会儿不一样，找都找不到。后来树老化，也一直更新，再一个果树得虫病集中，生长期就不行，你要是经营好了还可以，经营不好几年就不行了，还有一种腐烂病特别地厉害。现在只能说是不到一定时间，也许将来真成了大林子了，也要起到一定作用了，现在有好的肯定不用孬的，没有好的情况下，砍伐咱这也要得到那个实惠了，就要起到作用了。咱们和人家进来的松树就不能比。交通也不方便，就即便让你卖，砍倒了你就运不出来，没有四五个人你就拉不出来，现在都是算经济账呢，人家也觉得不合算。不过将来，长远来看，也要等到那个时候了，享福也要在这个林果上。

赵：实木家具很值钱啊。

张雪明：可是你要用，用杨柳木，比较来说，取动轻便，做工也好做，像松木、槐木、榆木这些，木工做过于费力、费工，做出来也不好看。杨柳木好做，做出来也好看啊。

赵：以前做的家具都是就地取材。

张雪明：现在办个喜事，花个两三千（块钱）就买下了，漂亮就行。肯定没有实木的结实。

赵：主要就是护林防火？

张雪明：从收秋后到次年五月，整个大半年就是防火，现在西沟畜牧业没有发展，再一个不让上坡放（牲畜），皮草太厚太厚了，一点火星就能引起大火。我记得那时候一个小队，都有一群羊、一群马、一群牛，12个小队都有啊，所以坡上就没有啥毛草，它失火就不是那么容易。现在不用说山坡上了，就是河沟都是草，长那么高。再一个这会儿喂猪也少了，那会儿老百姓不能说家家都喂猪吧，可以说整个村里比方说有三四十户，就有二三十户都养，河沟的老蒿子就都积了肥了，现在都用化肥了，根本不出那个力了，不受那个罪了。

赵：现在不让放牧？

135

张雪明：最近植树造林主要种的小柏树，刚育好的那个幼苗，羊特别喜欢吃那个小柏树，长个三四年，长大它就不吃了，长了林就不怕了。

赵：管理不让放牧也是一大任务。

张雪明：肯定的，就不让上坡，坡上都有牌子，禁止放牧，都有规定，写的标语，哪一个区域不让你去，你就不能去。

赵：防火期间是不是很忙？

张雪明：基本上天天都要跑出去，几乎都是在坡上，不可能到村上。这个地方不到清明季节就有人在地头、岸边干活，种麻子啥的。有的抽烟那种人，他随手一扔烟头，一不注意，很容易失火，皮草太厚，特别容易着火。

赵：你们这也不过节？［当日正好是端午节——编者］

张雪明：农村就没有（过节不上班的习惯），就是过年不来，我们这过年也有人值班了，和人家其他地方不一样，人家就没有人了。

赵：咱们管理还是比较好。

张雪明：一个是管理紧，还有一个咱这地方比较分散，不集中，有的村子离这办公地方还有四五里地，不好管理。

赵：最近有啥工程没有？

张雪明：挖这个田间路，之前比较窄，今年修这个，修得宽些。我们这个地方两山夹一沟，主要就没有地，地太少。我们两人跟着挖掘机，在弄这个路。

赵：你们具体负责的就更忙了。

张雪明：负责具体实干了，再一个西沟大队也主要就是林业，它就是这个，你要是一天不出去，你就不知道外边是怎么回事。

赵：你们空气好啊。

张雪明：就是这样一个好处，你想占也占不了，想带也带不走。每天早上起来，这个空气和你们那个空气比，一天 24 小时不用说，这个那里也比不上。

赵：对人好啊。

张雪明：就是空气好，收入上少，生活水平低，碰上个记者，（让）老百姓说话，就不会说个话。我们这工作都是个工作，干活基本都一样的，分管有区别，管各个小组的都差不多。

赵：咱们西沟的气候一直不错吧。

张雪明：历年来都不错，一般没有多大灾害。像今年就是成了灾了，咱只记得那时候果树多，现在咱下边那个雕塑那儿，那时候全部都是果树，绿色小游园那块儿，饮料厂那块儿也都是果树，那时候西沟下多少苹果，苹果的品种也多，质量也好，咱那个苹果保存的时间长，小国光那个品种好。

3. 访谈对象：张章存（男，1947 年 12 月生于西沟村老西沟，初中文化，中共党员，曾任西沟村党总支副书记）

访谈时间及地点：2014 年 4 月 18 日；西沟村委会

访谈及录音整理：刘晓丽、赵俊明、郭永琴、张文广（整理者）

张章存：现在这个鸟，小鸟呀，去了可有意思了。去那，一尖叫，衔上那核桃就飞了。

刘：它能衔动那么大的核桃了？

张章存：很容易的事情。再一个是底下有那个黄鼠。

刘：黄鼠狼？

张章存：不是，小黄各铃，黑各铃。只要核桃有仁，它就吃。

刘：它能上树吗？

张章存：能。它上核桃树之后，在核桃上钻个小窟窿，就把里头的仁掏的吃了。它要把一棵树吃完，它才吃下一棵了。迟收肯定核桃好，但迟收有小年、黄鼠吃，肯定就不会丰产了。还有啄木鸟，咱们种的那个黄梨，大黄梨它都要吃了。它用嘴，噔噔噔把梨的里面就给吃了，梨就光剩下一个皮。以前来，有土枪打它了。现在不是，土枪都没了。所以说，就让这些鸟给坏的。

刘：张书记，我看县志上说有豹子。

张章存：以前有金钱豹。都把它捉住了，捉住以后，打死它了，做了药材了，肉、骨头都弄了。后底就没有。

刘：你见过金钱豹吗？

张章存：见过。山上有狍，有山羊。山羊头上有角。狍是没有角，和羊一样，可是没有角。村里套住的还不少，套住就卖了。套住一个，不管山羊也好，狍也好，要卖 500 多块钱了。国家现在也禁了，不让套。现在山兔、山鸡都不能套。这山上有獾，特别多。它把地都给你毁了。

郭：咱们这有獾吗？

张章存：有。

赵：山猪有没有？

张章存：没有。现在这儿的狼没有了。以前，最少也是两个。以前还有山狐狸，狐狸就还跑上家来，把鸡衔跑了。现在就没有了。

刘：狐狸没有了，黄鼠狼有没有？

张章存：有。黄鼠狼多了。（还有）猫豹子，它能把猫吃了。

四、集体经济生机勃勃

【深度论述】

西沟是太行山区最早建立互助组的地方，也是积极推进实现集体化的模范地区。集体化时期是西沟发展最为辉煌的时期。

西沟人一直走在全国集体化道路的前面，他们不仅致力于治山治沟治滩，改善自己的生存环境，而且始终把发展农林牧副渔各项生产放在首位。他们坚信，只要艰苦奋斗，依靠集体的力量，就能实现"楼上楼下，电灯电话"的美好生活。

1952年，李顺达随中国农民参观团到苏联学习，当时苏联集体农庄开展农林牧副渔全面发展的大农业模式，对于李顺达领导西沟人开展集体经济产生了直接的影响，最终使西沟形成了完整的农业集体化发展的经济模式。1955年，高级社成立后，西沟迅速贯彻苏联集体农庄的经济模式，提出"以农为主、林果牵头、多业并举、全面发展"的方针，经济结构逐渐向多元化发展。

农业是西沟的支柱产业，西沟人在向沟、坡、滩要地的同时，也充分发挥能动性改善和保养土质、培育新品种。为了增加粮食产量，积极加大农业投入，在增加耕地面积的基础上，精耕细作增加土地肥力，不仅改以耧代锄为一锄一耧，先锄后耧，而且实行施足底肥，追加施肥的做法，肥料也从传统单一的人畜粪尿，发展为添加化学肥料。每年秋后，还对所有土地进行整修垒岸、加堰，防止水土流失。1958年兴办金星大学，1960年兴办农业中学，1970年兴办农民夜校，提高农民科学种田的文化水平。

1955年将家畜一律作价归农业生产合作社所有，实行集体喂养。为了发展畜牧业，在短短几年时间里，西沟人便种植了苜蓿牧草1000多亩。在党支部的支持下，西沟还建立了集体养鸡场、养猪场，鼓励村民自家喂猪，分给社员饲料，并以粪补粮，成猪则由集体回收出卖。1949年，西沟只有马、牛、骡、驴等大牲畜126匹（头），猪20只，羊565只。到1959年，大牲畜达到200匹（头），猪存栏数为326只，羊1443只。1970年，大牲畜有256匹（头），猪存栏数为310只，羊1210只。畜牧养殖收入从1949年的1250元增加到1970年的10165元。

1952年，李顺达从北京开会带回了几个苹果并与乡亲分享。这一年，西沟人在后背山上山下的地里栽下了700株苹果苗，苹果第一次落户上党地区。到1959年，西沟村建成了 200 亩的苹果园。到 1970 年，苹果园发展到 300 多亩，年产苹果 30 万斤左右。由于西沟的苹果品种好，质量优，价格公道，远近客商络绎不绝，但是西沟人部分还是低价卖给了国家。李顺达向西沟人描绘的"走路不小心，苹果碰破头"的景象终于实现了，而且还为西沟创收不少，一定程度上改善了西沟人的生活水平。

1960 年，西沟村成立了专门为本村农、林、牧生产服务的科研组，划拨了专门的试验田，建立了实验站。从此，西沟迈出了科学种田、科学管理的新步伐。实验室办了 10 年，紧紧围绕生产实际，在优良品种的培育推广普及、潞党参栽培、苹果树病虫害防治等方面作出了突出的贡献。1960 年，研制了补苗机。1966 年 5 月，西沟买回了第一台拖拉机，购置了小型播种机、米面加工和粉碎机等。1968 年后，又购买了切草机、脱粒机等。到 1970 年，西沟已有汽车 3 部，大型拖拉机 2 部，小型拖拉机 16 部，推土机 1 台，以及收割机、粉碎机等服务于农林牧副各业生产的农机具。大型农机具的使用使一部分人从笨重的体力劳动中解放出来，提高了生产和建设效率。甚至有的西沟人在当时的条件下就认为西沟实现"机械化"了。

20 世纪 60 年代，石灰窑、粉坊、砖瓦厂、木器加工厂等工副业项目在西沟从无到有，还逐步发展起专门服务于本村农牧生产的装配、电器、修理、运输、建筑等副业项目。1968 年，在原木工组和铁业组基础上，发展成了农机修配厂，分设锻压、机修、电气修造、扳金、铸造、木工等车间（组）。农机修配厂曾生产拖拉机用耕犁、新式畜拉犁、电机、电动机等，并向外销售。但主要的任务还是承担本大队的拖拉机、汽车和农用机械的维修。农机修配厂的职工以极大的热情投入到工作当中，积极发挥自己的聪明才智。当时在修配厂工作的崔秋喜就曾发明了一种新式犁，不仅获得了国家科技发明四等奖，自己还被评为全国新长征突击手，而且这种犁还被长治市农机局作为手扶拖拉机配套犁定型投入生产。伴随工副业的发展，收入也逐年增加，从 1960 年的 24180 元上升到 1971 年的 147244 元。

集体经济的蓬勃发展凝聚了西沟人的心血和汗水，在西沟老一辈人的心中留下了无法磨灭的记忆。

工分制是集体化时代的一个标签。从成立初级合作社开始，分配制度就实行基本口粮与工分相结合的制度。工分制成为农村家庭收入的主要来源。但是最初的工分制存在男女同工不同酬的问题。男人下田记 10 分，女人下田只记 5 分。经过申纪兰领导妇女进行斗争，在西沟党支部的支持下，实现了男女同工同酬。但是，男女在生理上的差异还是造成男女无法实现同工，因此西沟妇女整体的工分还是要比男人低。工分制下，谁家劳力多，就能多得粮食和钱，劳力少而人口多的人家则反之，这样一定程度上造成了贫富不均，但是并不影响当时的农村秩序，因为口粮是保证每人都有的，吃不饱的情况是有的，但是不会因此死亡。而工分的限额也可以保证富裕者也是有限度的，只能是生活水平相对好一点。因此，贫富分化并不严重。

到现在为止，许多西沟人还非常怀念集体化时代的生活。正如张芝斌所说："过去什也没呐。那会人们有干劲。那会领导也很好，一年比一年强，老百姓能吃饱了，基本就掌握了平衡了，要多少都多少。"① 近乎平均主义的分配方式满足了中国农民的基本需求，使他们摆脱了几千年来种地收粮却常常处于饥饿死亡边缘的梦魇。尤其是集体化下互助合作的耕作方式，打破了各自为政，相对隔阂的人际关系，更能调动人们的积极性。因此，时至今日，每当回忆起当年劳动的情景，仍然有人会发出："那会集体的，得上地就上地，得干甚就干甚，可好哩，那会去地了，又说了，又喜了，又乱了，那个生活就可愉快了。"② 这是西沟人普遍的一个认识，其背后是西沟领导班子默默付出的结果。

经历过西沟集体化时代的人们心中，听党的话，跟党走，集体叫干什么，就干什么是他们当时颠扑不破的真理。集体的观念深入了人们的骨髓，虽然也会听到一些抱怨，但大都是说自己的思想落后，只知道劳动，很少有人埋怨集体，相反却表露出了对集体深深地眷恋和依赖之情。

集体化时代离现在并不遥远，人们还能回忆起当时的点点滴滴。由于妇女走出家门，并争取到了同工同酬的机会，因此，在集体劳作中她们也毫不示弱，即使是在身怀六甲之时，也要参加集体劳动，并要完成每日的定额。在集体劳作之外，妇女们还要操持家务，实际上她们劳动的强度一点都不比男性低。

西沟是中国集体化发展过程中的一个典型，长期以来受到了各级党委和政府的关注，这里也就成为干部蹲点的常选。村民们经常能见到各级干部在这里蹲点，他们不仅来这里听取汇报，也要参加劳动。他们吃住在老百姓家，且从来不白吃白喝白住，其廉洁自律、艰苦奋斗的工作作风，深深地感染了西沟人，深化了他们听党话，跟党走，建设美好山区的意识。

虽然，西沟的集体经济在当时有了很大的发展，但是物质匮乏却也是不争的事实。从西沟人的记忆中和留下的文献资料，不难看出，西沟的粮食虽然逐年丰产，但是向集体借粮的事情却没有中断过。而西沟每年向国家上缴大量公粮在西沟人的内心深处也并不是没有一点波澜泛起。

西沟的集体经济发展是中国农村集体化发展的一个缩影，它不仅反映出了国家主导下的集体化进程，同时也显示了农村干部作为国家在乡村的"代理人"，对于改造农村的组织者所展示的自主性。西沟集体经济的繁荣背后是西沟人的酸甜苦辣，

① 刘晓丽 2013 年 5 月 24 日对张芝斌的访谈。
② 刘晓丽 2013 年 5 月 24 日对常开苗的访谈。

五味杂陈。

（一）高效务实的集体农机企业

1. 访谈对象：崔秋喜（男，1949 年 8 月生于西沟村古罗，小学文化，退休工人）

访谈时间与地点：2013 年 5 月 29 日；古罗张虎群家中

访谈及录音整理：赵俊明

赵：你什么时候出去的？

崔秋喜：很早以前，我是 79 年出去的。（之前）大队有副业队，有木匠、铁匠、翻砂、铸造、砖瓦窑，搞得好了，也是一二百人，天天有事，那会儿就搞副业。现在就不行，改革开放三十年，西沟它变化不大，咱不是说这个落后话。

赵：以前的队办企业搞得很好？

崔秋喜：以前搞得好，我就在那个小厂来。我 14 岁就到了小厂了，先是做锻工，后来做焊工，汽车、拖拉机修理。后来我出去了，到了提水站。当时西沟有人才，那个时候，长治市农机局有一种定型产品手扶拖拉机配套犁，（是）我设计的，当时获得国家四等奖，（我获得）全国新长征突击手，那都是真实的。那会儿重视企业。再一个贪污腐败少。现在这个人主要是各人顾各人，根本不给老百姓着想，谁当了干部，就是照顾自己的亲戚朋友，它也不是说老百姓就不满意，有些事情就做得特殊。那个小厂我走了以后，有多少产品来，后来就卖了，卖了废铁了，机器都卖了，到现在里边什么都没有了。现在就连个修理厂都没有。

赵：你这有技术，可以闹一个农机修理店啊。

崔秋喜：它又不允许，不给你地方，没有场所，你就不能干。你自己弄个地方，说影响市容了，影响环境，不让弄，西沟就不行。我试了好几回都弄不成，现在就在家里弄，老百姓谁家坏了什么，来找我，我给他修一修。

赵：有技术的人不应该愁啊。

崔秋喜：受了这个局限了，修路的时候把街上的一些门面房子拆了，临街就没有房子，找不下地方。只有到自己家里头，我在村里头，开个加工厂也得到村里头，没有门面。

赵：找你修理的人也有吧？

崔秋喜：也有吧，因为你这（的位置）太背，大车进不去。人们看不见，到了路边，就不一样，他就能看见，有个大车坏了人家就进不去，受这个限制。现在也不是光是咱，还有好多能人，村里不能调动他的积极性。

2. 访谈对象：王支林（男，1951 年生于西沟村池底，初中文化，经营粮食

加工厂）

访谈时间与地点：2013 年 6 月 5 日；池底家中
访谈及录音整理：赵俊明

赵：那会你出去了？

王支林：我那会就在人民公社，就在公社厂里干活了，村里给要回来了，龙镇的厂里。

赵：什么厂？

王支林：电机厂，制造、维修电机。

赵：多大年龄？

王支林：不到 20 岁。干了几年，这个大队要办厂，就把咱要回来了，在村里干了几天，这不就下放了。你是开机器了，没有机器活了，你倒干不了了。

赵：在电机厂干多长时间？

王支林：干了两三年。要是不是闹这个，人家现在那个厂里的工人有的退休了，有的工人都转厂了。

赵：咱们村也办了个机器厂？

王支林：嗯。咱们村上的就不行。

赵：机器厂做些什么？

王支林：维修拖拉机、机器零件。

赵：在村里的厂子干到什么时候？

王支林：干到土地下放。

赵：那会村里厂里效益行不行，比种地强？

王支林：嗯，也是领工分，比种地好些。

赵：工分如何算？

王支林：工厂按工厂的算。

赵：工业组比农业组分高些？

王支林：也高不了多少，稍微高点。

赵：你一直就在工业组？

王支林：嗯。

赵：土地下放后，工厂就解散了。

王支林：工厂都解散了，工人就都回了家了。

赵：农业机械也分了？

王支林：都分了，厂都封闭了，机器就都处理了，都卖了。

赵：刚分下土地就种地？

王支林： 就是种地，那时候孩子小，出不去。

赵： 那两年比较困难吧？

王支林： 就是能填饱肚子了。

赵： 也就没有出去？

王支林： 没，出去也不行。

赵： 后来没人找你？

王支林： 去过平顺县塑料厂，干了三年，后来那个厂也倒闭了。那会儿挣钱不多，比村里强。

3. 访谈对象：王根考（男，1956 年 9 月 29 日生于西沟村古罗，高中文化，中共党员，西沟村党总支书记、村委会主任）

访谈时间与地点：2013 年 6 月 11 日；西沟村委会

访谈者：刘晓丽、赵俊明

录音整理：郭永琴

赵： 像我们看到的，咱们村在经济上，模范纳税这个方面做得一直很好，像咱们这个地区，国家、政府在经济上有没有特殊照顾？

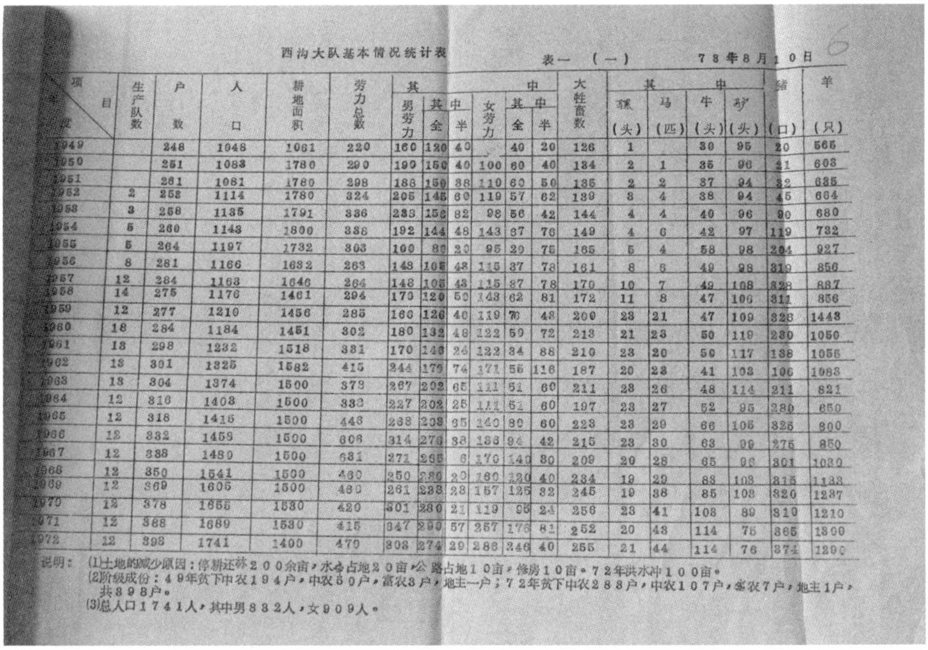

西沟大队基本情况统计表　　表一（一）　　73年8月10日

项目 / 年度	生产队数	户数	人口	耕地面积	劳力总数	其中：男劳力	其中：全	其中：半	女劳力	其中：全	其中：半	大牲畜数	其中：骡（头）	马（匹）	牛（头）	驴（头）	猪（口）	羊（只）
1949		248	1048	1061	220	160	120	40		40	20	126	1		30	95	20	565
1950		251	1083	1780	290	190	150	40	100	60	40	134	2	1	35	96	21	603
1951		261	1081	1780	298	188	150	38	110	60	50	135	2	2	37	94	32	635
1952	2	258	1114	1780	324	205	145	60	119	57	62	139	3	4	38	94	45	664
1953	3	258	1135	1791	336	238	156	82	98	56	42	144	4	4	40	96	90	680
1954	5	260	1143	1800	338	192	144	48	143	67	76	149	4	6	42	97	119	732
1955	5	264	1197	1732	303	100	80	20	95	20	75	165	5	4	58	98	204	927
1956	8	281	1166	1632	263	148	105	43	115	37	78	161	8	6	49	98	319	856
1957	12	284	1163	1646	264	148	105	43	115	37	78	170	10	7	49	108	328	887
1958	14	275	1176	1461	294	170	120	50	143	62	81	172	11	8	47	106	311	856
1959	12	277	1210	1456	285	166	126	40	119	70	48	200	23	21	47	109	328	1443
1960	18	284	1184	1451	302	180	132	48	122	50	72	213	21	23	50	119	280	1050
1961	13	298	1232	1518	331	170	146	24	122	34	88	210	23	20	50	117	138	1055
1962	13	301	1325	1582	415	244	170	74	171	55	116	187	20	23	41	103	106	1083
1963	13	304	1374	1500	378	267	202	65	111	51	60	211	23	26	48	114	211	821
1964	12	316	1403	1500	333	227	202	25	111	51	60	197	23	27	52	95	280	650
1965	12	318	1416	1500	448	268	203	65	140	80	60	223	23	29	66	105	325	800
1966	12	332	1458	1500	606	314	276	38	136	94	42	215	23	30	63	99	275	850
1967	12	338	1489	1500	631	271	265	6	170	140	30	209	20	28	65	96	301	1030
1968	12	350	1541	1500	460	250	230	20	160	120	40	234	19	29	88	103	315	1133
1969	12	369	1605	1500	460	261	233	28	157	125	32	245	19	38	85	103	320	1287
1970	12	378	1655	1530	420	301	280	21	119	95	24	256	23	41	108	89	310	1210
1971	12	388	1689	1530	415	347	290	57	257	176	81	252	20	43	114	75	365	1800
1972	12	398	1741	1400	470	303	274	29	286	246	40	255	21	44	114	76	374	1290

说明：(1)土地的减少原因：停耕还林200余亩，水利占地20亩，公路占地10亩，修房10亩。72年洪水冲100亩。
(2)阶级成份：49年贫下中农194户，中农50户，富农3户，地主一户；72年贫下中农288户，中农107户，富农7户，地主1户，共398户。
(3)总人口1741人，其中男832人，女909人。

图 **4－1**　**1949** 年至 **1972** 年西沟大队基本情况统计表

王根考： 我们和其他地方也一样，其他特殊的也没有。但是作为我们来说，国家每年有时也给拨 100 多万（块钱），但是拨的资金必须做项目，什么钱必须得花到什么地方。过去集体经济吧，粮食就是有些吃的不很够。集体时我们有小工厂，我们当时造犁，手扶拖拉机的犁，做那个推广，我们就是在外面卖，一年还有可观收入。过去不用多少钱，西沟村一年分配就个十几万块钱就差不多了。一个劳动力一块钱一天，你受一年，一般农户得到个四五百块钱就算多了。过去有个小工厂搞第三产业，所以说它就有收入。再那几年我们还有三四部汽车。在平顺来说，我们有解放车是最早的。西沟是最早的，县里还没有，我们就有。你看过去我们几十块钱，我们自己的车就拉上煤来了，老百姓七八十块钱就能分一车煤。现在一吨煤连运费到煤不到100块钱。当时是4吨煤。所以说在西沟当时在平顺来说一直还是可以的。

4. 访谈对象：张章存（男，1947年12月生于西沟村老西沟，初中文化，中共党员，曾任西沟村党总支副书记）

访谈时间及地点：2014年4月19日；西沟村委会

访谈及录音整理：刘晓丽、赵俊明、郭永琴、张文广（整理者）

赵：集体化的时候有汽车了吧。

张章存：车辆多了。老李活的时候，光汽车就有3部，2部推土机，20来部拖拉机，各队都有，一个小队一个。那个时候机械多了，机械化了。

刘：西沟还有个农修厂了？

张章存：西沟就都有。农机修理、木工、车工、电工、维修、造林都有。老李在的时候，山上有的，地里能种的，全有，不能买。不容易，老李以前种的核桃树，一丈五一棵，给你规划了，也很吃苦。那个人真能吃苦。一般检查、生产弄甚，（人们）都不愿意跟他，跟上他，太累。哪里高，上哪里。（有人看）路边上那个，（老李就说）"不要看了，路边上那个还要看？"就是说，越背处，越高处，越去。其他生产队的干部就是去看一下，就不去了，他不行。一说分组了，都不想跟老李分一组。跟上他，累死了。其他队，早就吃饭了，在家里歇着了。到中午了，他还满山遍野跑了。别人都休息了，他还在山上了。他就是这人。以前村里那个崔三兴真是个好铁匠，弟兄两个，三兴是打锄头、镰刀、斧了，他那个弟弟是打那个剃头刀、妇女使的那个小剪刀、剪，打铁是一绝。

郭：照片上哪个是崔三兴？

张章存：老汉，留的那个胡呢。他是古罗的。老李专门叫他去打工具。最后老李栽树，在树上砍下那杨树各枝，用的就是他给打的那小斧，又轻、又快，两三斧就砍下来了。他给老李打的那个？头，打了以后，光句句的，木工上给他弄上那个把，用得真得劲。木工给他背起来，去了看看好用不好用，下地不下地。（都弄）好了，这才给老李送了。那个铁匠的儿子后来当老师了，不干铁匠了。那个时候，崔三兴，　（在）西沟乡，还有岭后好几个乡，他打的（铁器最）好，也很（锋）利。

郭：咱们这疙糁是啥东西？

张章存：就是玉米面。有小疙糁，有大疙糁。现在是机器脱（皮）了。

郭：只有玉米面？

张章存：嗯。还有过去这榆皮，榆树大的没有了，就去刨那小榆树根。

刘：集体化时期西沟就没有想到出这个小杂粮，把这个小杂粮弄成一袋一袋的去卖？弄过没有？

张章存：那个时候哪知道这个样，没有，西沟弄的加工厂倒是不少了。

刘：加工啥了？加工粮食？

张章存：老百姓加工米面啊，这个粗细都有了。

刘：这个弄的是加工厂还是啥？

张章存：加工厂好几个呢，南赛那个就没有断。

刘：大队办的？

张章存：嗯，大队办的承包给私人了，下面又弄了个，以前就弄了三（个厂）。西沟以前弄这个炸药，火工材料这个自己就做了。像我在那来带开工程这个都是自己做炸药了。

刘：那就是土地下放以后了？

张章存：没有，集体时候就有。

刘：哦，自己就能做这个，炸药厂叫什么名字？

张章存：那就是到施工时候自己造点自己用了，不卖。

刘：哦，意思是自己用了，不卖。

张章存：嗯，自己造点，需要多少造多少。

刘：意思是西沟有这个技术能自己做了，不过炸药这个好做。

张章存：嗯，好做，它就是这个硝铵配点硫黄配点糠，有些配点锯末，这几样兑起来就行了。以前有土账房、粉房，做酱，做醋，做粉条，喂猪，养鸡，修理上有铁工、木工、车工、钳工。

刘：那都是土地下放前就有？

张章存：下放前就有。

刘：这么多？

张章存：嗯，像60年代后期到70年代就有十几个（厂），还造犁。

刘：就是犁地那个犁？

张章存：就是给拖拉机配的那个犁，造犁那个技术那是崔秋喜（的），团中央还授予他青年优秀分子［应为新长征突击手——编者］。

5. 访谈对象：申纪兰

访谈时间及地点：2014 年 5 月 12 日；西沟乡政府

访谈及录音整理：刘晓丽

刘：李顺达在的时候，咱们实现机械化了吗？

申纪兰：李顺达那时候，每一个队有个小拖拉机。手扶拖拉机，小拖拉机往家运粮，能耕地，我们也是实现机械化。机械化了，就是代替劳力劳动，绝对是好。过去是肩膀只能担一担，人家那个小手扶独轮车就能推四担土。

刘：那个独轮车不好推呢。

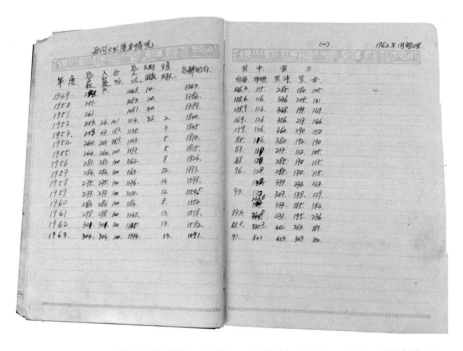

图 4-2　原西沟大队副队长张买兴笔记：西沟村 **1949** 年至 **1962** 年基本情况

申纪兰：也好推，推惯了就好推，就跟你骑自行车一样，往这边拐哩，你就往这边［相反方向——编者］吃上点劲儿。由独轮车又变成了平车，后来就变成手扶拖拉机，一个生产队一个，最后到了下放前，就有了解放车两辆了。还有大铁牛（拖拉机），还有"丰收 35"拖拉机，有三四亩地就能耕。（当时）我们把路来都修通了，一下放以后倒不行了。山区不行了，平川还可以。

刘：你会开拖拉机吗？

申纪兰：我开那个"红星"四轮拖拉机，长治出的，那个稳当，比手扶（拖拉机）稳当。

（二）多种试验科学种田

1. 访谈对象：张芝斌（男，1936 年农历腊月十二生于西沟村沙地栈，小学文化，曾任西沟村记工员、农业技术员、生产队小队长、村民小组组长）

访谈时间及地点：2013 年 5 月 24 日；沙地栈

访谈者：刘晓丽

录音整理：郭永琴

刘：当技术员干什么？

张芝斌：当技术员就是在大队搞技术工作。搞试验，庄稼什么品种能行？管技术指导。

刘：过去种些啥？

张芝斌：过去是土玉茭跟白玉茭，都是土玉茭，不是这种优种。赶后来有一种叫金皇后，金皇后玉茭那个玉茭有个各斗，以前土玉茭产量低，也好吃。后来种上金皇后，那个吃起来软和，好吃，就发展那个。后来发展这个品种，自学搞哩，种上玉茭，那叫一行公玉茭，一行母玉茭，种上以后把母玉茭脑有［naoyou，农作物的顶］弄了，把公玉茭留下。培养那个小种子，不能和其他种到一块，单独种，不能窜种了。（这种玉茭）长的秆子不高，穗子不小。

刘：叫啥名字？

张芝斌：也有个名吧，反正不像现在叫这，叫那，过去那个土办法，文化程度也都不高。

刘：除了种玉茭，还种什么？

张芝斌：种谷，种豆子，种茭子，这些都种。茭子就是高粱穗子，红不出出的。老百姓土办法叫茭子，现在叫的和过去不一样。现在有文化，有技术，给它起名字。过去是老办法叫茭子。以前集体的时候也种麦子。麦子产量少，没那玉茭和谷产量高，麦子产量那会才产一二百斤。金皇后产量高，一开始那会产四五百斤。慢慢的以后，这个地方的地歪，就在这山上有一亩地专门搞了个试验，有一年种玉茭产过一千斤，还产过一千斤谷。后来有了化肥，过去粪就大，有骡子、羊、马、牛、驴（的粪）。队里都有，私人家的都入了社，地里边都垒着圈古垒［放农家肥的地方］，都在地里踩的肥，以前每亩地都要上最多 150 来担农家肥，农家肥上上，还要上上化肥追追。那会买化肥没呐钱哇，逐步的才有了钱了（才买化肥）。

刘：化肥什么时候开始用的？

张芝斌：从金星社时期就开始用。那会钱少，国家也不给你，自力更生呢。

刘：金星社是先进社，国家也不支援点化肥？

张芝斌：那会国家也不富裕，社里买。逐步的可以了以后，搞得先进了，国家有时候也多少优先你买一点（化肥）。

2. 访谈对象：周德松（男，1956 年 6 月生于西沟村东峪，高中文化，村委会办公室主任）

访谈时间与地点：2013 年 6 月 10 日；西沟村委会办公室

访谈及录音整理：赵俊明

赵：上了几年学？

周德松：上了十来年，念到高中。就在西沟，咱西沟的第三个高中班。高中毕业以后回来村上，那时候搞农田基本建设，75 年，修水库弄了一年。76 年到秋天，就到了大队实验室，那会儿就是搞试验，科学种田。

赵：科学种田弄些什么？

周德松：县里有一个技术员，有时候市里也有一个人，每年就搞一二十个项目，有农业技术方面的。一个是品种试验，玉米品种、谷子品种、豆子、麦子，各个作物的品种，从这几十个品种中，找出适合当地种植的品种。还有一个密度试验，一亩地种多少棵比较合适，按科学道理，算起来，面积有多少，光合作用有多少，能产多少，按这个算下来，再按当地的水平，结合当地的气候，从中选出适合当地种的密度、品种。年年主要以这个为主。其他就是追肥或者微生物，还有就是除草什么的。（就是）搞这些试验。我从 76 年一直到 83 年，就都在实验室。每年弄出来，编一本结果，（哪）个项目，怎么管理，怎么弄的，都有记载，结果是什么，通过对比，给人家得出一个结论来，这个项目存在什么优势，有什么问题，写成报告，报告用手工蜡板刻印出来，给村里看，给大队支委一个人一份，剩下村里存一份。这是下放以前。

赵：现在有没有保存下来的？

周德松：现在基本上没有了，那时候多呢。

赵：咱们资料室也没有见啊。

周德松：不放到村里，下放以后，不断地搬家，搬得都没有了。

赵：那时候玉米密度是多少合适？

周德松：玉米种 3200（棵）至 3300（棵），这是最合适的密度，后来有些专家来了，还专门从理论上确定了，经过计算以后，认为也是比较合适的。

赵：现在呢？

周德松：还是这个密度，基本上没有变。后来就是有新品种，密度比这个高点，单粒种要种到 4000 多（棵）。它不是靠单株说，是以密度算产量。

赵：什么原因去的实验室？

周德松：我高中毕业，文化程度高些，原来实验室的组长回家当队长去了。我就接的他的（班）。最多时候实验室有8人，刚开始有2个人，下放的时候剩下4个人，76年以后人就多了。

赵：工分与其他一样？

周德松：工分一样，一天7分工。有一天算一天，最后领导审查，4个人里边专门有一个人记工，记上工以后人家大队审查，秋天算账，如果说你行就算你的，不行的话就退了你的。

赵：那时候挺重视这个的。

周德松：西沟还是比较重视，主要是它得到甜头了，以前种这个金皇后土玉茭产量就低，种上优种，它产量起码要提高一倍以上。我小时候记得最早就是金皇后土玉茭，下来就是有十三号、十二号，后来换成中丹二号，这个是中科院培育的，它这个品种比较长命，在咱这边种的时间长，一直到86、87年，后来才没这个东西了。这就换成春蛰一号、新黄丹［音］多少号，这会儿就是屯玉几号，都换成这种了。实际上品种试验要每年搞，要不你就不知道哪个新品种来了适应，现在就是盲目地种，上头倒是也试验了，在大气候下行，在咱这个小气候行不行，就弄不清。就下放了以后，我在我自己的地都种十几个品种，一个品种种上几行，我那会儿是每年种，这几年没有种。咱是愿意做实实在在的事情，不愿意说。以前（农业）技术上县里考试，我是一级技术员，农业技术上在村里咱还是头了。下放以后我还弄过两年，现在没了。后来参加过县里边的土壤抽样调查，还搞过气象普查，县里气象局抽调的。

图4-3　1972年西沟公社亩产跨"长江"的报道

赵：你这是正经好技术员。

周德松：农业上的事情基本上都懂。以前有个卖种子的来了，想到西沟来卖，我说你得让我瞧一瞧这个种子，我瞧了瞧说你可以卖，这个种子不假，这个能瞧出来。你让他卖了，社员种上减产了怎么说，纯度不高了就要减产了，长出来一个是高低不一致，结出穗子来有大的，有小的，有些就返祖了，就长不成。

3. 访谈对象：张章存（男，1947年12月生于西沟村老西沟，初中文化，中共党员，曾任西沟村党总支副书记）

访谈时间及地点：2014年4月19日；西沟村委会

访谈及录音整理：刘晓丽、赵俊明、郭永琴、张文广（整理者）

刘：咱这儿的玉茭最高产量是多少来着？

张章存：金皇后就是一千一二百斤。58年、59年那时候，种的金皇后，那玉茭真好。它倒得太厉害，它长得高，又大，所以倒得就厉害。

刘：我知道，小时候，我和我爸种过一次。它那个每个玉茭上都有一个点，是吧。

张章存：是。后来就弄开杂交（玉茭）来了。自己搞试验，种试验田。选种什么的都有。

4. 访谈对象：申纪兰

访谈时间及地点：2014年5月12日；西沟乡政府

访谈及录音整理：刘晓丽

刘：1958年的时候，全国都搞那个浮夸风，咱西沟多报产量来没有？

申纪兰：没有。1958年秋天，给上头报的产量多了，回来以后，李顺达就问我："纪兰同志，你家里粮食够不够啊？"我说："我们是勤俭办一切事业，我告诉你，我不跟大队借粮食，婆婆很会过天气［日子］，勤俭节约，就够了。""咱要给党说句实话，咱西沟，不要要（救济粮），咱西沟你也可以我还可以，咱就都了解了。当然有个别群众不够，那是个别人问题，整个还可以。"当时报上说了，（给国家）缴的粮食多了，叫人家（国家）再返回来，咱不这样做。我们产量是不低，但是没有返还，这一句就是实话，对党忠厚老实，不要讨便宜，不要说叫报（高产量），你也报，人家叫缴，你也缴，这叫投机，这就不好了。这是对党最忠诚的一件事情。

那会儿是过黄河过长江的产量才行，（亩产）400斤是过黄河，亩产800斤是过长江。

刘：西沟还种过麦子？

申纪兰：那会也种麦子，我们还分配，分得少，因为麦子产量低，我们种得少，是一季。一个人分上多一点，家家户户都要叫够吃，还要叫走亲戚。

刘：50年代就有拖拉机了？

申纪兰：有了，有个拖拉机，咱西沟也是发展在前头，那会儿比其他地方都发展快。那会儿就不上化肥，就是农家肥，农家肥好是好，养地好，但是增产不了，我们上农家肥，瞧着庄稼特别好。

刘：化肥是什么时候开始用的？

申纪兰：化肥是尿素，还有硝酸磷。硝酸磷是后来上的，就是这个潞城化肥厂的。还有一种（质量）比较低哩，像面粉一样，不是硝酸磷，也不是尿素，就是一般肥料。最高的是尿素，硝酸磷是氮磷钾都有。

刘：一亩地上多少？

申纪兰：一亩地30斤或者50斤。我们上化肥是先锄后耧，有的地方是锄下耧不下，现在农业社是耕三遍耧三遍，保证全苗。

刘：科学试验是不是种了好多品种的玉米？

申纪兰：开始我们一亩地才种（打）七八百斤，后来到了2000多斤，2000多斤还要多。过去是那个土玉茭，产量低，后来变成金皇后，金皇后又成了双茭玉茭。种子也是个大问题，调动种子，变换种子，我们还培育过种子。

刘：省农科院帮着在西沟培育过种子？

申纪兰：对，那会儿自己培（育）过种子，有隔离区，不叫刮上风，传染上就不抵事了，都弄过，那会儿是跟这个上头授上粉，给那个上头抹上，也搞科学，当然没呐现在这个科学技术高。这会儿就不培（育）了，培（育）太费事，这会儿就是买种子。

刘：金皇后在西沟是哪年开始种的？

申纪兰：以前是土玉茭，一亩地才打二三百斤，种上金皇后来，就打得多了，玉茭有那样长。（种子）从外头不知道

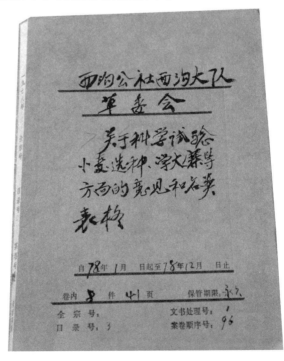

图4-4 西沟档案室保存的科学种田档案资料

151

哪带来的，说不清，我也不能瞎说。

刘：金皇后一亩能打500斤？

申纪兰：比当地土玉茭高，后来农业社就种成了双茭，双茭配种，还给它抹粉呀，把妇女组织上，授粉。在那个上头弄些粉来，抹到这个上头，试验田，配种地，隔离区。农业社还叫我到县上农业局学技术，学优种。锄苗了，拔草了，都得（有）距离了，隔行了取种，人家那会儿那技术也有啊，这会儿讲科学，那会儿讲技术。

刘：技术员是省农科院的人吗？

申纪兰：有技术员。最后咱农村还成立了技术研究所，咱西沟的一个技术员，姓张，管研究科学技术的，是个初中生。

1953年就成了农林牧副全面发展，那会儿也没有什么企业。

（三）集体化时期牛羊多

1. 访谈对象：张秋财（男，1936年农历八月二十九生于西沟村沙地栈，中共党员，曾任西沟村生产小队小队长）

访谈时间及地点：2013年5月25日；沙地栈

访谈者：刘晓丽

录音整理：郭永琴

刘：咱们这里的牧业怎么样？

张秋财：都是逐步起来的，果类也是逐步起来。光农业不行。西沟五项，农林牧副渔。渔（业）咱这没有。牧（业）也有，哪个生产队没有七八个、八九个牲口，还有一百几十只羊。

2. 访谈对象：李平宽（男，1941年十月生于平顺县东寺头乡安咀村，后落户西沟古罗，初中文化，中共党员，退休兽医）

访谈时间与地点：2013年5月28日；古罗家中

访谈及录音整理：刘晓丽、赵俊明（整理者）

赵：73年那时候是不是咱们队里牲畜很多？

李平宽：牲口多呀，这个牲口数我最记得清楚，西沟大队的牲口，牛、驴、骡、马就有230多头，羊群是每个生产小队有两群羊，一群就是100多（只），有12个生产队，羊总共有3000多只，我是很记不清了，相当多。西沟那时候发展畜牧，集体喂牲口，那多啊。

赵：那时候畜牧业好。

李平宽：那当然挺好，牲口多，羊也多，肥也多。喂猪的也多，家家喂猪，古罗小队有60多户，最低也有50多户有，几乎是家家都养猪，就是有些单身汉喂不了。这个畜牧可算是好了。你像西沟每年卖羊绒、羊毛，一年要卖多少了。羊绒、羊毛、卖牲口，反正每年会上去县里卖牲口，西沟每年要卖七八十（块钱）、百把（块钱）了，那会儿的牲口三四百、五六百块钱就是最好的牲口。

赵：那会儿有200多个牲口？

李平宽：230多个牲口，最多发展到250多个，羊有3000多（只），猪也多，羊也多，反正都多。那会儿养鸡的也多，每家都有七八只、十来只，每家每户都有，因为我给鸡一直打防疫针，谁家都有。

赵：现在有没有了？

李平宽：也有，你比如说这些年龄大些的，家里经常有人的，也养。有的年轻人，出外头搞副业去了，就顾不上了，就不能养这个。

赵：你这兽医站的事情就挺多的啊。

李平宽：你瞧，防疫、治疗、发展。你这个防疫工作，每年春秋两季，大牲口也是春秋两季，必须得打防疫针。再一方面，这（只）是西沟的，全乡的牲口有多少了，都得管。

赵：就你一个人？

李平宽：有三四个人，家里有个抓药的，还有一个老医生，还有两三个学徒。每一个月都得按时检查，那会儿畜牧局那个规定，就是你月月都得去检查。每个月你牲畜病没有病，都得按时检查，那会儿还收这个看槽费，就是常去检查的服务费，一头骡、马是两块五毛钱，牛是一块钱，驴是一块五毛钱，这是反正每年收，光西沟收看槽费就要收老多钱了，那都是大队出钱。人家大队还有个监管了，你要按月没有给人家检查，反正人家就要说了，你这个月就没有检查，虽然说有时候也是有一半回顾不上，没有检查，平常反正一年12次，这就非得检查。吃了药以后，那个饲养员来这瞧的牲口，瞧了牲口以后写上处方，谁来看的，牛还是驴、骡子，吃的中药、西药，处方就和欠条一样，一月到时候和大队结算钱。那会儿那个工作量大，和这会儿不一样。

以前山上那个地并不少打粮食，养的牲口多，肥多。村里社员自家投资肥，一担青肥是多少钱，一担喂猪肥是多少钱，另外还有大队的羊踩的粪，牛马踩的粪，当队长就是组织往地里送粪了，那粪上多少了，地上就铺的一层。那会儿牛羊多了，粪多了，以前那个萝卜长那么大，一个大的有十几斤。

刘：那会儿没有禽流感？

李平宽：没有，我跟你说，那会儿就是鸡有鸡疫，猪有猪瘟、猪肺炎、猪流感，除了这，其他就没有这些病，禽流感当时就没有过，牛和猪羊有口蹄疫、五号病，那个有。

赵：下放土地以后牲口就变少了？

李平宽：后来83年下放了，就都分了。那会儿大队在辉沟口上分羊的时候，大羊、小羊平均一只羊才十二三块钱，那个小马，才200（块钱）还是180块钱，那会儿便宜。分下去有的就卖了，变得就少了。集体那会儿就多了，后来山上造了林了，牛羊不准上山了。现在这个畜牧业，反正这个人，我就要专门养羊、养猪，这种行，个体那个，有的年轻人就饲养不了这个，他就出外头搞副业了。以前西沟大队的牲口多。

赵：多会儿就少了？

李平宽：83年下放了，陆续陆续的，慢慢的，一直一直的就少了。

赵：现在有没有养牛和马的了？

李平宽：我和你说，西沟养牛的有3家，加起来一共有8头牛。因为今年养这个，下个小的就卖了，就是这样。驴才有两头，老西沟一头，东峪沟一头。

赵：养这个干活用了？

李平宽：现在养驴他是为了卖钱了，（干）活不用了。以前耕地也用一点，很少了。

赵：什么时候就不用了？

李平宽：用也用一点，就很少了。后来这个耕地，它是什么了，有些牛吧，你瞧种地方式改变了，他就不用了。比如说埋秸秆，埋了秸秆以后，中间剩下一条，就不能犁了，所以就手工做。整片那个，还是犁地了。后来整片那个地，大部分就是用小手扶拖拉机。

赵：其他附近的村里养牲口的多不多？

李平宽：你瞧，西沟乡这个就是石匣有一二十个。东山上多，东寺头山上那些大队养驴多，为什么养驴多？到了春天能往地里送肥，秋天往家里驮东西，还耕地。山上牲口就多，平川地方很少。他指着那个驴驮东西，年轻人都走了，就剩下一些老的，老的用上这个牲口驮上肥就能送到地里，然后再犁犁地，这个就能用。

赵：你一直就是兽医？

李平宽：我就一直是，从58年开始，就是当学徒。中间那会儿国家培养，到太谷农校进修，进修出来，后来回来就成了正式的了。那会儿村里推荐，反正领导让我去，我就去了。65年那年，新疆发生这个五号病，省里头抽的我，去那里搞防疫，全省抽的6个人，我还去新疆待了3个月。

赵：你这技术好啊。

李平宽：反正那会儿我在太谷学校学习就是数一数二的，我那会儿长得小。

刘：那会儿咱们村里有没有发生过五号病这些？

李平宽：没有，在咱平顺来说，就没有发生过。因为平顺那时候搞畜牧业，上头一旦有什么要预防，下边就把这关，玉峡关、虹梯关、漳河岸，这就都站住岗了。就是过年，听说哪儿有了（疫情），反正领导一安排，你这个山西人也得跑去省边边上去检查。那会儿车辆少，就是人来回走，还得进行消毒，那会儿那个（管理）严。来到这儿了，有一年过年，（腊月）三十晚上，人家让往苯兰岩走，吃了饭，你也得去。苯兰岩那会儿是个乡政府来，现在和虹梯关并了，是个村子。就是和河南交界地方，那会儿那个地方来往的人多，就去那里把这（关）呢。

3. 访谈对象：张明朝（男，1946年农历正月二十一生于西沟村池底，初中文化，中共党员，曾任西沟村生产小队小队长、西沟大队副主任、东寺头乡乡长、平顺县科委副主任）

访谈时间及地点：2013年6月5日；池底

访谈者：刘晓丽

录音整理：郭永琴

刘：您在村里管过畜牧业吗？

张明朝：我是村里边（党）分支书记，咱们大队分四个分支，南赛、池底、中间有古罗、老西沟、辉沟，还有纪兰那个村，那三村也是一个分支，一个人管一个分支。到工程上，不管村上的也不行。你像六月六，羊工该换了，他不干了。放羊的到六月六，把鞭放队里，（说）我不干了，你就得想办法和队里协商，换人，或者是人家有什么困难，（让人家）提个要求，做了工作才行。到春天了，我还分管是畜牧，和老赵，赵相吉老汉。因为我年轻，还配合老赵负责把全村的牲口、饲养员调到水库里头，（当时有）几百个骡马，然后评了等级。你这个等级不好，（就）要好好喂了，你这个等级最差，还要受到批评。几百个大牲口跟那里展览，然后，哪个老了，需要卖了，我还去平顺县卖过牲口。我去了，人家说年轻人，出出手来，在底下捏码［袖子里比划价格——编者］了。我就出出手来，我说我不懂，你说吧。农村工作比较杂，畜牧业也得管。

4. 访谈对象：申纪兰

访谈时间及地点：2014年5月12日；西沟乡政府

访谈及录音整理：刘晓丽

申纪兰：李顺达是个好同志，为了大家发展，要他发展（自己的）互助组来，他倒富起来了。（可是）他要再不组织，他就脱离了群众了，太富了。

刘：就是自己富了。

申纪兰：自己富了。他是个共产党员，支部书记，带领大家富。牲口入社呀，羊群入社呀，都入了社了。我们就发展羊群，发展了 1500 多只羊，300 多头大牲口，每个干部去买牲口，我还去买过牲口。买牛，买小牛，一个队里头一对牛。

刘：会挑牛吗？

申纪兰：人家买牲口是捏那个码子［袖子里比划价格——编者］哩，我就不会。找一个老同志，他懂得这个买卖牲口（的规矩）了，他就跟人家谈价格，我主事。赶我回来时候，撵了 6 头牛，还挑了一担猪回来了。

在龙镇赶会，县里头赶会，他都是卖，咱西沟是买。

刘：咱有钱么，咱富裕了。

申纪兰：咱买了发展么。买上老仔牛，3 年两群牛，牛下牛，3 年就是两群牛。那会儿（叫）合理化建议，这会儿是科学发展。

刘：李顺达挺关心群众的吧？

申纪兰：李顺达关心群众到了哪一步？每年羊工有一次会，每年要开一次羊工会，教他提提意见，对大队还有哪些意见，工资兑不了现还是待遇低。老李就发现这个羊工费鞋，他把（自己）那鞋就给了羊工，丢下那鞋就叫羊工珩上［音 heng，拿上］，关心群众。那会儿买也没啥个钱，就是把旧鞋给了他（羊工）。再一个呢，羊工一年不回家，这个媳妇在家，有男人又没男人，（男人）在外头看羊哩，大队干部要替羊工回家看看，你瞧都体现到这一步了，很不容易。细小的问题老李都能体会到，他跟群众就在一块哩，就知道群众想什么，就知道怎么干。

（四）养猪场办得红红火火

1. 访谈对象：申纪兰
访谈时间及地点：2014 年 5 月 27 日；西沟乡政府
访谈及录音整理：刘晓丽

刘：能讲讲您管理猪场的事情吗？

申纪兰：我还当过养猪场场长，（猪场有）100 多头猪。

刘：猪场就你一个人管着？

申纪兰：不，还有好几个饲养员，我负责，还有一个副主任。除了集体养猪，个人也得养猪，家家户户都养猪，主要是能给国家换来钢材。还编那快板："申纪兰，真能干，领导妇女把铁炼，炼成铁，炼成钢，打成炮，打得美国没吶帽。"瞎编呢。

刘：人家编得挺好的。给猪喂什么？

申纪兰：村里开了个粉坊，还不够大，还弄野菜，后来养了回就不行了，都散了，最后干脆有个种猪场，有白猪，我可甚也干过。我们妇女在一块，在老西沟还有个养鸡场，那个鸡是缺钙，它吃不上，把毛都鸽了，后来，有个领导就说我："纪兰同志，你养这个鸡，技术太差，为什么把毛都吃了，限你几天叫它长起来。"哎呀，我可发了愁了，它哪能一时长起来？它缺钙，后来弄上那鸡蛋皮，喂个［给——编者］它，叫它长毛，可费事呀，可不跟这会儿一样。这会儿动弹谁出那大力，现在都是说小康，干动还差。

刘：有了鸡蛋也舍不得吃，都卖了？

申纪兰：老百姓养上鸡的就是换盐，"鸡蛋换盐，两不见钱"么，那会儿那钱就紧。

刘：大队养鸡场的鸡蛋是卖呢？

申纪兰：大队养鸡场的鸡蛋卖吧。饲养上，我领了3个妇女在那，有苏联大白猪巴克夏、有细毛羊，还有马种。牵那马刨山药蛋去了，马瞧见一个牲口就跑了，把布袋也绊坏了，把我脸也创了皮了。可干了呀，什么也干过。

刘：你那会儿当养猪场场长，最累的活是不是出圈？

申纪兰：那会儿那个猪呀，不是吃饲料，就是大磨上弄上那个浆，倒里一桶哗哗一会儿就完了，它就吃得多，一个老猪就得半桶吃，人家这会儿是喂饲料哩，弄上点粉拌拌就行了。那会儿还得给它剁菜，那会儿许国生跟我在猪场养猪，许国生不到（天）明，他就说："申老师，咱给毛主席鞠躬吧！"我说，等（天）傍明了，这才3点呀。那会儿三汇报五请示，可真是热闹呀，学老三篇。

图 4 - 5　关于西沟知青的报道

我养猪养了 150（头）猪。我们开始养 50 头，后来养成 150（头）。

刘：下小猪得看着。

申纪兰：那猪都得人看的，那会儿狼多，（看不好）狼就吃了。大年初一我那姑娘跟孩子去叫我去了，说妈咱回家过年吧，人家都回了家了，奶奶叫（我）来叫你，我说："你都走吧，告诉奶奶我在猪场，你都去了该好好吃饭吃饭，我早早就去看你们。"我就不能走啊，走了狼吃了猪怎办呀？跟孩子说了说，叫他都走了。我可真是不平凡地走了几十年，我真把公事当成比我自己的事可重要，我大事大办，小事小办，没有把自己事当成主要事。

过年不回家，回不了了，都走了，工人都走了，就我跟许国生，这就印象特别深。那就是在艰苦地方能跟我战斗在一起，我就印象深。

反过来说，这都是应该，群众能劳动你不能劳动？我在非常时期，得了浮肿病了，眼也瞧不清了，那会儿西沟还跟龙镇在一块来，（叫）龙镇乡。我家也对我好，家里没粮食，也不是不叫我一个人吃。后来了，领导说，人家这一大家人，关心也没法关心，给我买上个干粮送上来吃［此时申纪兰话语哽咽——编者］，党对我多好啊！叫我补充补充吧，说看你成了个甚了，一去地里就瞧不见甚了，我去把那洋槐花树上，拽了把洋槐花，回来吃上，哎，眼倒瞧见了。非常时期呀，可不容易呀。

我们西沟号召社员养猪，养猪就能给国家换来钢，号召一户一头猪。

赵： 在家养？

申纪兰： 李顺达说了，一户一头猪，那会儿是家家户户养猪。在 50 年代，就是这个农家肥料特别好，（我们就）积肥，赶到这个 7 月份啊，社员全部是割蒿半个月，把这底岸这青草都要闹下来，闹成农家肥。玉米秆子还要喂牛，还要喂羊，咱是农林牧副发展，发展到了（全大队）1000 多只羊，发展到了 300 多头牲口。12 个生产队，一个队一群羊，就科学发展开了，这个羊圈要到山上，省得劳力往上担粪了，这也是改革嘛！这会儿说改革，那会儿不说改革，那会儿是提合理化建议，羊圈就上了山了。想想也不容易了呀，一步一步走出来。

（五）农林牧副全面发展

1. 访谈对象：张章存（男，1947 年 12 月生于西沟村老西沟，初中文化，中共党员，曾任西沟村党总支副书记）

访谈时间及地点：2013 年 5 月 23 日；老西沟

访谈者：刘晓丽、赵俊明

录音整理：张文广

刘： 咱们制的炸药的成分是什么？

张章存： 80% 硝铵，20% 是米糠或者锯末，这两种都行。再一个是一百斤加上四五斤硫黄，这就行了。有时候要威力再大点的话加点盐。

刘： 为了威力大点加点盐？

张章存： 对，加硫黄是引火比较好，加盐是效果比较好。一般 100 斤炸药是 80 斤硝铵，20 斤锯末或米糠就成了。

刘：这是一份？

张章存：是100斤。

刘：像100斤炸药成本是多少了？

张章存：要不了多少钱，那个时候一袋硝铵是几十块钱。

刘：就是买硝铵要点钱，买盐也不用多（少）钱。

张章存：嗯，一般就不很加盐，硫黄和盐用得少，就是弄些米糠。

刘：那米糠就不要钱了，咱们这就有。

张章存：买的时候也得出钱了，那个时候五分钱，现在恐怕就不行，下来一斤炸药加上工钱不用一块钱。卖就贵了。

刘：你这有买炸药的？

张章存：以前都是买的，以前买炸药去公安局备了案，以前都能买到，现在就不行了。备案的炸药不很卖，要买的是雷管、导火线。

2. 访谈对象：张芝斌（男，1936年农历腊月十二生于西沟村沙地栈，小学文化，曾任西沟村记工员、农业技术员、生产队小队长、村民小组组长）

访谈时间及地点：2013年5月24日；沙地栈

访谈者：刘晓丽

录音整理：郭永琴

刘：村里供销社是什么时候有的？

张芝斌：年限记不清楚了。后来成立起来就是代销，组织投资上的钱，开上个小供销社，还没有这会这个小卖铺（大）。

刘：金星社的时候就有了供销社了？

张芝斌：有了，咱组织起来投资上个钱。信用社、供销社都是人家投资钱办起来的。还没那（东西），现在这小卖铺什么也有。那会简简单单，好像有个烟，过去有个酱啦、醋啦，卖点针线、布箩这些都有，后来卖个布匹，也是那种粗布，大花布、洋布很少，也进不上。就是这个粗布多。后来就壮大了，国家办了。

刘：上面那个供销社是村里的？

张芝斌：以前县里头有供销社在各村都办。后来供销社到这会就不（办）了。那会国家集体人员管，这会没啦这个了，就是个人的小卖铺，商店也是个人承包哩，以前都是国家的。这会这里弄这个［大学生创业基地下的商店——编者］也是外头有人来参观来，买那个东西，老百姓一般买不起，一般到小卖铺买个东西。

3. 访谈对象：郭增贤（男，1951年2月生于西沟村池底，初中文化）

访谈时间与地点：2013年6月6日；池底郭广玲家中

刘：您一直在村里？

郭增贤：没出去。刚从学校出来，在村里干了不到一年，就到了砖瓦窑。

刘：毕业后就在砖窑上？

郭增贤：砖窑是队里办的。

刘：干了几年？

郭增贤：两年。后来就到队上开拖拉机。

赵：队上有几个拖拉机？

郭增贤：大的是两个，小的四个，还有两个汽车。后来不开拖拉机，那时候大队有个建设队，有个工副业队，我在那里还干了一年。

赵：这是两回事？

郭增贤：两回事，工副业就是工副业，工副业有木工、车床工、焊工，有缠电机的。

赵：建设队是干啥？

郭增贤：就是盖房子，在沙地栈那里建设新农村。

赵：地里就以妇女为主？

郭增贤：五六十个人，还有林业组，有四五十个人。牧业就是每个队一个饲养员喂牲口，一个放牛，一个放羊的，这就是 3 个人了。都分派了，农业就是管农业的，工业就是管工业的，林业就是管林业的。

赵：一直没在过农业队？

郭增贤：很少。

赵：其他副业队与农业队的收入有差别没有？

郭增贤：男的就是一块钱。工业上也是一块，林业上也是。

赵：干的哪个最累？

郭增贤：都差不多，工种不管干啥，都追得你紧。要不开会，你为什么偷懒。你太不像话了，黑夜吃了饭开会，就让你做检讨。

赵：大部分人比较自觉？

郭增贤：对。

4. 访谈对象：马怀生（男，1945 年 7 月生于西沟村池底，初中文化，中共党员，西山矿务局退休工人）

访谈时间与地点：2013 年 6 月 6 日；池底郭广玲家中

访谈及录音整理：刘晓丽、赵俊明（整理者）

赵： 屯留种地是怎么回事？

马怀生： 那里有个飞机场，国家有个教练基地，那个地方撤了，那个地方相当好了，一块地100亩，给了西沟5块地，500亩，要求亩产400斤，实际上那年实实在在亩产482斤。

赵： 种了几年？

马怀生： 就那一年。第二年春季把那玉茭打了以后，在屯留就上交公粮了。

赵： 你带领了多少人种？

马怀生： 36个人。

赵： 也有拖拉机啥的？

马怀生： 西沟耕地有个铁牛。

赵： 播种有没有机器？

马怀生： 没有，人工（播种）。

赵： 就种了一年就不种了？

马怀生： 那个地方是地多，主要是地多。那会咱这个地方人均七分地，现在都种树了，种了经济林，地就更少了，以前地多一些。

赵： 那会有林业组、工业组？

马怀生： 林业队、副业队都有。

赵： 林业队有多少人？

马怀生： 我估计有五六十人还是四五十号人，专门弄果园。

赵： 副业专门弄小工厂什么的？

马怀生： 那会工厂多，我走的时候工厂还不多呢，我走以后，上了许多工厂，我走以前有个木工组、铁工组，有个缠电机的。当时我走的时候，就上了罐头厂了。

5. 访谈对象：张章存（男，1947年12月生于西沟村老西沟，初中文化，中共党员，曾任西沟村党总支副书记）

访谈时间及地点：2014年4月19日；西沟村委会

访谈及录音整理：刘晓丽、赵俊明、郭永琴、张文广（整理者）

刘： 新农村建设的砖是到外面买的吗？

张章存： 那个时候村里有砖瓦厂，就不用买，还要往外面卖了。

刘： 砖瓦厂大概是在哪了？

张章存： 我住的底下就有过砖瓦厂，后来在池底那有。冬天打油，用小麻子打油，主要是小麻油。咱这没有胡麻。

刘： 胡麻油比香油香。胡麻是雁北种的。

张章存： 咱这也行，我还引回来种的。咱不懂这个，来了种得稠，就不行。种了2年，收量不行。再一个，你少了，又打不出来。

　　郭：咱们那粉坊是做什么的？

　　张章存：粉条。

　　郭：咱们自己吃，还是卖了？

　　张章存：也卖，也自己吃。粉条、小粉，有玉米的小粉，有绿豆的粉。

　　郭：绿豆粉？

　　张章存：嗯。你像你去置上小粉面，擀面，装到小口袋里，最后装进来，当淀面了，又光，又好吃。

　　刘：集体化时期西沟每年交给国家多少税？

　　张章存：光这个苹果税西沟一年交十来万块钱了。（这是）林果特产税，西沟交林业税、农业税、林果特产税。

　　刘：现在还交吗？

　　张章存：现在不交了，这个倒不交十来年了。

　　刘：为什么杀羊还交税了？

　　张章存：嗯，杀羊、杀猪都得交税了。到过年了12个生产队，每个生产队一群羊。这儿吃是那个黑羊，不吃那个绵羊。

　　刘：黑羊黑颜色的？

　　张章存：嗯，黑颜色的，肉不一样。杀的那个羊也不是杀母羊，杀的是公羊。

　　刘：哦，那种羊长得大？

　　张章存：嗯，长得大长得肥，它要长100多斤了。一般是赶到过年了生产队挑上最大一个，（抓）来了以后给你一称，1斤就是一毛二，一般最小（的羊）也是八九十斤重，八九十斤重也就可能是3斤杀1斤。

　　刘：那下水怎么办？

　　张章存：卖下水了，一个下水五块钱。

　　刘：也是卖了，村里也不熬着点让大家分一分？不分啊？

　　张章存：嗯，不分，那个就是集体也要杀了，不光生产队杀，集体弄上以后就是给老弱病残，羊骨架一般弄上是让老人都吃了。

　　刘：交这个杀猪杀羊的税你刚才说是队里不用管是怎么回事？

　　张章存：集体管了。

　　刘：那大家就没觉得这个不合理？

　　张章存：过去那个时候收税还管合理不合理了，不管这个，以前都也相信共产党。这个你今天杀了羊了吧，12个生产队杀了12只羊，你得交回耳器来了，杀了皮，耳器就是带耳朵了，就是皮，羊这个耳朵。你杀一只羊两只耳朵，一张皮，都连着。

刘：那弄回来做啥呀？

张章存：弄回来把那个皮一梳，梳了以后就给放羊的缝羊皮大衣，暖和，他们冬天在山上了，披这个暖和。老人也有，羊皮经过加工以后，就买上给老人铺上。每年剪羊毛、羊绒，弄下来后，就做成毡子，一个毡子 70 块钱了。

刘：那也是以前队里做的？

张章存：嗯，弄上这个卖钱了。羊绒做成的这个毡子好，防潮。那些羊倌在山上遇到下雨铺上这个没事，不返潮，也暖和。羊倌用的都是羊毛纺的那个线织的羊毛毯，下雨后披上，披上后既暖和又隔雨。只有西沟交农业特产税，其他村就没有。

刘：其他村不交这个税？

张章存：他们就没有，农业特产税西沟有林业，有苹果，有核桃。

刘：交税一般是交多少？是怎么个收税法？

张章存：反正西沟光果树这一项交 16 万（块钱）。

刘：一年？

张章存：嗯，一年有六七十万斤苹果了。

刘：那时候一斤苹果能卖多少钱？

张章存：最好两毛五一斤，平均就是两毛来钱。

刘：那就能算出这个税是多少了。70 万斤了，那就是 140 万（块钱）。能够收 140 万块钱，就大概这样算吧。那就交十几万的税？

张章存：嗯，16 万（块钱）。

刘：那税也挺高的。

张章存：（收）10%。

刘：嗯，差不多。

张章存：还有核桃，特产税一般交得就高。

（六）村民的怀旧情结

1. 访谈对象：张章存（男，1947 年 12 月生于西沟村老西沟，初中文化，中共党员，曾任西沟村党总支副书记）

访谈时间及地点：2013 年 5 月 23 日；老西沟

访谈者：刘晓丽、赵俊明

录音整理：张文广

刘：咱们这开山修路，修水坝这些是不是出过事故呢？

张章存：有些弄伤眼的，也有牺牲了的，一个人要点 100 多炮了，点最后一个的时候可能开始点（了没响）的就响了。

刘：就没考虑到这些问题？

张章存：考虑了，一般点炮的是一个比一个短，等点完，那些炮就应该连续响了。

刘：一次就点100多个炮呢？

张章存：嗯，那得好干家的，经常干的人了。一般的就是点个三两炮就不敢点了，点二三十炮以上的都得好手了，得胆大了。导火线一秒钟能走多远都大概知道，像十来公分长的导火线点着后能消消停停走三十来步就响了。

刘：劳动的时候是不是也有这个把腿伤了、断了这种事情？

张章存：也有，一个人挖土了，上面塌了，砸死了。

刘：出了这事村里怎么办？

张章存：以前就是给他弄个榆木棺材，给他埋一埋，给家里算两个劳动力，家里也没其他的特殊照顾，有时候过年给他家些东西。那会有牺牲的，也有伤了的，伤了的不少。以前申主任带着妇女劳动，有人把胳膊弄断了，申主任就给她接，申主任能及时地给她处理了。杨贵那会修红旗渠为什么有些人都反对呢，修到红旗渠就不让他们离开地方，你该干活干活，他们该响炮响炮。

刘：哦，是自己干自己的，炮也是固定地方，人也是固定地方？那这样效率高吧？

张章存：他这样就有牺牲了。

刘：红旗渠现在还用着呢？还挺好？

张章存：嗯。

刘：杨贵在当地应该很有威望吧？

张章存：那个时候他当县委书记一下就提到中央水利部了。"人造天河。"

刘：他弄的？

张章存：嗯，"人造天河"意思就是把漳河水引到了河南。（修）红旗渠牺牲了不少人。一开始林县的人也是糊弄呢，想怎么可能把漳河水引回去，开始工程质量也不高，最后干了一年多，一下返下河南了。

刘：什么叫返下河南？

张章存：水不是从山西的山上，石城上面的侯壁电站把水引走，经过平顺县，交界有30多里地，这样才引下去，一修到河南交界，人们感觉这能修好了，能完成了，因为在山西境内该钻洞钻洞，该挖岩石挖岩石，比较难。一到河南地平了，也没有什么山了，也好开挖了，老百姓信心也高了，上面这个修的渠有的漏了，有的漳河水大就冲毁了，开始的时候人们是应付这些了，不认为漳河水能去得了河南。

那会让老百姓搬家也费事，他们就从老百姓地底下挖过去了，老百姓那时候也不懂。

刘：那也挺不容易的。

张章存：嗯，不容易，可是水下去以后河南林县也真富了，因为能浇地了，河南整个都能浇了。水一下河南有个分水岭，一下分成三处，东边一处，西边一处，南边一处。下面有个地方就叫分水岭，那就是修的漳河水到那分流，所以那个地方起名叫分水岭。这儿的高速路钻洞出去就到分水岭了，到那就到河南了，这是中国第二洞，有26里长。原先我去河南得一天，早上7点多起身，晚上7点多才能到了我的老岳父那，现在走高速就用半个小时就到了。

刘：以前就走石城那块？县城那边过不去吧？

张章存：县城那过不去，原先就转石城那边走了。

刘：这个高速路叫什么名字。

张章存：长平高速。

刘：长治到哪？

张章存：到平顺。

2. 访谈对象：张芝斌（男，1936年农历腊月十二生于西沟村沙地栈，小学文化，曾任西沟村记工员、农业技术员、生产队小队长、村民小组组长）

访谈时间及地点：2013年5月24日；沙地栈

访谈者：刘晓丽

录音整理：郭永琴

刘：金星农业合作社每年交国家多少粮食？

张芝斌：二三十万（斤），加存粮，连上余粮。过去就是余粮卖了，除国家要的，余下的，你可以卖，是支援国家。剩下的，你愿意卖可以多卖。模范大队也是带头呢。储备的粮食也不少，集体有仓库，存几十万（斤）。赶下放了以后，还多年储备着粮食。赶后来才把粮食解决了。

刘：那会上地还得叫呢？

张芝斌：叫呢，我早上早早起来，都得一户一户叫，安排人家干甚，扛什么家伙，去哪做甚。那会也没这会那个喇叭说一说。

刘：你分配的活人家有没有意见？

张芝斌：根据他那个人能干的（分配）才行。慢慢等他锻炼得以后会了才行。有些人会，有些人不会。能干甚干甚，能担的就担，能做就做，根据人的性格。往往有的人弄不了这个，顺不上心。上地也不能一剪子铰齐。有些人气了，你慢慢地再跟他说，当时对着那么些人，你就说他，就不行。慢慢地，背地再跟他说，你得会方法，弄不对方法，把你也伤了，人家也都不跟你干了。你干得也不顺心。

刘：自己能沾光吗？

张芝斌：集体你沾什么光，每天你是劳动，多带家伙，你先动，人家才动了，动了也不能多挣，带头呢。往往那种人那样（沾光）就不行，人家就反他了，那抓住你了。

刘：你现在干什么活？

张芝斌：孩子们都不在家，有点地不多，种种。年轻时候，也受了罪了。劳动，出了力了，受了罪了。集体时候，咱能受，就学会个种地，其他也没学会。种地没问题，摇耧、犁地，技术活都会。一直是队长。那会，有时是集体了，有时候共产了，有时候分开了，有时候排长、连长组织军事化行动，我上地还得扛上毛主席像、扛上语录、本子，还得扛上我的家伙，家伙还得多扛，还不能少扛，还得带上双家具，有的人没那他还不带。一年一年不一样，上了地，带上这些个去了，有两年还要站起来，念了语录，给毛主席汇报了以后，今天我是多少人，干什么活，才能（分配）干活。下工的时候，再汇报了，念了语录，向毛主席汇报了，才能走。

3. 访谈对象：张买兴（男，1933 年农历正月二十六生于西沟村沙地栈，小学文化，中共党员，曾任西沟大队副队长、西沟乡秘书、西沟乡团委书记、西沟大队副主任）

郭爱巧（女，1937 年农历四月初三生于平顺县城关乡［今青阳镇］路家口村，小学文化，曾任西沟村幼儿园负责人、保姆）

访谈时间及地点：2013 年 5 月 25 日；沙地栈

访谈者：刘晓丽

录音整理：郭永琴

刘：你是哪年入的党？

张买兴：1955 年，过去当过村干部。

刘：你那时候参加的是啥？

张买兴：我是初级社，我就能参加劳动了。

刘：你当过什么干部？

张买兴：我在村上当过副主任。在乡里当过几年乡秘书，当过 2 年团委书记。返回来又到了村里头，那会叫大队，当了几年副主任。

刘：您当过民兵营长吗？

张买兴：当过几年。我接的启山，（秦）周则接的我。

刘：您当过西沟公社联合厂的主任？

张买兴：我在龙镇待过两年，（当）纺织工人，那会是毛主席领导来。当时纺花织布，全国都兴那个。我是什么都弄过，样数不少，什么也没弄成，退休工资也没弄到。我把时期过了，乡里头当时是补贴干部，转正式干部，我又不在公社了，来了村上就是个村干部。还在供销社开过八年汽车。就都办不了手续了。当时不注意这些问题，把机会都（错）过了。

刘：你最后没有工资，也没有享受上什么待遇？

郭爱巧：没啦。老李那会，他在乡公所，给老李当秘书。他就给老李写材料、写信、拍电报，他没领上工资。他那会也能出去，我姨夫不叫出去。我小姨也说："不能出，出去地叫谁种啊？"就是走了，也叫回来。工作了那么多年，现在在农村就是吃个老干部老党员，（补助）六七百块钱。现在村上属他年龄大。我在他家，他一点忙也没有帮过我，现在就是上了70岁领70岁以上给的钱，原来120（块钱），今年领150（块钱）。领国家的养老保险。社会现在好了。国家给发的养老保险，都说今年增加了，我还没有领呢。冬天发1吨煤，（算是）烤火费。坐班车不用花钱。

张买兴：我那会机会多了，他就是不叫走。现在生活都不发愁，不愁吃，不愁穿。

刘：现在享受到和一般老人一样，以前的贡献没有享受到其他的？

张买兴：大队承认是老干部。原来领七百来块钱，今年一千多（块钱）吧。

郭爱巧：他在乡公所办公，他写材料、写信，弄不完不回来。他有个哥哥，人家不管。那会说是上了地，入了社，人家不管。他一个人挑。我跟他就吃不了饭。从龙镇离这里20里，他姐夫给买了一袋土豆丝，队里给我批了50斤玉菱，一篮子也不脱皮，中午和地蔓丝［土豆丝］，拌饭吃，这会谁吃那了？那几年就是困难。

张买兴：那会都是补贴干部，那会那干部受罪，我这个乡才3个人。1个书记、1个乡长、1个秘书，我是秘书。3个人全乡的工作都得完成，53年建乡，53年、54年一直到58年，一直是3个。一个乡就3个领导。

4. 访谈对象：张秋财（男，1936年农历八月二十九生于西沟村沙地栈，中共党员，曾任西沟村生产小队小队长）

马志勤（男，1937年农历七月初七生于西沟村沙地栈，煤矿工人）

访谈时间及地点：2013年5月25日；沙地栈

访谈者：刘晓丽

录音整理：郭永琴

刘：队长怎么干呢？

张秋财：那会队长不跟现在一样，那会的队长你得带头走，在队里做什么工作，提前就得告诉他，告诉他你也得黑住脸，你要和他笑，他还觉得，那不是他的工作，他还不想去，不想去，你再找谁？你只能说，去，就得去。去了到地里头，要指定今天种几亩地，种谷都有个定额，种多少你挣多少，还有愿意多挣，多挣，报酬就大些。做岸，楼墙都知道是几分工，能值多少货。你超值了，做得多，就多给报酬，所以人他就直接。毛主席那会都是农业社，你不能去其他的（地方），这会流窜的多，那会就不叫你走。再一个也没有企业，你也送不出人去，这会一安排就安排多少，队长是很关键很关键。那会黑夜学习的多，开会。到秋天有些东西要冻，你说咱不收吧，那是做什么呢，还得开了会才去收去。有一年，不是说（咱思想）落后，这时候一天在开会，我不去，你不去，先从党员，党员带头去了，社员就回家，咱跟人家一样，咱也去吧，弄弄就都去了，再不弄不对，叫你开会，为什么不去，扔了你的东西。那会开会多了，教育你就不敢去偷去，你要弄上玉茭半袋，你要想想你是偷的，（如果）不是吧，你有没有种这地，（那会）都依靠集体。队长跟现在包队的很关键。你是个最基层的人，张三李四，你叫他去，他就懂就行，他就不懂，你瞎安排，他就不知道怎么弄，不就不行了。工到那里都有定额。有定额，管理的钱就好弄了。

刘：那会挣工分？

马志勤：干到黑夜，到记工员那里，拿上本本，就记上了。最开始是发工票，后来是发个本本。记工员，过来以后说，今天干甚来，多少分。

张秋财：开头发工票，小组长就给报。

刘：最贵的时候工票值多少钱？

马志勤：一个工一块钱吧。

张秋财：这可不是那个情况。是得到人民公社才得到两三毛钱。你做一个工，从收入起来，劳动这个粮食奖励多少，从做这个工，由一天三四毛，弄到六七毛，弄到八九毛，弄到一块就行了，你叫人家去也不去了，我有手艺了。我家八口，我一个劳力就下雨天，还怕社员挣。我还有个小偏心。下雨垫羊圈，垫羊圈老汉很怪，垫不好，骂你哩。去了，就给你报酬，其他人，我要不想去，又怕来了交代不了。（垫得不好，垫羊圈老汉会说）"黑夜给我去看去，给我垫下这是个甚"。羊圈在外边，一下雨就是稀的，不垫上干土洒到浮头［上面］，羊就不能休息。这个工下来，就二百八九十分工，就二百八九十块钱。过去那个钱，5分钱就能买个大馍。粮食分了8口的，分了200多块钱，过了2年富裕生活。那会的钱也舍不得花，就高兴得就不行了。

刘：一块钱领了几年？

张秋财：过去一块钱超过现在十块钱。我当队长，你又给人家添不进去。西沟大队在老李、老申这个村上，土地本身没有外头好，叫个沙地栈，沙子太多，一下雨就冲。可是这些个有羊，垫一亩地还有差不多百把斤化肥，大队给你包，叫你都上地去。一年来个千把两千块钱，那会人多，李顺达跟我是队长，他这个人不嫌邋遢，管我一顿饭，他领导起来。都投资弄了地了，就中央那会（有人）来插队来，问地增（产）了，为什么？粪太大，又是羊，又是狗，老申这个村在全大队增了产了。最后产量，那会评，人口多少。都以这个评，为什么好地没打这么多。结果人家对我都有意见了。咱也没偷，也没添进去，都是地的产量。最后，人均分的有分的。你往库上运，又不是你一个人，集体就一户一个独轮车，那会车辆也不算多，送上仓库。仓库那个老保管，这是哪个队的，那是哪个队的，对起来了。要是短的，入库，碰齐就行了，就短也是都短，也不是一家短。那会老李和老申弄个老大仓库院，就这会饮料厂那个院就是西沟大队的仓库院，这一个，南赛还有一个。你要告生产队管理不好管理，生产队还要误工。

刘：*沙地栈那年增产怎么弄的？*

马志勤：老李得了金星奖章回来，成立了这个社的时候，名字就是金星农林牧生产合作社，后来是生产高级社，原先这里不叫个西沟来，西沟是里面老李那个沟里面，这里叫个沙地栈。

刘：*什么时候开始包队？*

张秋财：后来变了不叫当队长，叫包队。不下放就包。这个村，老李、老申没啦包队干部。我这个队长就顶了那个了。后底不叫我当队长了，再选个队长吧，你到这里主事，我说，老李呀，我不敢，我跟老申天天在地，老申一直给我掐石头，老申就要和我垒院。她家条件不用到家。过去封建，老奶奶、老婆，到家做饭，你去挣钱去。男女同工同酬，一般妇女都是七分吧，她是九分。她个子高，垒院，她掐石头，跟我到一个生产队一直动了，农业活老申最懂了。今年有新规定，外头吃公粮的，不准吃低保。这个也好，咱说有文化就行。这会农村就吃了低保，可是咱还有个年龄，55（岁）就要给你个55块钱呢，有个收入，也能解决问题。现在社会好，我过去，这个村属我穷的一户。老李、老申办公费原来中央那是50块钱，要办机要，就那个参考消息，中央都要收哩，过去纯贫农才行。调我龙镇去，我是58年入的党。两个（入党的人）来，南赛小村的，没啦到期就免了他。他跟个老支委，收牲口钱来，他是个会计，中间他就给花了一部分。（后来他）转是转了。58年就转了我一个人。原来老李安排我是（管）报纸，收发室，管收发。县来了（人）到我这吃上饭就走了，过去背个包送了。后来调我到上头，后底不行又叫我下来，下来又到那个沟包了一年队，老侯和小五子生气来。来了坏了事了，不叫走了，当队长。

5. 访谈对象：张天勤（男，1953年农历四月十三生于西沟村沙地栈，曾任西沟村生产小队记工员，林业队技术员）

访谈时间及地点：2013 年 5 月 26 日；沙地栈

访谈者：刘晓丽

录音整理：郭永琴

刘：你们怎么垒坝的？

张天勤：我们垒坝的时候，先砸谷坊坝，砸开蓄水坝再造地，那会人吃得不好，当时那劲多大，抬大石头垒岸了。西沟大队，那会垫地，那个条件差，中央开会，家家观喇叭，响遍，李顺达中央委员。西沟搞建设这条路往上全是山，展览馆就全是山，上边全部是建的，都是李顺达（主政）那会。那会国家对李顺达也很重视，山上全部建的礼堂，上边这楼就都是，全是盖的。当时干还都是集体化，河南是副业专业队，专管盖楼，圈窑，搞基础建设。下面一道沟是地，中间是石山来，硬垫了地。李顺达要是看你村上谁要在地里偷了玉荾了，他下功夫大了，他要查非把你抓住，你要偷上玉荾干甚？抓住以后，就在饭场开会，端上碗给你开会。

虽然李顺达没文化，当时那会对老百姓的地是特别重视，就不叫毁坏一寸寸地，以前说往杏城通火车，就计划搁这走来，老李不同意，这不是搁龙镇两厢走了，就怕毁了咱这地。不叫通火车，通火车就要占地。现在是通到杏城，杏城矿多呗，尽是拉铁矿的。（现在）这不是矿不很多了，长钢也撤了。当时那一年记者来了，（要拍摄）西沟大队从种到收（的纪录片），要一年（时间）给你拍这个经验，当时那会是扛的去，真要把人累死了。在下边一层层的大地挑粪，人家在高处，（不停说）重来，重来。当时在老西沟拍的时候，采访秦周则，他就是民兵教导员，当时咱也穿得破，他把那个黑小襟衣裳叫我穿上，就在老西沟那个十字架，一别石头哇擦就晷下来了，这个镜头。那一年就没种，就是林业上在后背挑苹果了，人家说往礼堂放放吧。人家说数你挑这个担子（有趣），我那会才十六七（岁），挑七八十斤，还挑不动。老后背一溜抢上，他叫你一路抢上，胳膊就光各扭，上坡了，用劲了，一个礼堂拍开了，瞧见我，各扭，各扭，撮开胳膊，撮着手，（看见的人）哇哇喜［笑］开了。后来就没有拍过了，只拍了一年。

老李倾向是以农业为主，不放劳力。如果西沟大队要往外放劳力，哪个厂里都要，他都把人来全部把到家了，以农业为主。为什么这个地区就不算很富了，当时一个家出上一个（工人），这就很可以了，就不一样了，他就是以农业为主，把住劳力。有些干部，本来他都在大队当干部，培养了一回，可以往外边走一走，他不叫出，秦周则当时就是管民兵，池底（张）明朝、秦周则，那弄好了，那两人往出一出，到乡里，各个乡里，至底是个副书记，一时提拔也不低，当时（把人才）都把到家了，把两个老干部都绑到家了。

6. 访谈对象：张朋考（男，1937 年出生于西沟村沙地栈，小学文化，中共党

员，林场工人）

访谈时间及地点：2013年5月27日；沙地栈

访谈者：刘晓丽、赵俊明

录音整理：郭永琴

刘：你在外面当过工人？

张朋考：58年3月参加工作。52、53年在家开始劳动了。

刘：去哪个厂子？

张朋考：初级社时候就是搞林业。58年县里成立一个苗圃，养树苗，县里叫走。

刘：村上让你走了？

张朋考：国家要我，老李也不能卡住。在长治一直（接受）培训，学习技术，每年要有一次。农业局长叫出我去。才18块钱（工资），一个月18块钱。苗圃过去是个国营单位，人员是县里边管，经济是省里边管哩。

刘：苗圃是个什么单位？

张朋考：也是个全民单位，也是个半企业，半事业，过去他有称号是国家苗圃，全民所有。到后底才二十几块钱。三十块零两毛挣了10年。基本上到了工资改革的时候，我的工资才起来，最高的工人工资才90来块钱，这就很高了，过去科级长才六七十块钱。

刘：工资改革是哪一年？

张朋考：工资改革是九几年。

刘：苗圃干完，去哪了？

张朋考：后来转换到县国营林场。平顺县多少公社基本跑遍了，哪个山头高，哪个山头里有我，爬了一辈子山。

刘：什么时候退休的？

张朋考：我编制在林场。从苗圃到林场是两个正式单位。我没文化，没有变动。从参加工作到退休，没有离过场。我是85年退的。

刘：孩子接了你的班了？

张朋考：大儿子接的班。那会还能接班了，后来就不行了。国家规定是60岁，我是55岁退的。照顾了一批老的。老了，身体也不好，回家吧，有这个机会呗。不叫你退，不是还得干。那会形势是老的多，病的多，就是8级也得干。国家有规定，按规定办事。

张妻：他那会人多，就这个林场一共退休了8个。他身体也不好。

7. 访谈对象：李平宽（男，1941年十月生于平顺东寺头乡安咀村，初中文化，

后落户西沟古罗，中共党员，退休兽医）

张志考（男，1933 年 3 月生于西沟古罗，小学文化，曾任西沟村生产小队长）

访谈时间与地点：2013 年 5 月 28 日；古罗李平宽家中

访谈及录音整理：刘晓丽、赵俊明（整理者）

刘：说说你当工人的情况。

张志考：我当了 8 年，我是 61 年回来的。那个时候一直闹病，回了家就一点病也没有了，就这个命。（在）河北石家庄石渣厂（工作），（我）后来（干）收发了，装起火车，我给它收发，工作倒是不错。

刘：怎么出去的？

张志考：那个时候，我那个表哥在（河北）武安沙场，他是在保卫科（工作），我去得晚了三天，早去来就是保卫科（上班）了，去了人家找上人了。后来又去了让我调车了，我说我还会调车了？我就不懂，就是上山上调罐车，给了我两面旗帜，一面红旗，一面绿旗，山上都是矿，他是 6 辆车，3 个上，3 个下。人家告诉我，红旗停，绿旗行。它那个山上放炮，咱没有那个命，我就害怕得不行，那会儿是 45 块钱的工资，也就不低了。后来我又到了河北，那贾厂长是高平人，那个时候我文化不高，没有多住过学校，实际上我过去那点小学文化，我这脑筋好，去了看中我了。那个工会主席是个女的，她看上我了，一直让我当工会主席，她着急想走了，我说我不干那个。我也是一个小资产阶级思想，一个月 29 块钱，我是闹肚子了，29 斤粮食，我还不够吃。那个时候工人粮食是 57—61 斤，工人工资我挣 84 块，我是 8 级工，我说我不干。这个贾厂长说，我做做你的思想工作，你还挣上工人工资，吃上工人的粮食，做这个工作，我说这个行。开工资是半个月一结，半个月 40 块。那个时候工资相当不低了。就我这个文化，还给人家管的事务什么的。

刘：你回来的时候村里困难不困难？

张志考：那个时候吃不饱，1 块钱一个小红萝卜也是买不上，5 块钱一个窝头。我当队长，非得让咱干，干了 9 年，黑夜就不能睡，都得计划好，怎么安排干活。不过那个时候出力，没想到能够活到现在。过去咱发粮票、布票，毛主席主要是还苏联债务，因为打仗借下的债，要 3 年还清。

刘：那个时候咱们的收成怎么样？

李平宽：那会儿那个收成实际上不孬

张志考：咱交十来万（斤），实际上没有那么多粮食。

刘：其实不是自然灾害。

张志考：打得也不少，咱这山区，就是再困难，也能吃饱。

赵：哪一年当的队长？

张志考：67年我还去长治打仗，给了我1支步枪，5发子弹，那以后第二年我当的，我是68年当的队长。

赵：说说你当队长的事情。

张志考：就是光干活，没有政绩。你当队长得带头了，你得先干一步，不是说话了。搞工程，扩大耕地面积，打坝，南赛那一个坝。河滩垫地，都是一担一担担了，后来才有了那个独轮车。

赵：劳力都下地，有没有不愿意下地的？

张志考：反正男女都下地。你瞧我是当队长了，我家里7口人，家里的孩子多，出不去，就我一个劳力（一个工分）7毛8毛，说是一块，得不到一块，下来除除粮款、油钱、菜钱、队里车给你拉煤的钱，一年算下账来，我还倒短26块钱了。

赵：你家人口多啊。

张志考：有父母亲，是弟兄3个一起养活了。我家就是5个小孩，3个闺女，2个儿子，加上我两口子7口人。现在人家这个计划生育，你看好不好，过去不计划生育，她就出不去。现在我那个孙子，两口子前年结婚了，双职工，还想买车，人家就不想要孩子，完了再要孩子，人家嫌费事了。

8. 访谈对象：张虎群（男，1950年生于西沟村古罗，小学文化，中共党员，退休干部）

> 崔秋喜（男，1949年8月生于西沟村古罗，小学文化，退休工人）

访谈时间与地点：2013年5月29日；古罗张虎群家中

访谈及录音整理：赵俊明

赵：你以前是在哪里工作？

张虎群：我在唐山当兵来，后来转业到西安，在804军工厂消防队，在西安待了10多年，离不开家就调回来了。

赵：回来在哪个单位？

张虎群：先是在县消防队，后来到了水利局，开始在汽车队开车，开了一段车，后来年纪大了，到了水电公司干保卫，现在退休了3年了。

赵：老婆在家里？

张虎群：她一直就在家里，两地分居。

赵：当兵的时候多大了？

张虎群：18岁。

赵：那会儿当兵好不好当？

张虎群：那个时候只要检查身体过了，愿意走，带兵的带你走，就能走。当兵的多，68 年我们大队走了 7 个，都是在一个部队，都在唐山。

赵：后来都回来了？

张虎群：后来回来得多，大部分人回来了。当上几年就回来了，有回来得迟一点的，赶对机会了，我这批走的时候，西安市人事科军代表去唐山军分区要人，就把我要去了。有那个走得迟的，正好赶上安排不了工作，陈永贵副总理有个讲话，哪里去，哪里回。有的就没有安排了工作。

赵：你们 7 个人中有几个安排工作的？

张虎群：我们那一年去的大部分都安排了，有很迟的，有在部队提干的，需要赶对机会。有一个是牺牲了，两个人开玩笑，五六式冲锋枪对着身体打，他不知道有子弹。

赵：其他人在哪些单位？

张虎群：其他人，就不算多了，有好几个就不在了，有的在外边，在村上不多。有的不在家，在县里，其他地方都有，不是一年回来，安排工作都不在一个地方，有的在这个地方，有的在那个地方，不一样。

赵：你们平时没事情干，做点啥？

崔秋喜：坐一坐，溜达溜达。咱是老百姓什么东西坏了，我给你修理修理，也有点事干，自己找点事干。

赵：你家是新盖的房子？

崔秋喜：我是 86 年盖的，算是村里富裕些的。我是西沟大队第一座小楼，花了10000 块钱，自己贴了工，贴了料，买的水泥，买的预制板、钢材。

赵：你几个孩子？

崔秋喜：一个儿子，他是大学毕业，上的山大体院，在县里职业中学当老师，他那个儿子都 20（岁）了。两个姑娘。

赵：你这挺好的。

崔秋喜：就我和老伴在村里，他们都在县里。

赵：那时候水利局不错吧？

崔秋喜：刚出去，在村里来就修不起。起码能发了工资，借钱也能借下一些。我刚走的时候一个月 60 块钱，村里一个劳动日 1 块钱，一个月才 30 块钱。

赵：你们工资有没有 2000 块钱？

张虎群：我有，我 2000 多一点。我工龄长，部队上的都算上了，平顺县没有钱，一般都少领 1000 块钱，不给你发。

崔秋喜：我才 1000（块钱），我（的单位）是企业，每年涨百把块钱。

赵：平常打麻将的人多不多？

张虎群：不多，也有，总共有 10 来个，3 个村子里加起来有 10 来个。这个村

174

打麻将的人就不多，有时候一个桌子也凑不起来。

崔秋喜：再一个本身人就不多，年轻人就不在村里，没有几个人，就那么几个老人，有的还不玩。

赵：村里退休回来的人多不多？

崔秋喜：有六七个。

赵：出去的人还不算少？

崔秋喜：嗯，就是"文化大革命"以后出去的，"文化大革命"以前村里不让出去，老李在的时候不让出去，注重人才，自己搞发展，不让出去。大寨陈永贵当副总理的时候，出去一批人。谁当领导也是，需要人才，没有人才就搞不起来。

张虎群：顺达一般不让出去。

赵：这几年回到村里干些啥？

张虎群：转呢，打打麻将，什么也干。只要身体好，心情舒畅就行了。

赵：你有多少地？

张虎群：乱七八糟下来总共也不到两亩地，种点菜什么的。

赵：在县里工作时候也经常回来吧？

张虎群：回来，有时候星期天休息就回来了。

赵：感觉村里好不好？

张虎群：哪个地方都行，只要你自己想开一些的话，哪里也行。我从部队转业的时候，领导就和我说，你回去以后，也不要不动，也不要死动，天天有个好心情，年年有个好身体，月月有个好日子，结果他也死了。这个干什么也是知足者常乐，咱不和上比，和下比，咱以为这样就算不错了，就行了。

9. 访谈对象：张章存（男，1947 年 12 月生于西沟村老西沟，初中文化，中共党员，曾任西沟村党总支副书记）

访谈时间及地点：2013 年 6 月 1 日；老西沟

访谈者：刘晓丽、赵俊明

录音整理：张文广

赵：再往里走，这沟里就没有村子了吧。

张章存：这里头是三道沟，以前都有人。我是在南沟住的了，后来才搬出来。我当青年团［即共青团——编者］书记的时候，还在后边（住）了。这个人的积极性不一样，像我那个（时候），十六七岁，一个人，去了村上开会，我跑 7 里地。

赵：碰见过狼吗？

张章存：碰见过。

赵：现在有没有狼了？

175

张章存：一个狐狸，一个狼，狐狸有十来年没有了，狼也没有了。

赵：这就是那时候打下的坝？

张章存：这个是修路，原先路在这外边了。2000 年，柴书记［柴玉棉，曾任长治市驻平顺县工作组组长，长治市发展与改革委员会主任——编者］来了以后，把那个坝加高，修的这个。这是一条沟，以前没地，都是走水的。有地就是山上那一各条一各条的。这山是石山，石头好了也算，也不是好石头。门前这个路，十天修好的。这都是柴玉棉在西沟修的。

赵：谁家养的这些羊呢？

张章存：我那个老大养的。有二十来只。

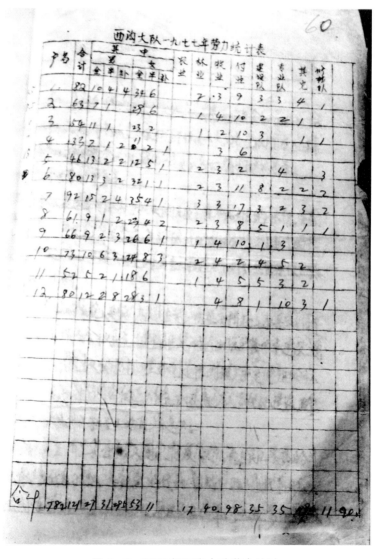

图 4－6　1977 年西沟大队劳力统计

刘：这条路叫什么路啊？

张章存：顺达路。

刘：柴玉棉是个女的吧。

张章存：女的。她来了西沟讲党课，将明［天刚亮］就来到西沟了。党员去了以后，一听柴玉棉讲党课，一片掌声，全是拍手欢迎。讲话也很实际，口才也好。那个人真是特殊。那里头修了个拦洪库，7条沟里修了6条拦洪库。修开以后，把这下边的才变成地。

刘：柴玉棉后来去哪了？

张章存：（去长治市当）发改委主任，去年退了。那是老李来的时候，租的地，就是那一条一条的他从林县来的时候，那是租的老财主的地。一块一块都是坡，种着种着就成了梯田了。这就是那时候修的拦洪坝。这里是老李故居，老李逃荒来，就来的这个地方。这个水库是72年修的。现在是石窑，里面还是土窑。原先是土窑，后来又照它原来土窑那个形状（重修的），为了教育后一代，那土窑都塌了。刚才那人是李顺达家的人［指李才福——编者］，他的爸爸和老李是一辈的。这个雕像是2000年弄的，村口那个雕像是前年弄的。这（雕像上的）6个人就是按照照片弄的，是水泥做的。这儿是老西沟，就是西沟的发源地。那是革命岩，那是血泪凹。那块地是创业田，有3分。那叫南沟，这叫后背，这叫北沟。血泪凹在北沟了，革命岩在后背了。原先在这种了300亩（树），只活了一棵树。以前拍电视都要拍这个了，我就引着他们来这里。这里许多都是柴玉棉弄（的）。柴玉棉思路就高，老顶山就是她弄的，她在平顺工作8个月，井底、天脊山、漂流都是她弄的。柴玉棉来了以后，在西沟住了6个月，在平顺（县城）住了两个月，一共8个月。6个月给西沟干了几件事情。

刘：韩丁是什么时候来的？

张章存：七几年。韩丁［美国学者，著有《翻身——中国一个村庄的革命纪实》一书——编者］是美国的，他来到这两三次了。他在美国当农民了，那就全是机械化，他种了很多地。他今年种了地，明年就叫长草了。种一年，休一年。他种地就不用人工，全是机械化。耕地、播种、收割全是机械化。

10. 访谈对象：张文龙（男，1954年2月生于西沟刘家地，高中文化，中共党员，村委会会计）

访谈时间与地点：2013年6月3日；刘家地家中

访谈及录音整理：赵俊明

赵：你们这一批人就在咱们村里上的学？

张文龙：嗯。就在村里。

赵：你那时候也是好学生？

张文龙：嗯。

赵：你参加过高考吗？

张文龙：没有。

赵：为什么不考？

张文龙：当时我也能出去了，村上不让我出去。当时人家愿意要我了，能走了，大队不让我走，大队干部不让我走。

赵：哪里要你了？

张文龙：去当老师，就愿意要我，但大队不放，那会儿那个是大队说了算。那会我弟兄3个，我是最小，人家说你家两个哥哥都出去了，你不能再出去了，他不让你出去，意思是你不能弟兄3个都出去吧，这样把我卡下来了。

赵：两个哥哥都去哪里了？

张文龙：大哥是南下干部，四几年随部队走的。

赵：老二呢？

张文龙：在长治石油公司。

赵：招工去的？

张文龙：嗯。

赵：老大南下到哪儿？

张文龙：福建。

赵：现在还在呢？

张文龙：不在了。

赵：比你大多了吧？

张文龙：嗯，活着的话80多（岁）了。

赵：家在福建哪儿？

张文龙：福州。

赵：去过吧？

张文龙：去过。

赵：去过几次？

张文龙：我去过两次。

赵：他是啥干部？

张文龙：他是福建省气象局局长，原来还在福建日报社当过编辑。

赵：就你留到村里了？

张文龙：不让我出，我住学校也能住来，那会儿平顺县有个工技班，人家也是

都分配了，学校推荐让我去，大队不让我去。就是说你们家弟兄3个倒出去两个了，你不能出去了，

赵：你是个人才，舍不得让你出去。

张文龙：不是，当时就是说你们家不能都出去吧。

赵：是不是怕人家说闲话？

张文龙：不是怕其他人说闲话，就是干部不叫我出去，硬卡住不让我出去。

赵：就是老李手里？

张文龙：呀，也算，老李那会儿他具体不管，是其他底下的干部不让我去，不能叫你一家都出去，就是嫌你好过，意思是怕便宜你。我有机会，不让我出去。这不是我毕业后在村里劳动，抽的我（当）修水库记工员，第二年赶紧把我弄到大队当会计，拴住我了，想出去也出不去了，就出不去了。

赵：当了会计以后有没有人找你？

张文龙：没有，机会也就错过了。

赵：村里也不错？

张文龙：哎，不错啥，就那都愿意出去。都觉得没保障，你出（去）以后，你是国家的人了，起码有保障。你在村里有啥保障，你能干人家用你一天，人家不用你了，你回家吧，将来没保障。条件好的村给你个补助，条件不好的村，你不干就算了，和个普通百姓一样，啥也没有了。

11. 访谈对象：张明朝（男，1946年农历正月二十一生于西沟村池底，初中文化，中共党员，曾任西沟村生产小队小队长、西沟大队副主任、东寺头乡乡长、平顺县科委副主任）

访谈时间及地点：2013年6月5日；池底

访谈者：刘晓丽

录音整理：郭永琴

刘：说说你在村里具体干了些什么工作吧。

张明朝：我是69年入了党以后，71年进了支委，（当）西沟大队党总支委员那会，年轻人少，好像我是顶初中毕业了，有文化，往里边结合，过去叫接班人，换批老的。老的退下来，"文化大革命"时期，有一部分老的就没结合进去，缺人呀，就是从党员、青年干部里头（充实）。我在队里边，这个老队长张双虎跟我在一处。我那会是双重人物，在队里边有空就要参加劳动，那会队里劳力少，任务多。那会得种地，比现在下本钱大了。学大寨，深刨、深翻。多深呢？深刨，一个生产队一天连3分地也弄不完，刨回去以后，把粪倒上，平了以后，才能种地，不像现在，都用小机器。村干部只要在家，干活就得给队里，你还包一个生产队，这个9队就

是我包呢。这个村和刘家地，这3个村。支委里头，我跟秦周则一直是（负责）民兵。这两人配班了，一直到76年，我到了公社。公社干部也属于机关干部。76年组织部调一部分人充实到公社，我跟秦周则就调出去了，调出来就到了公社。

刘：在公社干什么？

张明朝：在公社当党委副书记，到后来82年才成了乡，乡里也是副书记。在乡下（待）了十三四年，87年以后就到机关，因为病。在羊老岩那个山上，就在天脊山那个地方，工作也很吃苦，给学校盖房。过去能抽烟，抽的也多。得了第一次脑梗，40来岁，嘴也歪了，不会说话了，县组织部就照顾了吧，说你下了机关哇，到乡里边工作也吃力。

刘：县里哪个机关？

张明朝：到了县科委，一直到退休。

刘：退休有几年了？

张明朝：有七八年了，60岁。后来兴五十四五（岁）倒离开岗了，你愿意去了可以去，我骑个摩托车，每天上半天。帮帮忙，科委里头项目多，农业项目啊，我在农业上懂。到地里头搞试验参加参加，到60岁就退了。我是3个闺女，有外孙，现在给大闺女家孩子做饭。

当干部，并不像老百姓说的，叫谁干谁就能干了。当什么就是干好什么。不敢一下蹦那么高，管不了底下的人，底下的人就把你栽赃了。我在村里当个民兵干部，当支委管个我的分支，3个队，觉得贡献就很大，很有意思。一下子弄上我公社去，成了党委副书记了，尤其在那山上，公社也苦，还不像咱这稍微条件也好。尤其当时老李还是中央委员，工作量也大，民兵们也多。在地里干活，领导民兵干活好像这个工作贡献就很大，一去了乡，就无所谓副书记，两三人就行，上头下来文件念念，给支部书记安排安排工作，下乡圪遛圪遛［音geliu，出去逛——编者］。我就不愿回村上，叫你讲话了，弄什么了，牵涉文化，一黑夜一黑夜，坐那里想，开什么会，说什么，幸亏我在农村时间长，也懂得春夏秋冬，跟支部书记还有共同语言，一讲话就脱开说开了，都觉得来这个小张书记，说话挺和气。

12. 访谈对象：牛来有（男，1950年8月生于西沟村池底，初中文化）
访谈时间与地点：2013年6月6日；池底郭广玲家中
访谈及录音整理：赵俊明

赵：你当过小队长？

牛来有：嗯。

赵：哪年来？

牛来有：78、79年。

赵：土地下放以前？

牛来有：那会儿在沟里头来。原来在沟里边住了，现在没有人了，都移出来了。

赵：你哪年移出来的？

牛来有：我比较早。81、82年搬出来的。

赵：咱们搬得早吗？

牛来有：嗯，那会山上都没路，一天就都是全靠肩膀担呢。

赵：出来后你自己盖的房子？

牛来有：嗯，批的房子。

赵：盖好房子才搬出来？

牛来有：嗯，那会儿又没什么补贴。八几年我先盖的简单的房，现在都好了。

赵：搬出来后，不去那边种（地）了？

牛来有：现在都造林了，山上栽成树了。现在社会真是好呀。我小时候就是吃的野菜，那就不用说吃大米、面了。现在大米、面都不想吃，反而吃野菜了。我也记得我在沟里，住过两天初中，泡汤了，一月9块钱的伙食费交不起。

赵：那早了吧？

牛来有：六几年。

赵：六几年一个月九块伙食费？

牛来有：嗯，一天3毛。

赵：初中住校？

牛来有：嗯。

赵：就咱们这中学？

牛来有：平顺中学，那会儿就没有多少学生。在我小时候，女的就不能念书。男的还是能去两天。

赵：你就没念下来？

牛来有：没有，总共念3年，我念了一年多，就回来了，回来在家放牲口。

赵：放什么呢？

牛来有：放驴、马。过去为了挣集体那个工，一个工是一块钱，家里姊妹也多，老人也顾不过来。那时候毕业了，哪怕是个初中毕业了，那个工作就都很好找。识字的人少，不识字的人多。

赵：不念书就一直在队里干活？

牛来有：嗯。

赵：干什么活，农业活？

牛来有：农业。锄地呀啥的。还小了，割点柴火，山上砍的柴火，烧火用，那

181

会儿连煤都没有。在长治，拉个牲口驮煤去，一布袋一布袋（驮），起个早，搭个黑，一天一夜驮回百把斤。带个干粮，你在路上买吃的没钱。

赵：以前就是走了呀。

牛来有：走了。那个路七高八低，河滩石头大，那车也没有。

赵：去长治也是走？

牛来有：也是走，那会儿有个车，路费才一块二，一般舍不得坐车，都是步行去。哪有什么油路，都是土路，还都是石头。比现在，这会儿人们真享福，那时候成天就是肩膀担。

13. 访谈对象：张双虎（男，1930年6月生于西沟村池底，小学文化，中共党员）
访谈时间与地点：2013年6月6日；池底郭广玲家中
访谈及录音整理：刘晓丽、赵俊明（整理者）

刘：您多大了？

张双虎：84（岁）了。

刘：和申主任同岁？

张双虎：嗯。

刘：说说你年轻时参加互助组的事情。

张双虎：47年，参军当兵，开始是河南，后来是河北、山西，就这俩地，49年秋天就回来了。

刘：怎么回来了？

张双虎：打临汾挂彩了。

赵：现在有没有影响？

张双虎：现在腿疼。

赵：哪里挂彩啦？

张双虎：腿。

刘：几等残疾？

张双虎：三等，七级。

就是河南省、山西省、陕西省都去了。那会是解放战争三年，三年一直是黑夜行军，白天睡觉。我那会是工兵，一直是黑夜动作，38旅的。那会是徐向前领导。

赵：回来后能下地劳动不能？

张双虎：回来还能劳动，回来后就参加了高级社。

赵：具体说说那会儿的事情。

张双虎：后来一直当队长了当了13年。

赵：哪年当的队长？

张双虎：记不清了，反正是当了 13 年。

赵：小队长还是大队长？

张双虎：小队长，池底小队的队长。

赵：那会还能正常劳动？还不要紧？

张双虎：嗯，那时候能劳动，现在疼得就不能走。

赵：当队长时就负责咱们小队？

张双虎：上下是两个队，九队、十队。哪个队不行，老李就调我管哪个队。

赵：下地劳动时，各个队干各自的吧？

张双虎：就是劳动，多上粪，多耕作，多打粮食。

赵：当了 13 年队长，为什么不干了？

张双虎：后来土地下放了。当兵回来了，就是在生产队，当队长 13 年，就累坏了。人家上山担一担，咱就担两担，上高山。那时候我大筐子担两担，这会儿不行了。

赵：两担有多重？

张双虎：150 斤。

赵：担庄稼？

张双虎：担粪。就是担呢。那个时候能劳动，现在老了不能干了。这个社会好，过去吃不上，喝不上。现在都是大米、白面。

赵：现在的大米、面也没那会小米好吃？

张双虎：成天吃那个就不行，现在吃什么也不行了。

刘：说说李顺达领你们干活的事。

张双虎：那会跟着老李干活，后来就一直是跟着申纪兰、（张）俊虎。这会儿申纪兰见了我就说大队那会儿的事情，拿小车就送我回来了。

刘：具体说说。

张双虎：见我就送我回来。申纪兰比我大一岁。不错啊，那时候可没想到能活到这个时候。

刘：和你一样大的人是不是都不在了？

张双虎：都没了。就我跟纪兰两个人，那时候大队伤残军人 30 多号人，这会儿就剩下我一个了。

赵：那时候每天干活苦不苦？

张双虎：苦，苦也得干，老李也劳动，咱能不劳动。那时候老李走到哪里劳动到哪里。那时候党员带头，社员就是看你了，你不带头不行。

赵：早早就下地干活。

张双虎：早上 5 点，晚上六七点、七八点收不了工，黑夜白天干活。现在可不行，现在舒服的呢。

刘：那时候挣多少工分？

张双虎：10 分，一天黑了明了，黑了明了，一直在地里，就是劳动。我在太原住了十几年。

赵：干啥来？

张双虎：在太钢打工了。

赵：哪年去的？

张双虎：记不得了。

赵：谁领你去的？

张双虎：我自己去的。

赵：在太钢做什么？

张双虎：建房子，建高炉，建窑洞。就在尖草坪，后来在文化宫看锅炉，看了三年。

赵：去太钢打工下放土地了吗？

张双虎：还没成立大队，集体化之前。

赵：那会还让出去？

张双虎：集体化后就回来了。不回来不行，老李去叫，非让回来了，不让在外边。

赵：那会在外打工比在村里挣的钱多？

张双虎：不多，50 来块钱。还在太谷农学院干了 1 年，也是种地。

赵：那比在村里挣得多了？

张双虎：对。

赵：那就不愿意回来？

张双虎：不回来不行，老李让回来的。回来在屯留种地，当了 3 年队长。77 年时候，往那里移民。我带的 20 多户在屯留种地。

赵：要往屯留移民？

张双虎：最后没移成。

赵：去屯留种多少地？

张双虎：1000 多亩地。

赵：人家那里的地好吧？

张双虎：不用出力，耕地都是机器，不费事。

赵：就住在那里？

张双虎：在飞机场，村上男人去了四五十人。

赵：种地时一直在那住？

张双虎：一直住在那，住了3年。咱们当兵的坚定性高，老李就看中这个。后来土地下放了，也就拉倒了。要是给国家干来，能有点享受，这什么也没有，现在就是当兵这点享受。我是49年以前，部队来了参加了党，后来手续丢了，停了两三年，53年就又参加了党。

14. 访谈对象：王增林（男，1957年1月25日生于西沟村池底，高中文化，中共党员，曾任西沟村党总支副书记，分支书记）

访谈时间及地点：2013年6月6日；池底

访谈者：赵俊明

录音整理：郭永琴

赵：地里来？忙啥来？锄玉米？

王增林：不是，在上面公园做草来，公园里有那个杂草。

赵：等于是给队里锄了？你们干部们出出工？

王增林：是。

赵：在哪里毕业的？

王增林：我是57年出生的。西沟当时有个九年级学校，九年级是高中。

赵：那么年轻就当队长？

王增林：78年3月份上大队，当副会计来。

赵：有没有不想当村干部的？

王增林：我就体验老百姓难当。我中间就找过书记和老申说，不想当（干部）。当时因为我入了党，她就说，你听党话不听？党需要你，你就得干，我当时有会计身份，就到哪个单位破啦破啦［随便干一干］，也能挣上钱。（在）村委（工资挣上）1块、1.5块、2块、3块、10块、11（块钱）、12（块钱）、13（块钱）、14（块钱）、15（块钱）、16（块钱），前年才成了30（块钱），和老百姓一样。2011年、2012年才成了30（块钱）。人家退了，工资高。光说西沟村，南方人来了说，你们条件真差，就是吃个土豆，顶多是个小白菜，连个黄瓜、西红柿都没有，肉也不割。大部分过个年节割割肉。这不就是贫富差别。我是欢迎党反腐。

赵：你身体怎么这么不好？

王增林：我和张会计黑夜在西沟大队，摆两张桌子，（凌晨）一两点也不睡觉，一冬天当副会计给人家算账，忙呢。

15. 访谈对象：马怀生（男，1945年7月生于西沟村池底，初中文化，中共党

员，西山矿务局退休工人）

访谈时间与地点：2013 年 6 月 6 日；池底郭广玲家中

访谈及录音整理：刘晓丽、赵俊明（整理者）

赵：你是哪年出去的？

马怀生：74 年走的。我就走不了来。大队都去兰考参观了，我和（张）俊虎在，我父亲是第一任的支部书记，这个大队是 3 个编村。

赵：解放前 3 个编村？

马怀生：南北 8 里，东西 13 里。我走的时候就是大队民兵副营长，实际上整个民兵工作就是我组织了。74 年 4 月 1 号我正式进的那个矿。

赵：在哪个矿上？

马怀生：就在关帝矿。我走了 12 天了以后，平顺武装部有个副部长叫王福生，开了吉普车去叫我回来了。我走把老李给气坏了，那时候他正在解放军 264 医院住着了，我去了第五六天还看了看他，他还收拾我一顿，说你干什么来了呢。我说，我来看你了。4 月 1 号，正准备种地。说你不赶紧组织种地，你看我干什么呢。我说，我来当工人了。他就说你来当这个工人干什么呀。他有个随从，给我煮了一斤挂面，放了点盐，他就知道我能吃，我就把那一斤挂面吃了。吃了以后，老李就说来了就好好干吧。就留到我那个矿上武装部，培训工人，我就当了教官了。在武装部也是 34.5 块，食堂也是 34.5 块。

赵：比村里多些？

马怀生：那时候村里一斤粮一块钱。他们参观去了，我和张俊虎在家了，我接了个电话，最后补的，平顺已经招 240 号人，去了以后有跑回来的。

赵：去了又跑回来？

马怀生：煤矿工人不好么，平顺没有煤矿，不懂这个，就回来了，我补的。

赵：那个年龄还能招？

马怀生：整 30 岁。

赵：那会儿还招年龄那么大的？

马怀生：现在也是 30 岁，你不管是 3 年合同也好，2 年合同也好，超过 30 岁就不要了。

赵：你父亲让去呢？

马怀生：那会他就不在，去河南兰考考察去了，一走 7 天，回来河南林县，我在家我接了个电话，我就 3 天就办了手续，他还没回来我就走了。

赵：父亲在家的话你就走不了。

马怀生：走不了，大队这一伙只要在绝对走不了。

赵：你是哪年生的？

马怀生：45 年。

赵：退休几年了？

马怀生：退休时间长了，十几年了，我退得早。

赵：十几年了？

马怀生：51、52 岁就退了。

赵：那会让不让接班？有没有孩子接你的班？

马怀生：不接班。没有。

赵：退休回来十几年了？

马怀生：我回来六七年了。97 年我就退了。

赵：退了就回来了？

马怀生：不是，刚退了没回来，退居二线了，退了还在太原待了几年。

刘：觉得村里还是舒服？

马怀生：回来照顾老母亲。去年走了就不想回来了，后来我有一个侄女要嫁，我就回来了，我今年再待上一年。

刘：太原好还是村里好？

马怀生：都不错。

刘：想在太原还是村里？

马怀生：村里边相当不错。这里人很好。我在太原都很惯，也挺好。

刘：工人比机关的人好处。

马怀生：工人很单纯。咱这个农村相当好，政策也好。村上该打工打工，该种地种地。这个企业就没有那么好，企业有些一线工人开个四五千（块钱）、五六千（块钱），当个副队长都要开上万块钱。

刘：在太原几乎每年都要回来？

马怀生：顶多一两次，有时两年也不回来。家里我还有弟弟，他照顾着老母亲、老父亲。老父亲活了 92（岁），老母亲活了 89（岁）。

刘：你几个孩子？

马怀生：一个小子，一个姑娘。

刘：也都在矿上？

马怀生：小子不在，在红旗洗车修理厂。

刘：姑娘在矿上？

马怀生：姑娘在矿上印刷厂。

刘：去太原时你已经成家有孩子了？

马怀生：成家了，有孩子了。

刘：你去了太原，孩子和老婆都在家。

马怀生：后来办户口，87 年才办的。之前就去了，一直没户口。

刘：开始孩子没户口，但一直和你在太原生活？

马怀生：嗯。我走了十来年才去。

刘：你走了多长时间孩子跟上你去的？

马怀生：下放土地以后，孩子和老婆才去的。

16. 访谈对象：张志斌（男，1940 年生于西沟村南赛，小学文化，退休工人）

王金山（男，1948 年生于西沟村南赛，中专文化，中共党员，退休教师）

访谈时间与地点：2013 年 6 月 7 日；南赛房根山家中

访谈及录音整理：赵俊明

赵：咱们村里从外边退休回来的人多不多？

王金山：不多，有三四个，教育上、行政上的都有，还有两个当老师的，和我一样，有一个以前在乡政府来。

赵：没有从工厂退休回来的？

王金山：有，他就是从工厂里回来的，原来在长治淮海厂来。这个有三四个、四五个，加起来有十来个，有些在家里住，有些不在家里住。

赵：你是哪一年退休回来的？

张志斌：86 年吧。

赵：那时候孩子能接班？

张志斌：儿子太小，姑娘接的班。先排老大，老大是姑娘，大姑娘不去。当时有个特殊情况，叫老二去，高中毕业，计划复习复习要考学校，她就不去。吃中午饭她和她同学们在一起，同学和她说你这个机会就这一次，你要不去，万一考不上怎么办。我定了三姑娘去接班，结果老二后来变了卦了，只好让老二去了。

王金山：这个大姑娘就在村里当幼儿老师，临时的。

赵：大姑娘现在后悔了没有？

张志斌：不后悔。三姑娘在太原打工，两口子都在太原打工，在东山部队那里，收废品。小外孙在太原五中念书，今年高考了。这个外孙子，从小在村里，四年级才从村里走，都是他姥姥带大的，这个孩子不讲究吃，不讲究穿，就是爱学习。

王金山：就是我教他来，在村里学习就好，到太原也好，肯定能考上个学校。

赵：都是好孩子啊。

张志斌：好不好，穷家出身，念两天书，出去打工也能多挣些（钱）。

188

王金山：就是打工，人家有文化打工就不用受苦。同样打工，有文化和没有文化也不一样。

赵：86 年就退休回来了，在村里干些什么？

张志斌：退休回来，还有个四姑娘，四姑娘考学校，我在这个川底，就是三里湾那个村，原来是个县铁厂，在那上班，蹬着车子去上班，才把四姑娘供出来。

赵：在那边上了几年班？

张志斌：跑了 2 年，才供出人家来。工资就太低，那时候退休了以后一天 3 块钱，一年 1000 多块钱。这个工资我脑袋里现在记得最清楚了，学徒时候 20 多块钱，学罢徒以后三十二块五，二级工匠三十八块二毛九，三级工匠四十五块一毛一，四级工匠五十三块一毛四，六级工匠七十二块六，七级工匠八十七块一，八级工匠一百零六（块钱）。

赵：你是几级工退休？

张志斌：我是四级工退休的。正好赶上工资改革，交通费这些加起来以后，86 年那时候就是一天 3 块钱，一个月 90 来块钱，记得清清楚楚的。

赵：儿子在哪呢？

张志斌：在太原，也行。人家白手起家，也能顾住他。（他是）厨师，现阶段还行，能顾住他们，就这样情况。我省心是省到哪里了，我已经 70 多（岁）了，人家小两口子都在外头，基本上不用管。剩下个钱还是人家的。不过人家现在这一代人，人家会活。

17. 访谈对象：张申考（男，1938 年生于西沟村南赛，小学文化，退休工人）
访谈时间与地点：2013 年 6 月 8 日；南赛家中
访谈及录音整理：赵俊明

赵：你多大了？

张申考：我 76（岁）了，我在外头工作，退休了。

赵：在哪工作来？

张申考：在长治化工厂。

赵：多大年龄退休的？

张申考：我那时候 40 多（岁）就退休了。

赵：为什么那么早就退休了？

张申考：就是马马虎虎的，我那个单位效益不行，也倒闭了，你们能退休就赶紧退休回吧。

赵：孩子有没有接班的？

张申考：大孩子接了班，倒闭了。倒闭以后就在外边打工，还得给人家厂里交养老保险，到55（岁）退休。你干高危烧电石这类，一年交保险3400元，你交得多，你退休挣得多。

赵：大孩子在长治？

张申考：嗯。

赵：你有多少退休工资？

张申考：我是1800元，我花不了，就是看病太厉害，高血压药，还有其他药。吃不了多少，还能补贴补贴孩子。农村就都是这，咱在外头工作，也是孩子老婆要钱了，要买房子了。

赵：你就一直在这个家里长大，没换过地方？

张申考：没有换过，一进三院，靠南屋就是我的家。我出去了嘛，58年参加工作，就一直在外边住，现在返回来。

赵：这个是问村里人买的？

张申考：不是，就是自己个人的，旧房。

赵：那么早退休回来做什么？

张申考：种点地。前几年还打点工。有时候，咱就不能说这个事情。前十几年，河南的省委书记来了，我碰见了，人家问："你就是西沟人？"我说是。看了看说，这也是老李那时候的成绩，西沟这几年没有改变。

赵：那是哪一年来的？

张申考：前十几年。

赵：前十几年，这些（新）房子还没盖起来了吧？

张申考：嗯。

18. 访谈对象：周德松（男，1956年6月生于西沟村东峪，高中文化，村委会办公室主任）

访谈时间与地点：2013年6月10日；西沟村委会办公室
访谈及录音整理：赵俊明

赵：咱们这边杂粮比较多。

周德松：以前早上就是玉米面疙瘩，还得掺上点糠，它粮食不够吃。中午就是玉米疙糁稀饭或是小米饭，就这两样，最多就是弄点小米捞饭、焖饭。下放以前也是这样的。小时候受罪，咱这个地少，再一个那几年一直受灾，就吃不上。我记得那会儿咱家里人口也多，疙瘩不能整吃，就是分着吃，一个小孩给你半个，给你弄上，就是喝汤了。集体时候是人口分点粮食，工还要分，咱人多没工，人口按一口人是200还是399斤，一个劳力再加上1斤还是2斤粮食。有人口，你没劳力光人口粮食就少，就不够吃。

赵：那时候家里几口人？

周德松：7口人，弟兄5个，我是老大，加上父母。

赵：你家算是大家庭啊。

周德松：现在算是大家庭，有20多口人。我有一个小孙子，我家现在是5口人，他们都是一家4口。

赵：老父亲还在不？

周德松：2006年老父亲不在了，他受了一辈子苦。就他一个劳力，在集体砖瓦窑上工了。还挣的工比较多，没有欠下集体的钱，每年人家都得钱了，咱就是欠几块钱，那会儿分配，一般没有欠下人家的，也没有得上。我十几岁就跟着大人下地。

刚下放那时候挣工资才一块八、两块钱，我还领了农业局半年工资，一个月领四五十块钱，这就很不错了。我也没去领过，乡政府的技术员月底就给我捎回来了，全县有几个人领过差不多一年，后来就没有了。

赵：你没有转成农业技术员？

周德松：咱没有转了，我有本子，不顶用，我是一级，那时候公社的技术员才是个二级。后来人家进修啥的，后来又套改以后，我没有怎么搞，我没有弄它。再一个村上它这个不挂钩，你有个职称它也不挂钩，挂钩来咱就再学一学，咱费上点事就弄上了。我文化程度算是不低的，那会儿大学生、中专生就还少。那会儿村里弄个啥基本都是我弄的，还有两个人就是打下手了。

赵：咱们村集体观念相对好一些。

周德松：从老李流传到现在，咱们对集体都比较留恋，起码说我们这一代人对集体比较留恋，受正统教育比较多。土地下放的时候，其他地方都得交农业税吧，三提五统，都得交，私人出。西沟的社员没有出过一分钱，就是后来修路的时候摊过一些钱，其他都没有出过。承包果园的费用就够出了，以前农业税也没有私人出过，都没出过。就是集资修路，出过3年，要不就多少还留恋集体。周边其他村子，这些都是私人自己出。后来这个，闭路费集体出一大半，私人出很少一部分。后来换成数字电视，以前闭路咱集体出了一年。换成数字电视私人出100多（块钱），余下集体出了。合作医疗，村子出了30（块钱），私人出了20（块钱）。大部分都是集体出。现在有钱了，能给老百姓办点事就尽量办点事，老百姓有了，咱就有了，他不找你啰唆就行了。当领导就是服务，能给解决就给解决，在不违背原则的情况下，能办什么事就办什么事。

赵：咱们集体传统也好。

周德松：改不了。现在都说村了，这个大队早就不行了，84年就改成了村了。到现在还是大队，成天说大队。以前老李那会儿都说就是楼上楼下，电灯电话。这

191

会儿咱们就实现这个了。耕地不用牛，这个是倒退了，这个不是咱这个局部问题，是国家大政策的问题，把大地都分成小地，本来能进去拖拉机来，现在一个拖拉机的轮子也放不下了。要不咱这个下放就比其他村迟一些，那会儿大队就不愿意下放。县里的工作组住到村上动员，非下放不行。都说辛辛苦苦30年，一夜回到解放前，有些地方就是你不下放，也是承包。你种地，西沟集体那会儿也是承包，以产带工，产1000斤粮食我给多少工，肥料投资是多少，一亩地多少粪，那都是算得死的。你用的工多，你就赔了，你就挣不下那么钱。你要是用得少了，可以添得多些。那会儿不叫承包，也是承包的形式，不叫大包，就是小包。有些队人家就能分到一块一毛多，有的队就是九毛多，有些队还有8毛。我统一是一块，按一块算账，你超产了，你就多挣了，你赔了产了，赔了工了，你就少挣钱了。统一一亩地34个工，沟里多3个工，沟里的地比较零碎，用的工多，多给3个工，也是按实际出发。

19. 访谈对象：张章存（男，1947年12月生于西沟村老西沟，初中文化，中共党员，曾任西沟村党总支副书记）

访谈时间及地点：2014年4月20日；西沟村委会

访谈及录音整理：刘晓丽、赵俊明、郭永琴、张文广（整理者）

郭：咱们这地方最早属于哪了。咱们这离哪近？

张章存：壶关、潞城。（这里是）平顺县三省交界地，河南、河北、山西。东北角是河北，南边是河南。鸡叫一声听三省。

郭：咱们这靠的河北哪了？

张章存：河北涉县。河南林县、河北涉县、山西平顺三省交界。我去了忻州，它那也是靠近山西的边界，也是鸡叫一声听三省。现在的王书记给以前的粮食保管当过小助手，记账啊。那个时候一直是那个老保管管，老保管的脑子好，不用记账，都能记得清清楚楚。

郭：那个时候还往外面送粮食？

张章存：送是用上大车，往县里送。你像交30多万（斤公粮），西沟就要交80000（斤公粮）了。就要有个地方保存，在旧饮料厂那里有个仓库。

刘：那个仓库有多大？

张章存：2亩来地大了。房地下都是煤，用来干燥的。

刘：咱这里主要种的啥？

张章存：小麦、大麦、玉米、黑豆、黄豆，都有啊。还有子种。玉米种，金皇后了，还有谷，谷种子。什么也有。早熟的、晚熟的，种玉米、高粱就一季。还种大麦。

刘：大麦是啥？

张章存：我也说不上其他地方叫啥，反正这叫大麦。啥也有。种子一类的，都有。

刘：打下粮食来，怎么样分配？

张章存：打下粮食来，原先，一开始，家家户户给你支多少，交公粮了。你到家里剥下来，晒干，车给你运到粮食局。晒得干，你就交了。晒不干，你就还得到县城住上几天，给人家晒干。才能交了。

刘：得以他那个秤为准吧？

张章存：哦，交多少是人家过秤了。

刘：就是说，虽然是集体的粮食，但是得个人去交了。

张章存：那是一开始。因为西沟没有多大地方，后来了，老李就不了。后来，就是给你分多少，给你弄上。那老李弄个烘箱，给你烘干。比方说，一个人给你500斤，你家有5个人，五五两千五（百斤），就成了你的口粮了。你一个队一个队，他这个好歪不一样，他就要弄这个标准了。100斤能把多少玉茭。他就是按你这个标准给你算了。

刘：这个标准是谁定的？

张章存：大队统一定的。第一生产队，你的玉茭100斤剥了60斤，就按60斤算了。二队，剥了55斤，就按55斤算了。按这个标准，给你折成粮食。最后，不够的，到春天以后给你补。除丢下的玉茭，其余的，就用汽车，给你拉到底下仓库了，都给你装好了。

刘：那个口粮是按照工分给你分了么？你挣了多少工分给你分多少口粮？

张章存：是啊，有人口了，有劳动日了，人口有口粮，劳动日有劳动日粮。罢了以后，老李就不了，就弄到仓库了，又弄的机器，今天是一队，就给你全部打下来，一遭过了秤，就入库了。弄到库里头，装上麻袋，就上了汽车了，就拉到粮站，交公粮。

刘：交了公粮以后，剩下的就是集体的吧。

张章存：可是，除交了以后，集体要留牲口饲料了。下个骤，给你记工，还有奖励，有钱有工。牲口给你发盐，一个月，牛给发1斤盐，一个羊2两盐。这个盐就都在大队那个库，不在下边的那个库。羊、牛死了，得交上皮。

刘：李顺达在的时候，都能吃饱肚子吧。

张章存：70年代之后，就有了水分粮了。意思是他说是60斤，却不会弄到60斤。有些家不够吃了，就来大队借粮来了。

刘：有没有偷集体的粮的。

张章存：没有。

刘：就是没有了，就去借点。

张章存：也有。玉荽快成的时候，有人上山了，到了半山上，弄点玉荽，各揣到身上，到了山上，当时的山上没有什么树，他就放着牲口，烧着玉荽。在一个地里头，拔几个玉荽，那都不是个什么事。

刘：西沟的粮食一直够吃吗？

张章存：西沟从一开始，吃国家的返销粮30000斤了。后来老李就是整地，孬地变成好地，修梯田地，最后西沟就是向国家每年（交）30多万斤粮食。

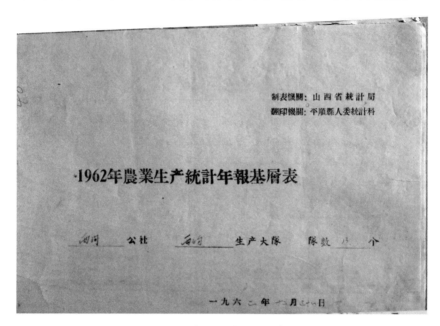

图4-7 1962年西沟大队生产报表封面

刘：到什么时候？下放之前？

张章存：70年代就是33万斤。老李就说，三年灾荒，口粮照常。各生产队弄开以后，晒干，交到粮站。一年交国家30多万斤，西沟还存着100多万斤余粮。那个时候交30多万斤，光国家就七八十万斤，光大队就保存着100多万斤。灾荒年颗粒不收，就从粮仓里取出来给老百姓。灾荒也不怕。毛主席就提的"深挖洞、广积粮、不称霸"，这里就是个粮站了，西沟粮站。哪个乡镇都有。县里是大库，直属库。以前都是以粮为纲了。那个时候，国家对农业也非常支持。以前我就想是4万万人，那个时候吃饭就不很够。现在13亿了，都还够吃。再一个是水稻啊，收两季。

五、集体记忆共忆西沟

【深度论述】

西沟作为合作化时期中国农业战线的一面旗帜，红极一时。那个时代来西沟参观学习的人不在少数，上至国家领导人，下至普通群众，甚至一些外宾也曾到过西沟考察，这在西沟人心中留下了非常深刻的印象。薄一波、朱镕基、姜春云、胡锦涛、习近平都先后到过西沟考察和指导工作，以至于西沟人对于领导人来视察已经习以为常。在与他们访谈的过程中，许多人对领导人的来访津津乐道。但说实在话，如此众多的领导人的考察和指导，并没有给西沟人的经济和生活带来多大的变化，也没有能够使他们摆脱仍旧较为贫困的生活。当然，他们眼中看到的领导人的视察活动也仅仅是些表象，甚至都不算是他们生活中极为难忘的记忆。因为，事情过后，一切还得回到平常，生活还得依靠自己的双手来打拼。

西沟和大寨都是那个时代中国农村的典型和旗帜，两者之间有着千丝万缕的联系。西沟比大寨出名早，陈永贵最初去西沟"取经"时还一直称呼李顺达为李老师，但大寨很快便超过了西沟，农业学大寨时代不断有西沟人去大寨学习经验。改革开放以后，西沟和大寨所走的路子基本相同，但由于种种原因，今日的西沟和当今的大寨还是有着较大的差距。现今的西沟人和大寨人也有过一些相互之间的来往，他们对两个村庄的发展历程与现状的认识都停留在表层。有一点他们是有共识的，那就是，西沟和大寨都代表着一种精神，代表着在那个特殊的年代艰苦奋斗发展自身的一种中国农民的精神。

同样的地方，同样的自然条件，由于所走的道路不同造成的结果迥然不同，是什么导致了这样的结果，我们试图通过西沟邻村的一些村民的讲述来回答这个问题，也想通过对比让人们了解西沟到底是怎么样走过来的。同西沟人的今日的生活相比，与西沟相邻的下井、川底等村的村民过的却是另一种生活。像川底由于此前有带头人郭玉恩，当时和西沟齐名，如今却是另一番景象，村中基本没有企业，村民大部分人靠出去打工赚钱，村民们从村集体基本得不到什么福利，完全是靠自己。其他的村子就更不用说了。尽管在山西乃至全国范围来说，西沟仍然算是贫困地区。但是和邻村相比较，它在当地却还是先进村和富裕村。邻村人对西沟的发展也深有感触，有羡慕、感叹，也有不忿、忌妒，但是作为农民的他们却不多想一想为什么会有这样的结果。

　　有那么多的领导们去过西沟，有那么多的领导们在关注西沟，我们从中选择了几领导进行访谈，让他们谈谈西沟。一些曾经在平顺和西沟任过职的部分老领导与老同志，通过他们对当年工作的回忆，讲述自己亲历、亲闻的生活琐事。他们阅历深，文化层次高，都能全面客观地把握西沟发展的历程。像柴玉棉，作为在西沟发展历程起到过较大作用的平顺县县委书记，访谈过程中她很少说自己，更多地是在强调西沟自身的发展和西沟所体现出的一种精神。像常福江曾在西沟工作过多年，对西沟在那个时代的发展历程和李顺达的人格精神讲述得生动活泼，极具启发。长期关注过西沟的李立功、胡富国等省级领导，在他们口中，更多的关注点是在西沟艰苦奋斗的精神和后来的带头人申纪兰的人格魅力，作为省级领导，他们需要考虑的事情太多了，对西沟这样一个小村庄，自然难以说出多少来。

　　专家学者评说西沟部分，笔者力图通过一些专家学者的讲述来综合、全面、系统反映西沟的历史发展脉络。作为专家学者，其与普通人不同的就在于看问题能够基本撇开个人情感、政治干扰去客观评价和分析事情。他们对每一事件、人物的分析不仅思路开阔清晰，具有很强的逻辑性，能做到层次分明、鞭辟入里、切中要害。作为本书的一个重要组成部分，我们在采访人选、材料整理、筛选以及史实核对上都做了大量的工作，尽可能使所选材料能够充分、客观地反映历史原貌，使广大读者能够透过种种现象去品读和认识西沟，对西沟的过去、今天是非曲直进行审视的同时能够多一分思考。《西沟村志》的编写者张松斌从他所研究的角度详细介绍了西沟的发展历程，个中缘由耐人寻味，同时对西沟发展历史上存在的一些问题，他也从自己的角度做了解读。在宣传西沟中作出重要贡献的新华社记者马明看来，就是在今天，西沟和李顺达也应该得到宣传，其精神也还值得后人继承和发扬光大。作家刘重阳则从地域文化研究的角度探讨了西沟和李顺达为什么会出名，一方水土养一方人，正是因为西沟环境太恶劣，除了艰苦奋斗没有其他办法，正是那种艰苦铸就了李顺达和申纪兰这样的劳模，也正是在劳模的带动下，西沟才有了它的辉煌历程。历史学者高春平分析了互组合作运动和西沟精神能够在西沟产生的原因，并且从共同富裕的角度对其做了深入的探析。

　　是的，在那个年代西沟确实是共和国农民群体的一个杰出代表，是中国农村的一颗璀璨的明珠，但是在改革开放之后它却消沉、沉寂了，对此我们有许多人不禁要问为什么，我们希望通过专家学者的讲述来回答这一问题。是贫瘠的水土也制约了它的发展，还是其他原因阻挡了它的发展？仁者见仁，智者见智，总的来说，相比过去的西沟，今日的西沟是落后了，西沟的明天会是什么样子，西沟发展的方向是什么，这些都值得我们深思。

（一）西沟村民眼中的领导人

1. 访谈对象：张仁忠（男，1952年6月生于西沟村南赛，中共党员，村监督委员会委员，初中文化）

访谈时间与地点：2013年6月10日；西沟村委会办公室

访谈及录音整理：赵俊明（整理者）、刘晓丽

赵：说一下你见过的来西沟领导。

张仁忠：胡富国那个人好说，也豪爽，"父老乡亲们，朱镕基总理来看望大家了，大家欢迎。"大家（就）都拍手欢迎。

赵：大家也出去看？

张仁忠：是，胡富国来过好几次。他在这有个绿化点，来栽过（几次）树。

刘：有没有给过实际的东西？

张仁忠：说不上来。平顺县提水工程（是）胡富国（给）弄的，总投资三百几十万元，省里拨一部分，市里拨一部分，县里也拨一部分，县里可能就没有出钱。西沟村出名早，对年纪大的人都有影响。习近平（来时）开座谈会，说："西沟是我一直向往的地方，从小就听说过这个地方。"

赵：座谈会你们都参加了？

张仁忠：参加了，有些人参加。几个年轻的维持秩序，在村口配合公安，抽出一部分人，村里安排开的座谈会。安全也很重要。

赵：朱镕基栽树的时候，你去了没有？

张仁忠：在东峪沟（的）岭上，我不在，原先的（村）林业主任和上的山，其他人陪同去的。后来胡富国（来）栽树，我就都去了。

赵：东峪沟的树林大不大？

张仁忠：树大就数老西沟，栽树最早就是辉沟，五几年就在坡上开垦梯田，开荒地、栽树。后底就是弄成鱼鳞坑栽树，再后来就是松子播，漫山遍野，一开春，天一下雨，地里不能干活，就组织社员到山上播树（籽），地里不能干活，每天生产队领上松子就上山种树。经过几十年集体绿化，山上都绿了。

2. 访谈对象：张丑则（男，1946年农历七月十二生于西沟村古罗，小学文化，村民）

访谈时间及地点：2013年5月28日；古罗家中

访谈者：刘晓丽

录音整理：郭永琴

刘：领导人来了见过没有？

张丑则：朱镕基来，（我）见来，（他）在东峪沟栽了一棵树。大队组织，叫各个队的人都在一处栽树。就在那里栽了一棵树，等于见了人家了。他说了几句话，栽了半个多小时。省里（领导）、县里（领导）陪同，大队（的）人在远处能瞧见。习近平来过，村上人基本上没见，大队干部都见了。

（二）西沟与大寨的交流

1. 访谈对象：张章存（男，1947 年 12 月生于西沟村老西沟，初中文化，中共党员，曾任西沟村党总支副书记）

访谈时间及地点：2014 年 4 月 23 日；老西沟家中

访谈及录音整理：刘晓丽、赵俊明、郭永琴、张文广（整理者）

张章存：那几年参观的比较多，光参观的人，一天从将进［刚进来］的石门，那个车一个挨着一个，着［停］到西沟乡政府往下的路上，着得满满的。西沟是 17 个支委，17 个支委全部出来接待。那个时候，我就（管）接待了。

图 5-1 李顺达与陈永贵

赵：哪一年来参观的人最多了？

张章存：70 年代最多。64 年以后，农业学大寨了，大寨和西沟（出名）相差 20 年，大寨在后头。以前，出国去苏联考察啊，那都是李顺达。64 年大寨遭灾以后，陈永贵才起来。陈永贵来一直是叫李顺达李老师。西沟比他早（出名）20 年。从 63 年开始，西沟亩产就到了 401 斤 2 两，到了 65 年还是 66 年，西沟的粮食亩产就上了601斤几两了，报纸上登的就是《石板上种地过长江》。那个报纸上就有，我还见了。

老李从五几年开始，就一直打坝。西沟到川底有七八里地，垒开坝以后，就弄成梯田。陈永贵叫李老师，（说）你这窑洞好。大寨不是一直着水冲了，我把你这个弓形坝（用上）。他就一直叫李老师。贾进财也来了。

刘：郭凤莲是哪一年来的，来过几次？

张章存：来过两次。前年还来了一次。郭凤莲比我大两岁，快70（岁）了。那个时候，郭凤莲是大寨铁姑娘队队长，贾存锁是团支书。

2. 访谈对象：宋立英（女，1930年农历十一月二十八生于昔阳县大寨村，中共党员，原大寨村妇女主任、党支部副书记、山西省妇联副主任，山西省劳动模范）

访谈时间及地点：2014年11月15日；大寨村家中

访谈及录音整理：刘晓丽、赵俊明、郭永琴（整理者）、张文广

刘：我们想做个西沟口述史，您去过西沟没有？

宋立英：去过，去了一次。零四年来还是零几年来，记不得零几年了，去来。申纪兰，我还和她做了十年伴了，（在）山西省妇联，她是主任，我是副主任，73年到83年。

图5-2　课题组在大寨访谈宋立英

刘：你去西沟和谁一起去的？

宋立英：我们都去来，就是党员，村委会组织去来，就是（贾）海文带队

去来。

刘：以前有没有和陈永贵到过西沟？

宋立英：以前没有，去西沟就是零几年来，我们这儿的党员们都去来。

刘：我看西沟修的房子也是学咱们大寨新农村这个。

宋立英：你看它也是一层一层的，这会都修得很好了。

刘：你去的时候，他们房子修起来了？

宋立英：有了楼了，也是这小二楼了。

刘：你去了申纪兰的新房子盖起来没有？

宋立英：对，我们去了是十几个人，15 个吧？光我去看了看她那家，她没让我们那一大批人去。

刘：李顺达带人来过大寨，你见过没有？

宋立英：展览馆都有了，申纪兰还照过相。申纪兰后来就没有来过了。大寨是冷落了十年。那会，杨贵、申纪兰，俺们都在一起开过会。那会大寨冷落的十年，那会杨贵和申纪兰来过。

刘：记不记得李顺达来大寨的事了？

宋立英：那会来的时候，就是跟陈永贵参加接待，那会就是上山看看。申纪兰来了没有，记不得了。李顺达不是比大寨还头〔早〕呢。咱是没去他那里，他那里不是很苦？他后来不是去省里了？那会是在陈永贵家吃饭来？来的人不多。申纪兰应该是来过，来过好几回。可能她就是跟李顺达一起来的。他就是看了咱这七道沟，七沟八梁。那会我没有跟他们相跟上转，那会就是陈永贵跟他相跟上转来，我倒是没有陪上她转。这印象就不是很深。

刘：陈永贵和李顺达两个劳模前头很好，后来不好了。

宋立英：对。后头李顺达是来了两回。后头不知道是咋来，（关系不好了），也可能是陈永贵去了北京了。

3. 访谈对象：贾存兰（女，1950 年 2 月生于昔阳县大寨村，中共党员，初中文化，原铁姑娘队成员、大寨村妇女主任）

访谈时间及地点：2014 年 11 月 16 日；大寨展览馆

访谈及录音整理：郭永琴

郭：您去过西沟没有？什么时候去的？

贾存兰：去过。我是零几年去来。就去了一回。记不清什么时候了。

郭：和谁一起去的？

贾存兰：就是村里的全体党员都去了。

郭：咱们当时党员有多少？

200

贾存兰：三十几个。

郭：去做啥来？

贾存兰：就是去西沟学习来。看人家，去看了看西沟那展览馆，看了看申纪兰。跟上在一起走了走，看了看，看了看旧村，看了看新村。

郭：金星峰那会修好了吗？

贾存兰：修好了，没有上去，都在道前来。

郭：去了多长时间？

贾存兰：走了两天哇，在晋城住来。去西沟看了，去了皇城相府。

郭：先去的西沟？

贾存兰：先去西沟来。就是早上六七点钟走的，去就晌午了。

郭：在那里吃饭没有？

贾存兰：吃了。申纪兰（带着去）饭店，人多。

郭：申纪兰跟着去没有？西沟村里还有谁去了？

贾存兰：去来，还有她（村里）那书记，县（里）那书记。

图 5-3　大寨人来西沟

郭：热情不热情？

贾存兰：热情，叨瞎［聊天］了叨瞎。

郭：除了她，西沟还有别人跟着咱们参观没有？

贾存兰：没有。去展览馆，都看了。看了时间不短了，看了展览馆，又去饮料厂，饮料厂看了看，旧村、新村都看了。

郭：您觉得和咱们村比较怎么样？

贾存兰：搞得不赖。

郭：西沟有来咱们这里的没有？

贾存兰：有过，年轻时候，这李顺达、申纪兰都见过。

郭：西沟人第一次来的时候，人多不多？

贾存兰：不多。他就是那些主要的人。

郭：这两年来过没有？

贾存兰：这几年来过，断不了来。（申纪兰）岁数也大了，80多岁了。

郭：申纪兰来了也说说话？

贾存兰：来了跟凤莲相跟转转，看看。

郭：西沟别的人来了见过没有？

贾存兰：不见。就认得申纪兰，她是名人。

郭："文化大革命"时候，西沟来的人在哪里住？

贾存兰：县城里。咱这里盛不下那么多人。

郭："文化大革命"时候来人参观，一般吃点什么饭？

贾存兰：平常就是河捞、抿格斗、撒撒、小米稀饭、窝窝头，弄上点咸菜。

郭：那会来学习一般是几天？

贾存兰：两三天。人少了旅行社（住着）也行。

郭：去了西沟看了他们的房子怎么样？

贾存兰：好，净两层楼了，跟咱这家（格局）不一样，差不多了。申纪兰说，村民全部进了小二楼以后，她是最后一个进的。

郭：去申纪兰家了吗？

贾存兰：去了，她家可平常了。她家的（照）相可多了，从第一届人大一直到现在，不是人也多，转了个圈。

郭：去老西沟来没有？

贾存兰：去来，就是原来的老村，没几户了，基本上都搬出来了，落两户老人了，也是土窑。俺去（路）人家就都弄好了，里头树多，也是不容易。基本上跟咱这里也差不多了，这地理条件甚了，都是可不好了。咱这里不是也是，那会的老话，"山高石头多，出门就爬坡"，他们也是。她哪儿也是，除了山就是沟，也是地理条件可差了。

4. 访谈对象：李海滨（男，1972年9月生于昔阳县大寨村，中共党员，大专文化，曾任大寨村村委委员，现为大寨镇驻大寨村干部，兼任大寨村团支部书记）

访谈时间及地点：2014年11月16日；大寨村村委办公室。

访谈及录音整理：刘晓丽、郭永琴（整理者）

郭：您去过西沟没有？

李海滨：去过，2009年的时候我们村里组织我们全体党员去西沟参观新农村建设。

郭：您给我讲讲具体的情况吧。

李海滨：2009年的6月份，我们村里面的领导提出来要走出去看一看别的先进村是怎样发展自己的，学习学习人家的经验，然后回来建设我们新大寨。那时候，我们村委会有20多位党员，在我们副村长和办公室人员带领下，一起到西沟参观了一下。参观了一下西沟的教育基地，到西沟的旧村，去参观了西沟人当年怎样建设新农村的。特别是西沟的核桃露厂，我们还去里面参观了一下。我觉得西沟的经济模式和我们大寨有很多共同的地方。都是山区，发展以农业起家，发展经济。农业这一块，都是山区，土地不平整，都是沟，那个地方他们主要种的是经济林，像我们种的就是观赏林，搞旅游。他们是种核桃呢，他们山大，而且面积比我们大。我们这边是山小，小山村，丘陵地带，地也没有多少。现在我们村就800多亩地，他们比我们大得多，好几倍。

郭：您去了西沟有什么直观印象？

李海滨：怎么说呢？平顺那个地方和我们昔阳这个地方还不一样，平顺好像在那个沟里边，都不平，和我们昔阳县城还不一样，它那个条件真的说了比我们这边还要艰苦。他们那边建那个绿地、广场都是在那个坡上面做的，建设得挺不错，也挺干净，环境整治得也很好。但是我觉得是，他们那个地方要走出去，就是说做企业。在山区里面，他弄那个地和我们也差不多，挣不了多少钱。我去了西沟的那个展览馆，我进去看了一下，西沟人民和我们大寨人民是一样的，都是一个时代的人，有很多共同的地方。都是自力更生，艰苦奋斗，战天斗地，一步一个脚印走过来的。他们的精神和我们的精神都是相通的，有很多共同之处。西沟人民也特别不容易，那个地方自然条件也不行。总的来说，我觉得说西沟就是说我们大寨，说大寨就是说西沟。现在这几年，包括我们郭书记也好，包括申大姐也好，现在这几年都是搞经济，搞开放，村里的集体经济富裕了，村民的收入也增加了，现在的生活是一天比一天好。

刘：去了是申纪兰亲自领着你们参观的？

李海滨：对，申大姐80多岁。2009年我们去的时候，80岁了。我们提前打了个电话，她就在那里等我们。我的第一个印象是穿得特别朴实。就是那个土布做的那个衣服，和咱们里面那个衣服，不能说是衬衣，土褂子，白粗布做的那个褂子，一看就是一个非常朴实、踏实的农家妇女，和我们村里面的老劳模宋立英她们就是姐妹关系，互相姐妹相称。中午在县里面，她们招待我们，我们聚了聚，还吃了点饭。下午我们就回来了。

刘：申大姐口才还是不错的。

李海滨：我觉得吧，包括申大姐和我们宋立英，她们这些老一辈，她们说的那些话，比如说，党叫干啥，就干啥，听党话，跟党走，素质高，思想高，境界高，觉悟高，她们的话里话外都时时刻刻保持着政治的敏锐性，我觉得他们一般对经济不怎么说，一般对党的事情一直说，就说党叫干啥，就干啥，听党话。我们发展到现在这个程度，都是跟着共产党走的，一路走过来的，弄好的。她们不强调自己个人的能力，强调组织对她们的帮助和关怀。

刘：你就去过一次？

李海滨：对，就去过一次。西沟也是在搞旅游，我觉得他们的旅游有局限性。他们的文化内涵没有我们大寨的深。他们主要是教育基地，也是通过这个展览馆的形式向游客开放，游客也不是很多。我觉得她们这个旅游还需要再进一步做大做强。今年我还去了一次汾阳的贾家庄，汾阳的贾家庄也和我们大寨是一个年代的，他们这个旅游也是局限在教育，就是说思想政治教育这个方面，教育基地就是说从过去的艰苦岁月到现在的幸福年代，总的来说它没有什么特色，都差不多。一个是中央领导人来他们地方的参观、访问、学习啥的。

图 5－4　西沟学大寨报道

郭：申大姐来的时候你接待过她没有？

李海滨：申大姐来了很多次，都是我们郭书记接待的，村委会有几个人，轮不上我接待。就是说在西沟的时候还可以说是具体接触过，来了大寨村没怎么具体接触过。总体来说，比较健谈，身体特棒。郭书记和申大姐她们在一起一聊起过去，就特别有感情，特别有劲。我们上次去的时候，他们说是申大姐也退了书记了，新

204

培养了一个年轻人。

刘：她一直是副职。书记换了一个，以前也是年轻人。

李海滨：那时候还给我们看了一个纪兰核桃露，我们还喝了一些纪兰核桃露。我们大寨也是核桃露。我就说两个村子有太多相似的地方了。

郭：去老西沟没有？

李海滨：去了，看了看李顺达那个塑像，村子里面，我觉得他那个旧村吧，改造得，还是原来的风貌，也没有成为旅游区。不像我们这个，我们这个就是正式的旅游区，我们这个是小家碧玉嘛，能够绿化的都绿化了，能够精致的都精致了。每年在环境整治，新农村建设这方面每年都投资。

刘：大寨比县里、镇里名气都大。

李海滨：我觉得大寨还能建设得更好，还能建设得更美，现在我们就是思想还放不开。我刚才说，西沟和我们大寨都是山区，就是地方不大，要想走出去就必须像华西村一样，做大做强。观念确实需要放开。像我们村子这几年，发展不是很快。

郭：咱们村年轻人对西沟精神、大寨精神、太行精神怎么认识的？

李海滨：怎么说呢，我们村里面的村民基本上就是说生在这个地方，长在这个地方，出去的次数太少了，包括我在内也是。我要不是有集体组织活动，我也去不了西沟。因为我们村的村民情况就是每天都上班。因为他都没有什么事，村里面集体补助把楼房盖起来，住进去就行了，也没有什么乱七八糟的事。基本上每天在上班。村里面的村民有工作牵扯着，也没有时间去旅游。也没有放一个月假，出去旅游，没有这个。

郭：咱们组织学习太行精神什么吗？

李海滨：现在这个形势吧，我们这个党员学习倒是挺多的，每年都有。而且我们这里是教育基地。郭书记回来给我们传达传达会议精神，来了上边的给我们传达精神，经常开会，今年又组织群众路线活动，我们党员可以说是经常不间断地学习吧。

5. 访谈对象：李怀莲（女，1960 年 9 月生于昔阳县三都村，中共党员，初中文化，大寨村妇女主任）
访谈时间及地点：2014 年 11 月 16 日；大寨村家中
访谈及录音整理：刘晓丽、郭永琴（整理者）

刘：你说说大寨和西沟交流的情况吧。

李怀莲：那会郭书记说咱去看看，要不了咱钻在这大寨，光知道咱，也不知道别人是什么，你说咱都去西沟，西沟是农村，咱也是农村，咱去互相学习学习。那会咱就知道有申纪兰大姐那种精神，李顺达跟咱陈永贵书记那会都是好关系，下来以后申大姐跟郭书记也都是好关系，再就是看看农村发展，想探讨一个新的模式，引上咱这的党员去。通过参观学习，我感到，中国农民的这种朴实的精神，不管是西沟精神，还是大寨精神，还是吕梁精神，据我自己认为，都是咱中华民族的一种传统美德，都是艰苦奋斗的这种精神，艰苦奋斗，自力更生，改变生存，这种拼搏的精神。去看了看申大姐那个农村也是可苦了，跟大寨一样。也是都是山坡圪梁地，那会都是栽树，大寨人不是也是栽树，都是为了生存，为了改变自己家乡这种贫穷落后的面貌，我认为都是一样。通过学习，党员们也是感受很深，都说是你看不靠自己的双手去改变，这种面貌就不会变，所以说是咱还得回来干。回来以后通过学习，看了看别人发展得也都挺快，咱也得变呢，这不变也不行，党员干部一致认为。郭书记都给分了工，有的在企业，有的在农村，像我就是主要是在农村，搞妇女工作这一块，配合咱旅游业宣传了、接待了，反正俺这农村干部不分分内分外，甚也干，多少年都是这么过来了。你说从 92 年到现在，二十二三年了，这也是赢得了大寨百姓的认可，不是三年一选举，总得老百姓在你头上画了圈，选上你才沾［行］哩。所以咱也是一步一个脚印走。

俺那郭书记也是经常教育咱是要做三种人，要代表好三种人的形象，代表好共产党人的形象，代表好大寨人的形象，代表好中国人的形象。人家教育咱，咱就听人家书记，在郭书记身边也多，所以也学到了很多东西，也深受感染，就是说从这点点滴滴的事，向人家书记学习，只有这样才能服务好老百姓。特别是申大姐，我在她身上看到了一种朴实的精神，现在生活好了，你看她还是那么简朴，家跟老百姓也一样，也没有住什么高楼大厦，永远保持着咱中国农民的这种传统美德。我认为这也是年轻干部应该学习的，咱不能说是生活好了，就把这艰苦奋斗的精神忘了，我认为这种精神不管到哪儿，人总要有一种精神，要活出个样子来，不能就稀里糊涂，明了，黑了，黑了，明了。总得有一种拼搏的精神，包括咱现在回来加班加点做点什么，这也是一种精神，也是大寨精神的延伸。你回来就吃了睡，睡了吃，我认为这也不是大寨精神。包括咱自己的子女，靠自己的力量，靠自己的拼搏，去奋斗一份事业。

我不是前些天去平朔来，开平朔精神研讨会，申大姐没有去，她那秘书去了，刚好我跟她住一个家，也是探讨现在村民的生活，现在的分配。反正我认为咱这新一代的干部有必要把老书记原来的这种关系延续下来，我就跟她共同探讨，怎么样咱这农村也是自己发展一种新的模式，适应改革开放，老百姓致富，你不管怎么说你得致富一方百姓，百姓手里有了钱，生活质量提高了，你这才是好干部。咱也不能光管自己，老陈书记那会就说是，干部富起来容易，群众富起来难，咱就是想法把群众来带一带。你说我作为这妇女主任，带动这大寨妇女，妇女们以前传统就是靠天靠男人吃饭，自己在家里就是光维持这一家。现在这妇女可不是了，大寨的妇女都走出了小家庭，参与了咱的企业管理，方方面面，你看那早上七点半左右八点多，不管男的女的，都是跑着忙，忙忙碌碌的。所以在大寨村没有闲人，说闲话了，拉家常了，打麻将了，这会根本没有，一派正气，可以说是正气战胜了邪气。我就鼓励她们，特别是咱有一些活动，你说现在这吃好穿好，我认为也不是好，书记也说了，这也不是好。咱这精神文化方方面面都得好，所以说是鼓励她们，你说天暖和的时候，五一以后，国庆节以前，晚上、早上出来健身娱乐，提高咱的精神风貌，你不能说是光坐那里不动，这也不行。然后参与社会的发展，比如说是三八妇女节了，搞一些活动了。再一是七一、国庆节配合旅游业搞一些娱乐活动、健身。所以大寨妇女，有一种向上的正气。咱一搞这活动反正是都要出来了啊，刚开始嫁到大寨这媳妇，还有点害羞，不愿意参与社会这活动，我就给人家做工作，我说："不怕啊，咱出来，不能跟你们那村一样。"她们在那边远小村村都没有那些活动，我说来大寨就要适应大寨这一大气候，咱都走出来，不怕，比如说搞三八节，人人都跳，都参与，我给她们搞活动，三跑虎头山，年轻的分年轻组，中年的分中年组，这不是才能比出来。踢健美球、跳绳，都能，有啥害羞，不会咱就学。

你看现在大寨妇女跟其他妇女确实是都不一样，精神面貌都不一样。特别是咱们鼓励她们在卫生方面、料理家务方面，都得跟上，作为一女同志脏兮兮的，这也不是一种风貌。回家咱是整好家，工作岗位干好咱的工作，点点滴滴。咱这山区农村发展起来也有难度。包括咱大寨，现在搞了这么多企业，它也是有上的，有下的。企业都有它的生命周期，有上、有下，不管怎说，这几年都是拼搏，坎坎坷坷地走过来了，就大寨这趟，你看这人均收入一万七，集体经济总收入是 4 个亿。反正我认为作为一中国农民也很自豪。每年来的游客也不少，30 多万人次，来看看咱这家，看看咱这穿，可眼气〔羡慕〕呢。你们这是农村，根本又不是农村。

我也认为作为一个大寨人非常自豪，那么咱就要把这种精神延续下去，传给咱的子孙后代，咱都得有奋斗的精神，生命不息，奋斗不止。这是一方面。再一个方面是，引导咱这妇女，学一个一技之长，这人跟人不一样，比如说有的人善于演讲，到旅游公司做一个讲解员，有一定收入。还有的人不善于表达，那么咱村里面有农业组、卫生组，反正人人都参与劳动，个个都有收入。再一个咱还有一部分妇女同志都搞旅游业，配合开家庭饭店、家庭宾馆，这些收入也非常可观。不过也很辛苦，比如两点半咱要下去上班了，她们还没有吃午饭，挣一个钱，也确实不容易，但是在家里不出去也能挣下钱，我认为也很好。来的人不就说了，你们在家就能挣下钱，可眼气俺哩。人家还得背井离乡，那不是扔下孩，留守儿童，出去打工才能挣下钱，咱这不管怎么说咱在家里，加工加工黄金饼，加工加工煎饼，这加工加工，玉米加工加工，都能变成钱。我认为这就是老一辈给咱留下的一种名气，一种财富，咱得把这种财富利用好，在宣传大寨精神，致富百姓的同时，咱也把这种精神和这种文化延续下去。因为，大寨主要是要发展大寨文化，挖掘大寨精神的内涵，你要是实实在在地看，咱也没有什么好山好水。咱就是把这种精神，老一辈咋地改天换地，咋地通过自己的双手变成现在这样来，给咱延续下去。因为天下农民是一家，咱跟西沟、跟申大姐也要经常走动，像走亲戚一样走动，把好的模式，共同交流。另外咱就是服务好，积极配合好郭书记的工作，把大寨的各项事业再往上做一做，跟申大姐、西沟村，咱都是保持一种联系，互相学习，取长补短，把申大姐的精神、大寨的精神，还有是咱这吕梁精神、右玉精神，都是咱中华儿女的精神，咱把这种精神传承好、学习好、发扬好。

6. 访谈对象：杨巧莲（女，1971 年 10 月 6 日生于昔阳县南峪村，中共党员，初中文化，大寨展览馆讲解员）

访谈时间及地点：2014 年 11 月 16 日；大寨展览馆

访谈及录音整理：郭永琴（整理者）、张文广

郭：你去过西沟吧？

杨巧莲：那是 2008 年［应该是 2009 年——编者］的事了。都是去参观，学习人家。咱这不是互相学习。本来那会李顺达跟咱大寨这关系都很好，李顺达比咱还（出名）早哩。本身这都是一种精神，这种精神真是带动整个中国了。那会，你说是在困难时期，咱中国人正是需要这种自力更生、艰苦奋斗的精神，你没有这种精神根本不行。这是中国的魂，你们想想越是改革开放，越是时代发展，历史进步，随着物质文明的提高，越需要这种精神。这种精神，它将是一个民族赖以生存的支撑。

郭：来了大寨就感觉到精神的力量。

杨巧莲：我不是说，大寨精神包括是，作为讲解员，每一个客人来了大寨了，你必须以饱满的精神出现在这游客当中，以饱满的情绪，饱满的精神，去给人家讲解，让他们感悟到咱这种精神，了解咱大寨，让他们带来更多的游客。

郭：你们去了西沟，和西沟人也交流了吧？

杨巧莲：那回去就是参观了一下，申纪兰带上俺们吃了点饭，出来吃了点饭。人家就是这农民，可淳朴呢，穿的衣裳好像是旧了哇，旧衣裳，反正就是可淳朴了，我感到这种精神值得咱学习。说话了咱不是也听不大懂。看了人家，那个村也是在沟沟里头，也是在石头坡坡上建起房来，也是真不容易了。我不是说总得有付出。你看树栽下那些些［多］。咱都看着人家了。感到有时候，互相学习，因为咱年轻啊，就得向人家这老党员、老领导们学习哩。

208

郭：就是去看了看展览馆，申纪兰跟着去了吗？

杨巧莲：看了看人家的展览馆，她给介绍，里头有讲解员。郭书记那回没去，村里头领导们去来。

郭：咱们村党员去了多少人？

杨巧莲：有二十大几三十人。因为都是搞旅游的，因为旅游是支柱产业，所以就出去学习、借鉴人家这好的东西，人家那种精神值得学习。

郭：老西沟还有人住吗？

杨巧莲：有，俺反正去看了看建起的家什么，都去看了看人家。有时候咱就想到了嘛，不说它现在建得咋样，因为它是个山区，本来这地理位置就限制死了。主要是一种精神，物质方面和精神方面不能相提并论。所以说不能说是这地方它是什么，只要有一种艰苦奋斗、自力更生肯干的精神，什么地方也能住人，人去改变它。

郭：西沟还有哪些领导参加接待？

杨巧莲：就是申纪兰，还有村长、书记。申纪兰当时不是已经把书记让了。但是还是主心骨，毕竟人家是老资格。

郭：你觉得西沟人和大寨人有什么差别没有？

杨巧莲：村民咱也没有多跟人家接触过，跟申纪兰在一起，可淳朴呢，我不是跟你说哩，人家都是那老农民，那种精神，吃苦耐劳，不怕脏不怕累那种精神。你说她八十来岁了，值得咱年轻人学习。

张：你们到了西沟之后，看了那边的展览馆，跟这里的展览馆比较，有什么体会和感受？

杨巧莲：看了人家的展览馆，它跟咱这比，我觉着都是一个样，因为它都是那个时候过来的，所以说都是一种精神，我感觉都是。这种精神一直需要代代传了，咱那馆里不是有，"要想红旗飘万代，重在教育后一代"。真的是教育了后一代，代代往下传。咱就感觉到她跟咱是一个精神。

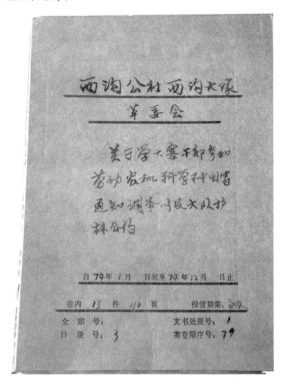

图 5-5 西沟档案：西沟学大寨档案封面

张：我在里面看到一张图片，图片是李顺达到大寨参观学习，你给别人怎么讲这些？

杨巧莲：咱不是讲那会，我看了一些资料，李顺达比陈永贵出名早，那会陈永贵佩服李顺达。后来，反正我看过一些资料，人家比大寨还出名得早了。其他的，咱也不了解了。反正我讲的是山西平顺西沟李顺达来咱大寨。都是互相学习，那会也是。那会不是比学赶帮超，就是互相弥补，取长补短，学经验了。

张：申纪兰是哪年来的？

杨巧莲：反正申纪兰也不是来了一两回。后面来哩，以前可不知道，真不知道，我也不知道人家来过没有。

郭：郭书记跟申纪兰关系不错。

杨巧莲：两人可不赖哩，出去都是山西人，人家叫着申大姐。郭书记说，申大姐和蔼可亲，平易近人。就是代表农村，为农村去说话去哩。所以，这趟考虑来考虑去，离了农民你还是叫个不行。

张：你去了西沟第一感觉是什么？

杨巧莲：跟咱这领导们都可有关系哩，但是你也得与时俱进，不过人家现在弄得不错，咱看看人家那穷地方确实是变化不小。山沟沟，也是真不容易，都是干出来的。穷山沟里，这也是主席说，穷山沟里出好文章。进去看看，这村啊在山上头建起来的家。就是在村里头看了看，转了转，看了看那家，看了看新楼房，都是一样的。

郭：进人家家里没有？

杨巧莲：没有进，在村办公室来。又上了它的展览馆，就看了看展览馆。后来坐上车，看了新村，建的楼房，后来就去吃饭。

7. 访谈对象：侯雪珍（女，1937 年 11 月生于平顺县寺头村，中共党员，扫盲班毕业，西沟村生产队小队长、大队妇联工作）

访谈时间及地点：2013 年 5 月 26 日；沙地栈家中

访谈者：刘晓丽

录音整理：郭永琴

刘：你去过大寨吗？

侯雪珍：郭凤莲也很行吧，我那会去，人家才梳两小辫子。我还去那个地方参观过。我去那会人家才十七八个小女孩子。她上头还有个叫个谁来，我也忘了，也是个女的，宋什么［宋立英——编者］来。我去那时候，大寨正建设了，垫地呢。我们在昔阳县住了三黑夜。我那会是队长，正怀着我这个小孩了，（一起去的）还有下头这个买巧，买巧那会是积极分子，我那会是多年的积极分子。我们两个人，她也怀着孩子。那会是那个李树民在这来，人家说，我不敢引你两个人，你两个人怕了，还怕出事了。

8. 访谈对象：胡买松（男，1945 年生于西沟村古罗，中共党员，曾任村会计、副书记、书记，初中文化）

访谈时间与地点：2013 年 5 月 30 日；古罗家中

访谈及录音整理：赵俊明

赵：去过大寨没有？

胡买松：去过，（有）四五次、五六次，最早 64 年、65 年就去过。

赵：村里组织去的？

胡买松：那是平顺县组织全县各大队去，我们乡里去了两个解放卡车的人，村里小队长以上的干部就都去了。

赵问：有二三十个人？

胡买松：可有，过去有 12 个生产队，后来又分成 24 个生产队，两委干部都去了。

赵：最近是什么时候去的？

胡买松：就是去年七一，村里组织老党员去大寨参观。

赵：感觉怎么样？

胡买松：大寨人家经济上来了，比咱们好得多，不能跟人家大寨比。

赵：为什么它能比咱们好？

胡买松：它那个地方小，面积小。再一个人家有煤窑，有资源，户口也少，也比较集中。还有个水泥厂。

赵：旅游也比咱们搞得好吧？

胡买松：旅游就那个虎头山那一面坡。大寨这几年，和六几年比，村里头变化不大，村里头还是那个老样，大寨那个展览馆以前是在下边，后来盖到虎头山上了，我们看了看展览馆。

赵：去了一天？

胡买松：去了一天，当天就回来了。

赵：咱们这个旅游不行？

胡买松：咱这旅游没有个看的，有个景点也都分散，没有个重点。现在（人）来了以后，不吸引人，搞不成个旅游区。

9. 访谈对象：马怀生（男，1945 年 7 月生于西沟村池底，中共党员，西山矿务局退休工人，初中文化）

211

原海松（男，1952年8月生于西沟池底，长钢退休工人，初中文化）

访谈时间与地点：2013年6月6日；池底郭广玲家中

访谈及录音整理：刘晓丽、赵俊明（整理者）

马怀生：人家大寨出了多少人，人家有要人的就让走，西沟不行，大寨走出去的多，走了几个。

赵：大寨人少，咱们人多么。

马怀生：咱们一千多口人。大寨人家条件比咱们西沟好得多了。人家那条件多好呢，我去大寨也不是个三回五回了。

赵：最早什么时候去的？

马怀生：最早是70年。到81年，村里有个罐头厂去阳泉拉水泵，那会儿正闹摩擦了。只能到大寨前边的一个武家坪大队，快到那儿，就得把车停到外边那地方，不叫看见。当时车上就写着"平顺西沟"，薄一波给了西沟两个车，57年（给的）。车停在外边，还得是一个僻静的地方，张双庆开的车去了，张考方我们4个人坐的这个车，我要往太原去，把我捎到阳泉，黑夜还住了一夜，从黎城、左权、昔阳走，那么去的。那是81年我最后一次去的。我认为大寨条件比咱要好得多。看了老西沟，你再看大寨，（不能比）。

赵：最近去过大寨没有？

马怀生：没有，以后再也没有去过，因为行业不同了，我也去过阳泉（矿务）局，我是国家特邀安检员，西山给了两个名额，给了我一个。

赵：有时间可以去看看。

马怀生：西沟它面积大，人口多，管理跟不上，不怕干部多，可能二十几个，按国家规定，就不应该有这么多，应该是七八个。

赵：大寨也没有水啊。

原海松：人家虎头山，部队建的那个大水池。咱连个水池也修不成。西沟这个发展旅游，已经落后了。当时李顺达在的时候，在山上栽树搞绿化是好的。但是这个地方，引进一些无污染的绿色企业，你还富不了，光凭你是个红色旅游基地，国家拨款能给你多少，但不许你卖票，你没有其他收入，你就不行。人家大寨为什么，我去年去了，一进大寨门，就是40元门票，这个一天有多少。再一个大寨有个历史，人家把陈永贵、郭凤莲历任党支部书记的经历都弄起来展览。

赵：咱们也能弄啊。

原海松：这个西沟没办法说。可是现在就没有这个观念，没有经济头脑。你看李顺达的旧居，在老西沟，那个地方应该修得好好的。李顺达在全国来说第一个互助组，按道理那个历史经验是应该写出来的，没有呀。

马怀生：李顺达出来（在）沙地栈住的那个窑洞都给填了，我回来见了，我说："买兴，你在家怎么把老李的房子都给填了。"

赵：咱们的经济观念不行。

马怀生：大寨人家还有一个煤矿，西沟啥也没有。

刘：大寨和西沟有许多相同的地方。

原海松：陈永贵就是学习李顺达以后大寨才发展起来的。大寨就比较好，保存（着）陈永贵以前用过的犁、耧、耙这些工具，陈永贵那个窑里边，以前用的那个小桌子什么都在。现在到西沟找找李顺达的东西，都没有了。西沟展览馆，应该把西沟历任的书记、领导这些都弄出来。现在申纪兰和李顺达展览馆弄到一起了，以前各是各的，以前申纪兰展览馆就是光有照片，没有啥。以前那个展览馆西沟的历史资料弄得不错，现在花花绿绿，还不像以前好。

马怀生：李顺达先后7个秘书，第一次外出带的张明朝，李顺达就是个中央委员，在省里头最大是革委会副主任。李顺达要是活的来，西沟的面貌要比现在好。

10. 访谈对象：申纪兰

访谈时间及地点：2014 年 5 月 27 日；西沟乡政府

访谈及录音整理：刘晓丽

刘：1963 年农业学大寨，刚开始的时候李顺达是怎么组织学大寨的？

申纪兰：1963 年大寨特殊受了灾了，它是自力更生，不要国家救济，不要国家帮助。就是学大寨的精神，深翻土地呀，先治坡后治窝，倒干起来了，那会儿毛主席提出工业学大庆、农业学大寨。大庆是王铁人，大寨是陈永贵。

刘：1964 年咱这儿是不是也遭灾了？

申纪兰：遭灾了。"旱涝风雹年年有，庄稼十年九不收，十人见了九人愁，人人不愿意到西沟。"这是人家李顺达说的，"山是石头山，沟是石头沟，没土光石头，谁干也发愁"。不艰苦奋斗就没出路。

刘：李顺达就组织大家学大寨？

申纪兰：组织上大家到大寨参观。我带着队长以上干部，去了三个汽车，去了人家对咱也很热情，也很好。

刘：去参观大寨的梯田了？

申纪兰：去参观了。就在地里吃饭呀，李顺达说了，"我们也应该像大寨那样，咱们也可以到地里吃饭么！纪兰同志，我到地里，你也得到地"。这就带头了。李顺达可认真了，就这一点还认真学大寨，就不要说其他。真是要求严呀，李顺达开会认认真真："你去大寨瞧瞧，带上你那队长，纪兰！"深翻土地我们真是两头见星

图 5 － 6　郭凤莲与申纪兰

星学大寨呀，真是出力来呀。

刘：深翻土地是大寨和西沟互相促进呢？

申纪兰：不是建设大寨田么，海绵田。

刘：1963 年的时候，大寨亩产是多少斤？咱西沟是比他差点？

申纪兰：嗯。咱这地不好。后来我们就过黄河，500 斤就过黄河了。过黄河达长江么，亩产千斤就到了长江了。我们那会儿提"石头上种地过长江"么。那是认真学来呀，认真赶。

刘：李顺达去过两次大寨？

申纪兰：三次也多，去过好多次吧，我也去过好多次。

刘：陈永贵来过几次？

申纪兰：来过一次。

刘：陈永贵是哪年来的？

申纪兰：陈永贵 62 年来的。63 年倒顾不上了，63 年大寨受灾了，倒出了名了。

刘：62 年来是向西沟学习来的，大寨那个贾承让是不是 71 年来的？

申纪兰：他来过。要说起来，那时候山西有大寨，把山西工作都要搞好，这就是调动积极性，学有榜样，赶有目标。那会儿是先进不能多了，这个就感觉不好，多了才是社会主义哩，像咱平顺要是多出上俩企业家，咱平顺就富了，我就这个想法。他是个带头人么，桥梁作用么，平顺对培养劳模很重视。

刘：平顺劳模多。

申纪兰：平顺县委那一届都关心基层，关心劳模。

刘：郭凤莲来过吧？

申纪兰：郭凤莲来过一次。学大寨深翻土地哩，要一尺二寸深，一镢一镢翻，早上五点就走了，天还不明，赶晚上我没有完成任务，我就不往家走，带上干粮在地里，一定要翻到一尺二寸深，我们真正是学大寨来呀。那会儿我们地少，就不（用）到地里吃饭，从大寨回来以后，李顺达叫都到地里吃饭，不误工，在地里干活能干好。那多不容易呀。我到饭场上吃饭，吃到半截就去开会去了，就把碗就丢了，回到家里，他奶奶说哩："碗哪啦？"我就丢了。开会一说话起来倒走了，就没有想起来有碗。扛上镢到地里，半路上有事，说罢话又走了，又把镢丢掉了，丢工具我是经常事，最后还有一回把衣服丢了，那会的人就没有想到个人，要有私心来，我总什么也丢不了。

11. 访谈对象：郭凤莲（女，1947年9月生于昔阳县武家坪村，中共党员，原大寨铁姑娘队队长，现任大寨村党总支书记、中共十一大代表、中央候补委员、第五届、第十届、第十一届、第十二届全国人大常委）

访谈时间及地点：2014年11月18日；大寨党总支办公室

访谈及录音整理：刘晓丽、赵俊明、郭永琴（整理者）

刘：我们现在做申纪兰口述历史，想请您说一说您和申大姐的交往和感受。

郭凤莲：我就把我接触申大姐的印象说说，你看我认识申大姐是1964年。1964年是申大姐跟李顺达书记第一次到大寨，第一次到大寨来的时候，那时候我还很小，还是铁姑娘队的成员，但是这铁姑娘队这娃娃们不能往跟前走，要离得远点，因为他们两个在大寨给大寨人作报告，那是陈永贵同志邀请来的，特地邀请李顺达书记跟申大姐，那时候申大姐好像是在头一年还是什么时候刚访问了苏联回来，刚访问苏联回来时间不长。反正我记着梳着很长很长的两个辫子，穿着一身枣红色颜色上带着灰白花的那种衣裳，我印象最深了。

所以那时候一听说申纪兰跟李顺达非常神秘，他们是前一天来的，在大寨还住了一个晚上，我记得，至少是一个晚上。当时那公共食堂已经解散了，陈永贵同志特地找我们村里头的两个厨师，找了两个厨师就是专门给申大姐他们做饭，做是什么饭呢？那天吃的是年糕，因为我家离陈永贵家不远，我是紧紧挨着宋立英家住着，所以他们几个人，就是这几个领导研究说买点粉条，买点豆腐，然后了再去把这黄米泡上，晚上泡上，泡好了以后，第二天给蒸糕，那是很稀罕的呀，这吃年糕是很稀罕的。专门为了请申大姐跟李顺达书记专门给做下的饭，专门给吃了的年糕，这我记得特别清楚。那天是讲完话以后才吃，因为是上午讲话来，上午就在一个院子里，现在这个老院也不在了，拆了一半了，还有一家邻家还在那儿住着两个窑洞，

图 5-7　郭凤莲接受访谈

当时这个院子是比较大，而且我是在里面这个院，他们是在前面这个院，我们这些姑娘们坐在那个门口，就是说坐在这个院跨的门槛上，听他们两个的报告。先是李顺达书记讲西沟的变化，怎么办互助组呀，怎么办合作社呀，现在的西沟人民在荒山植树呀，讲的是这。然后申大姐头一段还讲了讲她到苏联去访问，说还有郭兰英，一块去的好像是还有那个田华，田华后来咱才知道她是电影演员。那时候讲每一个人咱都不知道，这心里头都印象很浅。但是对申大姐印象很深了，就知道是我们山西有名的劳动模范。所以两个人讲了一个上午，中午不是散伙了，我们当时小了，没有这机会跟申大姐近距离接触，也没有那记者给你照相，要是像现在这条件哇，咱不是留个影了什么？谁也没有，所以就是当时陈永贵、宋立英、贾承让这伙主要领导陪着李顺达书记跟申大姐中午吃了点年糕，下午好像就走了。我记得李顺达书记是穿着一身这灰灰的中山服衣裳，挺精干的，反正人家胖胖的，挺精干的，因为他跟陈永贵特别熟悉，他们经常在一起开会不是，他跟陈永贵书记熟悉。那是我第一次近距离见到申大姐，但是这也离她很远，也不认识。但是我也知道申大姐是人民代表。

后来大姐来过大寨好几次，一次是咱们这个村长论坛会，大姐亲自来了，因为他们就是给我们几个颁奖嘛，全国农协会要给我们颁奖，然后呢，大姐亲自又坐上车来了大寨。赶到了陈永贵（逝世）十周年的时候，我记得大姐也是坐上车从西沟过来，所以一有时间，她就愿意来大寨走走，总是有一种这老感情。

无论社会怎么说你西沟跟大寨怎么样，我感到这都不是根本，根本的是农民的一种情谊，农民的情谊。这种情，天下农民是一家呀。你无论说我们在其他方面怎么样。我感到我们就是跟住共产党，给人民干，对呀不对？都是干出来的，咱不是玩政治玩出来的，咱也不是那么高的文化，而且也不是什么作家、教授，研究什么政策了，不是那样，你中央有什么政策，我们就执行什么政策，作为农民代表来说，就是始终跟上党中央这政策、方针走哩，我们就是个干，一辈子就是个干，她没有什么别的什么其他想法呀。所以大姐到了省妇联当了妇联主任，提出来要回家，提出来要回西沟，那么现在的郭凤莲也是搬来搬去，工作变动了多少又回到了大寨。所以这里是咱的沃土，对不对呀？我们都是从这群人里边长大的，而且是在这片土地上成长大的，始终都了不了这个情结。后来我们携跟上去长治调研，我们几个女代表专门去看了申大姐，看申大姐那时候，她那家也非常朴素，我说了咱买上一个这毛毯，厚厚的给大姐买了个高级毛毯，我、马巧珍，还有几个十届人大代表，携跟上一起去看了看申大姐，给了申大姐，当场给她铺在那床上头，这毯我估计大姐现在还放着呢，还舍不得丢了它。

图 5-8　申纪兰、李双良与郭凤莲

（三）邻村村民说西沟

1. 访谈对象：郭宏芳（女，1980 年 5 月生于西沟乡下井村，饮料厂员工，中专文化）

访谈时间与地点：2013 年 5 月 28 日；饮料厂办公室
访谈及录音整理：赵俊明

赵：你觉得你们村好还是西沟好？

郭宏芳： 住到哪里哪里好吧，以前一直在我们村觉得我们村好，嫁到这里来，习惯了以后就觉得这里好。

赵： 你们村条件有没有西沟好？

郭宏芳： 没有这边好，交通不方便。

赵： 村里通不通公交？

郭宏芳： 就在沟里，也不是山上，不通公交，走二里路才有公交。

赵： 嫁到这里之前对西沟的了解多不多？

郭宏芳： 呀，不太了解，就是以前上小学一直来西沟考试，其他一般不来。

赵： 上课的时候，老师有没有给你们讲过西沟？

郭宏芳： 不讲。知道这里，不怎么了解。

赵： 小时候知道不知道申纪兰、李顺达他们？

郭宏芳： 知道，他们很出名。

赵： 详细的呢？

郭宏芳： 就不清楚了。

赵： 来了之后和来之前的感觉有啥差别？

郭宏芳： 没有想那么多，觉得这地方肯定好，来了之后觉得这地方好，比我们那好多了。

赵： 你们村主要靠种地？

郭宏芳： 种地，我们村地多，比这里地多，我家有三四亩地，地不好，都是小梯田。西沟全家都没有一亩地。

2. 访谈对象：郭生平（男，1954 年 10 月生于西沟乡下井村，西沟接待办厨师，小学文化）

访谈时间与地点：2013 年 6 月 13 日；西沟接待办

访谈及录音整理：赵俊明

赵： 你家那个地方属不属于西沟乡？

郭生平： 算是吧，下井村。一直往南走，离这里十华里，在那个沟沟里。

赵： 村里有多少人？

郭生平： 现在有四百来口人。以前（人）多，有五六百口，和南赛差不多，也是西沟乡的。

赵： 最早什么时候来过西沟呢？

郭生平： 我小时候那会儿一直来。

赵： 来干什么？

郭生平： 那会就是比方说民兵训练的时候，就在西沟乡上。我是村里的民兵，来西沟训练，那会儿天天开会，天天训练。属于武装干部，就是天天搞训练，我是村里的民兵连长、指导员，负责村里的民兵，老来西沟开会、训练。

赵：西沟修水库记得不？

郭生平：修水库时我还小，那是1958年修的。

赵：来西沟上过学没？

郭生平：没有。上到三年级就不上了，家里条件不好。弟兄五个，还有两个妹妹，我是老二。

赵：你哪一年生的？

郭生平：1954年。

赵：不上学了回家干啥？

郭生平：那会儿兄弟姊妹多，不上学就看妹妹。到了十五六（岁）就下地，在农业社干活，一直干活到现在。

赵：那时可以挣多少工分？

郭生平：小孩（公分）少，最早能挣五分六分，最多十分。那时一天三两毛钱，有时还倒贴。有时候搞不好，一个工还倒贴不少。

赵：那时西沟一个工分可以挣到一块，和你们差得多了？

郭生平：也挣不到，也就是三四毛吧，集体化时候咱也不管那么多闲事，记不清了。

赵：你们村种果树没有？

郭生平：没有。那会西沟果树就多了。

赵：那时除了集训，其他还来不来（西沟）？

郭生平：来西沟干活，在乡政府楼下垒地基，那是我们村大队派我来的。那时先是修供销社的楼，后来才有乡政府的楼，我才十几岁，记不清了，是村里派的工来修。17岁还在河滩修堤坝来。

赵：修河坝也是村里派的工？

郭生平：嗯。

赵：那时你是家里的主要劳力？

郭生平：嗯，我哥在外边当工人。

赵：下放土地后，你种地还是干啥？

郭生平：我在襄垣住了6年，头一年还是集体化，第二年就是专业组，第三年就下放土地了。家里迁移到那里，住了6年后又搬回来。

赵：那边好不好？

郭生平：那个地方土地多，煤矿多。

赵：你家在那里分了多少地？

郭生平：分了28亩地。

赵：为什么后来又回来？

郭生平：老大说了算，雇了个车就把我们拉回来了，就回来了。出了门了，受制，你是个外来户。襄垣那个地方人杂，迁过去的人太多。有一个地方有三个省十八个县的人，人太杂，不好处。

赵：户口又迁回来了？

郭生平：嗯。

赵：回来分了多少地？

郭生平：分了四五亩、五六亩地。迁回来，弟兄们都也就大了，就各干各的了。

赵：那时父母在不在？

郭生平：在。

赵：回来后干啥？

郭生平：一直就是种地，没干啥。出不去打工，没有成家，就是一直照顾老人，在家走不开。现在都不在了，才出来打工。

赵：其他弟兄们呢？

郭生平：老五也没有成家，在长治打工，40多岁。其他两个成家的，也在村里，50多岁，不出去打工干啥呀。

3. 访谈对象：郭志福（男，1958年生于西沟乡川底村，中共党员，退休工人，初中文化）

　　　　　　　原福旺（男，1954年生于西沟乡川底村，中共党员，退休工人，初中文化）

访谈时间与地点：2013年6月12日；川底村赵树理故居

访谈及录音整理：刘晓丽、赵俊明（整理者）

刘：郭玉恩是哪一年去世的？

郭志福：96年去世，虚岁是刚80（岁），4月14号去世的。

刘：那会儿办社时候的事你记不记得？

郭志福：知道，这儿是51年办社，西沟迟一年，52年7月办的，这儿早。刚开始是18户，后来增加到46户。

刘：得金星奖状也是52年来？

郭志福：[可能]是。52年冬天北京电影制片厂来拍的，人家还有底片了，后来问人家，说得出十六七万块钱才给了。

原福旺：那会儿总共是四枚来，山西得了三枚。

刘：《三里湾》有没有咱这里的原型？

郭志福：有啊。就是后来才出的这个书。《花好月圆》就是田华演的。

刘：这个展览馆就是咱们村里自己闹的？

郭志福：省里头给拨了30多万，市里扣了一些，县里扣了一些，计划扩大来，没有闹成。

刘：咱们这个展览闹得不错。

郭志福：就是资金不足。

刘：这个院子很好。

郭志福：就是个这。

原福旺：研究历史这个费脑筋了。老百姓不知道，以为你就是坐着了。

4. 访谈对象：郭志红（男，1933年生于西沟乡川底村，退休工人，小学文化）

　　　　　　　郭则根（男，1938年生于西沟乡川底村，小学文化，村民）

访谈时间与地点：2013年6月12日；川底村广场

访谈及录音整理：刘晓丽、赵俊明（整理者）

刘：知道不知道赵树理是哪一年来的？

郭志红：住了好几年了。

郭则根：以前来过那一次，51年来的，在这住了两三年来，那会儿搞初级社，这个地方先进，来搞写作来。

刘：你们见过赵树理没有？

郭志红：见过，大高个，带个工人帽子，穿个大衫子，天天下地。

图5-9　平顺县川底村赵树理故居，赵树理在这里写出长篇小说《三里湾》

郭则根：每天下地劳动，和老百姓一样，晋城人，说话带的晋城味。

赵：你们觉得西沟好还是咱们好？

郭志红：咱们比西沟早些。

郭则根：你要是按劳模先进说，咱们比西沟还早，那个时候这个劳模还很可以。

赵：郭玉恩主要干了些啥？

郭志红：劳动了，也是个农民。

郭则根：李顺达、郭玉恩是吴满有［陕甘宁边区劳动英雄，大生产运动的典型］跨了以后才显出他们来，那个时候我正是上学了。

刘：农业社的时候，咱们村里怎么样？

郭则根：那会儿还是这个村里好，咱们挣的钱［比西沟］还多些。

赵：咱们村有多少人？

郭志红：六七百口人。

赵：现在西沟比咱们好些？

郭则根：西沟好，西沟有纪兰，规划比这里先进一点。福利上比咱多多了，咱就啥也没有。村里就没有收入，什么厂也没有。

图5-10 今日三里湾

郭志红：往上走25里地，往下走25里地，还是数这个村平整、开阔，地也多点。

赵：村里老人们有没有补助？

郭志红：没有，西沟有，现在西沟比川底好得多了，咱落后了。人家有一个申纪兰，就是不一样。

刘：村里人均有多少地？

郭则根：也就是人均六分地。

5. 访谈对象：杨忠平（男，1964 年 10 月 20 日生于平顺县青羊镇王庄村，群众，申家坪小学校长）

访谈时间及地点：2014 年 5 月 20 日；申家坪小学

访谈及录音整理者：张文广（整理者）、刘晓丽

刘：咱们就想问问邻村的人怎么看西沟。

杨忠平：和那边打交道也少。

刘：咱们学校有多少孩子了。

杨忠平：有 20 多个学生。

刘：就是一到六年级，有没有幼儿园。咱们学校办了多少年了？

杨忠平：这个房子是普及九年制义务教育的时候盖起来的。93 年以后学生就多了，初中有 270 多人。一个年级有九十来个学生吧，少的也有七八十个。

刘：哦，那时候比现在可是多多了。

杨忠平：前年并校的时候，咱这个初中撤了。撤了以后，还有一百多学生。把初中一撤以后了，学生就逐年下降了。

刘：咱初中的升学率都还可以吧。

杨忠平：哦，可以。现在办初中的条件是方圆二公里以内，得有 9 个行政村。

刘：有没有不能上的孩子啊，比方说离家太远啊什么的不上初中的。

杨忠平：有。咱们这的条件总的来说是好点的。有的小学没念完就不上了，初中不念的也有。

刘：我看西沟那学校的学生也不是很多。

杨忠平：不多。我去年还在西沟小学了。不多，就 70 多学生。

刘：不应该这样弄。

杨忠平：那你没办法。我个人分析吧，一个（是）撤校并点这种举措造成了学生少。学校撤了，你到龙镇去念书，去龙镇还不如去县城方便。第二就是出生率低了，它自然下降。现在的人就业比较活，在外面打工不可能把孩子放在家里边吧。特别是有的家情况不一样，没有爷爷奶奶的，没人看，所以说他总要带出去。第三种情况是盼子成龙、盼女成凤这种情况，上走读学校。主要是这三种情况造成的。

那个时候，我们在这里搞得也比较好。到外面读书还不好管，开销也大。这里的初中 91 年办的，十几年吧。现在这当局长的啊，搞科研的啊，好多都是从咱学校出去的。像现在给我发的短信啊，都是出去的学生。我这儿比西沟的工作比较多一点。我在西沟待了 20 多年了，在那就跟回到家一样。我参加工作第四年就到那个地方了。来的时候，县里的局长在全县选优秀的老师，这个学校就是人家村里边自己

办的。西沟不错啊，西沟是好地方。

刘：从收入讲，咱这儿比西沟怎么样？

杨忠平：收入，从家里边吧，这个都差不多。人家有饮料厂、刺绣厂，老百姓就可以去干。像我在西沟的那时候，村里有个西沟矿业公司，给学生买校服啊，人家有这个能力啊。西沟今年不是又要买了，西沟是个大村。你到这就没有，村上没钱。

刘：西沟比咱这好，还是因为它有厂子吧。

杨忠平：那是，有企业。西沟这村委会还是行。

刘：土地下放以前的事还记得吗？

杨忠平：不清楚了。

刘：六一的时候，让孩子们唱唱歌？

杨忠平：下午二节课之后，排节目了。

刘：你们校长知道哪里有差别，孩子们不知道，他们是高兴就行。

杨忠平：给孩子们创造一个文化氛围。对咱们大人来说无所谓的事情，对小孩来说是成长的过程。如果啥也不干，对孩子们的心理健康方面就不好。

刘：在太原校服全是家长出钱。

杨忠平：嗯。县城里也是啊。学校出去搞个什么活动吧，得要统一的服装啊，家长不同意，就不能弄啊。西沟不错啊。

（四）干部访谈回忆西沟

1. 访谈对象：柴玉棉（女，1958 年 7 月生于沁水县，中共党员，大学文化，曾任平顺县委书记、长治市发展与改革委员会主任）

访谈时间及地点：2014 年 5 月 16 日；西沟展览馆

访谈者：刘晓丽

录音整理：柏婷

刘：咱们从李顺达互助组开始，一直说到现在吧。

柴玉棉：互助组我也是来了以后（才知道），我过去对西沟的情况不大了解，来了平顺以后，那个时候没有这个展览馆呢，展览馆塌了，觉得太可惜了。西沟互助组它是第一个互助组，第一个党支部，老西沟竖着一个表述，那个就是互助组几户人，第一个互助组。它有几个一，是五个一还是六个一了，六个一了。西沟在中国的历史上起了一个带头作用，所以毛主席才给它写了那一篇。

主要从那个时期追溯，我当时是想展示它辉煌的过去，尽管它没有为国家提供什么更多的物质、经济的东西，但是精神的东西是不可替代的，所以需要再进一步弘扬它艰苦奋斗的这种作风。展览馆是宣传它的一种平台，实际上也是一种集中反映，把它过去和现代，把它的这个发展史可以串连到里边，使人们（可以）更直观地了解它，也能起到教育下一代、引领下一代这么一个作用。所以重新修葺以后才把这里搞成一个廉政基地。凡是在长治，不管哪一层干部，提拔的也好，入党的也好，完了以后来这个地方进行廉政宣誓。历来市委市政府、省委省政府也很重视弘扬这种精神，而且有人家申主任健在，也是一个活的典型，她的言传身教确实起到了作用。现在省委也在进一步有宣传她的作用。所以人大就不只是咱们平顺宣传人家、长治宣传人家、山西宣传人家，人家在中国历史上来讲就是唯一的一个（连续）十二届全国人大代表，不容易。所以说应该站在一个高层次上，当人家是人物来讲，她有她的产生条件，但是当一个人来讲，在中国再找不出第二个来。

刘：西沟它主要就是一种精神，就是西沟精神、申纪兰精神。

柴玉棉：而且它这种精神是党培养教育出来坚持不变的精神，在任何时期我们也要弘扬，比如说改革开放也好，"三个代表"也好，科学发展观也好，在各个不同的历史时期，它还把这种时代的印证都在西沟得以贯彻落实，也能体现出它各个发展时期的一些特征。你也可以根据这个发展阶段去寻找一些印证的东西。所以它最难能可贵的就是保持党的作风、遵循党的宗旨不变，这个在别的地方我觉得不好找。你也写大寨了？

刘：我们先写的《口述大寨史》，前几年写的。

柴玉棉：大寨体现在哪一个方面呢？

刘：咱们也是从它的精神，也是说它是一种精神。

柴玉棉：我的感觉是这样，我觉得可塑的就在这个地方，（是）可以一以贯之的。从第一个互助组、第一个合作社、第一个党支部追溯，直至发展到现在，你就可以从它整个的这个党员干部中，从群众的这个生活变化中都可以看出。现在来说它不是发展得怎么样，但是它也是小康，它的这种小康是理性的小康，是遵循党的这个方针、政策、规定致富发展起来的，而且它是遵循经济发展规律的，没有采取任何非法手段。它要是不择手段，它完全有这个条件和能力，它不是没有这种能力，但是它总觉得那样违背了党的宗旨。说明我们在发展过程中，有好多东西已经背离了原来党的宗旨。

刘：那样不长久，对吧？咱们西沟这个地方很多都是您主持下修的，具体是哪些地方？

柴玉棉：不是我修的，是人家西沟发展的。你要写的话就从党的发展历史、整体实际来看待西沟。西沟是一以贯之的党的先进代表，它在各个发展时期有它各个发展时期的特点。但是它在贯彻的同时始终没有忘了党的宗旨，没有把西沟的核桃露拿出来说是危害人们健康的，没有把西沟的农产品拿出来说是违反标准规定的，没有把西沟的人拖出去说是他们抢占了国家多少东西，也没拖出来了一个人他们贪污了多少、受贿了多少，找不出来。所以说这才是党的代表，这才值得弘扬。不同时期它有不同时期的发展，党号召农村建设，它也达到了 36 个标准，它不是也有 36 个标准么，它的农民住房、人均住房也好，人均 GDP 也超过了，它在平顺排前两位了。

刘：您是自己做的事情不想说，自有别人说，互相印证，我们问的就是这种。

柴玉棉：作为一个党的县委书记，人家是一个先进典型，你就不说是平顺的负责人，你就是一个普通党员……在西沟人们的动力是西沟支部的领导，跟别的外在的力量没有多大影响。

图 5-11　李顺达纪念亭

刘：做的事情影响有多大，做了多少事情，这也是有些不同的。

柴玉棉：你现在主要做口述史，口述西沟，扣住这个主题，其他人没有作用，弄得多了就偏离了人家这个典型。

刘：基本上在西沟的领导，我们选择几任，也就是西沟人经常提到的。

柴玉棉：我觉得没必要，就好好宣传这个典型。其他都是应该的，你是县委书记也好，是乡镇党委书记也好，你管的都不是人家西沟，不光是西沟，是人家西沟人民干成这样，咱说上这些东西，他要干了才能变成现在这样，他不干同样变不成现在这个样子。人本身认识了这个事，人有动力，觉得这个事情可行，或者是可做，他才去（做），你说让做他不一定给你做。

西沟的发展就像一棵柏树，它屹立在这个地方天天在长，越长越大，你写东西

226

不就是很容易借这些东西么，一棵柏树就是屹立在这个地方不动摇，不变色，任由日月时光往大处长，往壮处长。

刘：我觉得柴书记你不仅是在这做了，你还是天天想这个，思考西沟的问题，你这个角度我们确实没想到，我们就想的要写西沟精神、申纪兰精神，至于这个精神里边是什么，慢慢才想呀，这个角度很重要。

柴玉棉：西沟对我的影响太深刻，而且西沟这个典型它能够站住脚，不管你这个时代怎么变，不管你有多少弄潮儿在这个大潮中，只要是当领导的，从新中国成立初期到现在，从成立这个党支部到现在，我始终是遵循党的，这个是可塑的，你看，其他的典型都是有跌宕起伏，但西沟没有。西沟既没有垮掉，也没有这个，正常，自然，本身（没）变，这个是它们其他地方不可比的。不仅仅一个禹作敏，我们这也有好多典型冲击着申主任，冲击着她，但是人家没（变），冲击我一下的时候我又能回归到正常理性。申主任几乎是不识字，过去还能写一些，但是现在年龄也大了，耳朵也背了，眼睛也（视力减退），逐步各个功能器官都在衰退了，但是每当一个政治历史时期，人家能记住关键的话，做报告也好，弄甚〔什么〕也好，我重复的话，但我没有一句错话。这也是难能可贵的。不说错话，我有重复话，我可以重复前面的话，但我没有错话。这也是我观察人家感觉到的。

总得确认了这个事情不违背党的原则，这个行，你要让申主任跟你在一起适应某个人的思想要求啊，或者急着要做一件事情应付哪一个形势要求啊，没有。所以在她身上官僚主义、形式主义、享乐主义、奢靡之风没有。我来到党支部有人请我吃一顿好饭，她说我不去。有些人不驳别人的面子，还圆滑一点，但申主任不。

2. 访谈对象：常福江（男，1943 年 11 月生于西沟乡小军岭村，高中文化，中共党员，曾任西沟公社秘书、长治市政协主席）

访谈时间及地点：2014 年 5 月 17 日；长治市旧地委大院

访谈及录音整理者：刘晓丽、张文广（整理者）

常福江：我就是平顺人，家就是西沟公社的，在原来西沟金星人民公社小军岭村。我参加工作的第一站就是西沟公社，开始我在信用社，后来调到公社当秘书。在这个期间和申纪兰、李顺达都有过交往。李顺达是主任，申纪兰是副主任。对这两个劳模有一种敬佩感，因为那时候，我是个小娃娃，十几岁参加工作，那个时候的全国人大代表，国家规定不脱产的农民代表，一个月领 19 块钱的补贴。那个时候的 19 块钱，就是我给他们领的。有时候，他们去公社开会了，就给他们了。有时候，他们不去公社开会，没有什么事，我就给他们送到家里了。那时候，我的感觉是李顺达和申纪兰都比较平易近人。没有什么我是代表、我是劳模，没有这种感觉。

李顺达出名比申纪兰早。他是（参加）晋冀鲁豫边区群英大会，在南委泉，就是邓小平、刘伯承（在）太行区那会，李顺达就是搞互助组，杀敌保家乡，劳武结合保家乡，以这个出的名。互助组组织起来之后，他的力量比较大。不互助的时候，这一家有地，没有耕牛，那一家有耕牛，但没有地。一互助之后，生产力就优化了，这个意思。互助合作之后，就创造了比较高的生产水平。当时，咱西沟的产量就突破了亩产300多斤了，很不简单。那个时候的粮食就是打个一二百斤，甚至打个几十斤，产量极其低下。组织起来之后，生产效率就比单干要高。平时种地，一旦打起仗来，就和部队结合起来，参军参战，抬担架（支前）。李顺达当时就是劳武结合保家乡的英雄。在南委泉得了一头耕牛，一等奖。当时，还给了个"劳动起家"的门匾，长治史志办都有这方面的资料。

晋冀鲁豫边区这个英雄很多，它为什么叫群英大会呢，有纺织模范，有劳动英雄，有杀敌英雄。壶关的徐顺海就是杀敌英雄，还有武乡的一个女的是纺织能手。当时晋东南出了一批人才，李顺达在这其中也算比较有名气的。后来，就到了互助组向高级社过渡，原来把地主、富农斗争了以后，是分田地，打土豪。单干了一段时候之后，就入社，52年组织初级社，初级社就是一种低级的组织形式，它生产资料还分红。就是不完全是劳动分红，比方说我有多少土地，我也要分红。大头是劳动力分红，有一部分是生产资料分红。这是初级社。当时成立初级社，和川底大概是同时代的。

川底是郭玉恩。当时晋东南地区成立了十个老社，其中没有西沟。为什么没有西沟呢？因为当时西沟成立合作社的时候，它就是示范点，能行不能行，成功不成功，不愿意让西沟这个典型冒这个风险。所以当时没有西沟。晋东南地区的十个老社，平顺就是川底，郭玉恩是十个老社的创始人（之一）。当时晋东南地委书记是王谦。而且王谦这个书记啊，当时就在太行山，地下工作也在太行山，当时也在平顺，早就熟悉李顺达。川底搞的试点，成功了，西沟才办社。川底是52年，西沟是53年。毛主席对合作化运动比较感兴趣。感兴趣在什么地方呢？当时唯有山西先搞合作化，而且这个合作化先在长治试点，王谦先试的。那个时候，山西省委书记是陶鲁笳，陶鲁笳是湖南人，毛主席的老乡。陶鲁笳很早就来到山西，来到太行山。后来留下了，当省委书记。到了五几年这个时候了，当时这个合作化试点以后，陶鲁笳和华北局汇报试点的成果。这是我听的啊，不是我完全知道的。我从资料上，从别人那里看到的讲的这个东西。因为过去晋东南搞过《合作化史》。当时刘少奇听了这个汇报，不大赞成，不大支持合作化。陶鲁笳就想能不能避开华北局，直接向毛主席汇报。一汇报以后，毛主席对合作化比较感兴趣。后来，毛主席给《中国农村社会主义的高潮》写了不少按语，其中有西沟这个文章，毛主席给西沟写过按语。实事求是地讲，合作化运动确实带来了生产力的解放，它不是说就是一塌糊涂，生产力得到解放了，确实比单干劳动生产率提高了。这也是真实的情况，所以说毛主席给西沟写的按语也不是平白无故写得。

后来，经过川底的试点成功，西沟办初级社，然后就感到，我们的步伐能不能再快一点。这就向高级社过渡。到了高级社以后，生产资料全部归公，生产资料不再参与分配，全部由劳动分配。按照工分，比方说我上了十个工，下来之后按照工，该分多少粮食，分多少钱。当时西沟的创业史，当时我记得，小时候我上初中，就来回走西沟，因为我家在上游，西沟在下游，往县城走就要路过西沟。那个时候，西沟啊，河滩就是乱石滩，沟就是乱石沟，荒沟荒滩，再一个是山上没有树。当时西沟的山上只有在北边这个坡有树，那是自然生成的林，其他都是荒坡。李顺达就说西沟要变面貌，改变穷山恶水啊，首先得从栽树做起。后来是打坝、造地啊，但是你不论打坝还是造地，要治不住洪水，一场水下来，就给你冲了。在实践中，他就想到，要想在河滩上造地，必须是先封山，先造林，解决荒山秃岭的问题。再一个就是在沟里打坝，水来了，我们就和打仗一样，一道封锁线一道封锁线把它锁起来。这是李顺达经常讲的一个东西。然后他就领导社员在沟里打坝，一道一道，弓字形，水下来，挡它一下，流出来，再挡一下。这样就保住这个土地了。这个意思。但光这个不行，山上必须栽树。当时提出来，水不下山，水不出沟，山水不能走了。以前一下雨，满河滩都是黄水，现在水就下不来。

栽树当时很困难啊，国家很困难，农村更困难，树苗没有，树籽没有，怎么办呢？包括李顺达出去，在外边开会，参加活动。人家吃掉的杏核，他都要捡起来，还有桃核，包括松子，只要捡到，他就舍不得丢。那个时候，林业工作站也供应点松子，这样子，西沟开始栽树。再一个，当时搞播种也不是那么顺利。那时候栽树也不是很懂，有些社员为了快，他把松子有些就给你埋了。后来就搞责任制，又用镰播，能用镢头刨的地方，就有熟土，鸟就能把松子刨出来吃了。所以种了半天也没效果。然后就用镰刀把土弄开，把松子放进去，表面的这些东西还覆盖着，这样就不容易被鸟吃掉。所以西沟种这些树也很不简单。应该说是持之以恒，坚持了很多年，西沟的山才绿化了，河滩才变样了。

后来种苹果树，苹果树是李顺达访苏归来，看到苏联种苹果，说："苏联能种苹果，我们就不能种吗？"才大胆地试验种苹果树。实践证明，种苹果树是成功了。西沟的河滩基本种的都是苹果，那时候晋东南地区啊，苹果还比较少，当时就数西沟苹果树多。那时候，参观的、下乡的，西沟没有什么别的东西，就拿苹果招待，那就感觉到很稀罕。后来，苹果也能卖点钱。这就从单纯的农业，发展农林牧副渔，要发展畜牧，要发展林业，要发展副业，当时没有渔，全面发展。这个渔呢，就是58年西沟修了水库，修这个水库，有它的意义，想进一步把水来蓄住，主要是拦洪、保县城。那个水库，西沟人参与了，但是不是完全由西沟人修的，动员了周围一些公社来参与修建。

西沟这段历史啊，我感觉到创业很不容易。现在看西沟，有多少户了，有多富裕，感觉到也就这个样子。但是，回头来看，把历史翻转，回过头来了解西沟这段历史，西沟确实发生了翻天覆地的变化。那时候温饱都解决不了，肚子都填不饱啊，就没有力量去谈什么小康。所以西沟的变化要历史地看。就包括吃饭问题，我印象最深的就是食堂化以后，60年代初，人们吃饭就有很大的问题。西沟老百姓在吃饭问题上没有很大的问题，集体积累得多。李顺达是劳模，确实勤劳，就是后来当了中央委员，他也是手不离劳动，和群众永远在一起，和劳动永远在一起，他从来没有说，我身份地位高了，或者身份变了，就脱离了劳动，脱离了西沟人民，他没有。

刘：您在西沟工作了多少年？

常福江：我在西沟工作罢［完］，接住就到县里，在县里做副书记，时间上在平顺应该是17年的样子。就是说，对西沟的情况，不是说离开就不了解了。在县里边，经常也接触，这是一个感觉。还有一个感觉就是那个人从来不讲假话，比较实在。当年，冯东书写过一篇文章《"老实疙瘩"李顺达》，在《人民日报》发表了，你去查查。他就是反映李顺达是个实在人，是个老实疙瘩，从这个角度写的李顺达。他还写过过去西沟的变化，山变了，滩变了，地变了，人变了，写的就是这个变化，这个文章在当时也很有名气。这个人过去经常跑西沟，现在这个人还健在。

刘：这个人健在了，他和大寨接触得也不少。

常福江：后来人家就到大寨去了。冯东书对大寨和西沟做过一个比较。比较以后，从不同角度，他有不同的看法，他就认为李顺达这个人实在，是个厚道人。他开始也没有这种感觉，他在大寨住了一段时期以后，后来他有了这种感觉。他就觉得大寨陈永贵的政治头脑特别强，政治性特别敏感。

陈永贵去西沟的时候，李顺达和申纪兰接待的，还有照片了。当时陈永贵去了以后呢，很谦虚，说向李老师学习，李顺达比他出名早么。李顺达是战争年代就出名了，晋冀鲁豫边区。陈永贵是63年才开始出名的，当时我国处于困难时期，先进人物与历史背景有关，当时粮食很紧张，吃饭也很紧张。大寨那年遭了灾之后，人家是三不少，三不要。三不少是口粮不少，给国家的贡献不少，储备不少；三不要，不向国家提困难，自力更生精神，这样子山西省发现了这个典型以后，就开省劳模会，大寨在劳模会上发了言。之后，这个典型就传到中央。传到中央以后，起先是周恩来总理对大寨的经验做了三条总结，就是政治挂帅、思想认识那个，自力更生，艰苦奋斗精神，大公无私的共产主义风格，是大公无私还是先公后私记不清了。总理给他总结了三条。总理总结了以后，大寨的名声就出去了。毛主席对这个典型也很感兴趣，因为当时是困难时期，吃饭困难，苏联卡我们脖子，怎么办？这就要树大寨这面旗。那时候，唱响的就是工业学大庆，大庆为什么唱响了？就是苏联卡中国石油的脖子，这样大庆通过钻探石油，余秋里在那搞石油，王铁人大庆精神，把石油问题解决了，就摆脱了苏联卡石油脖子的问题。这是一个。再一个，就是农业学大寨，大寨就是自力更生、艰苦创业，三不减，三不少，三不要。然后就是全国要学解放军，后来就是解放军的尾巴就翘得高了一点，后来毛主席又加了一条，解放军也要学习全国人民。他就是这么辩证地来的。

刘： 咱们现在讲山西精神，就包括大寨精神、西沟精神。你怎么看西沟精神？

常福江： 这些精神都应该发扬，大寨精神那也是自力更生的，确实当年在那种环境下，他能够杀出来，粮食产量不少，受那么大的自然灾害，这也不容易。大寨我也去过多少次，他也确实是实干了。问题在哪了？让我说，就是大寨这杆旗举歪了。这个举歪不是中央给他举歪了，是一些吹捧的人给他吹歪了。你还能什么也学大寨？毛主席是农业学大寨，没有叫你教育也学大寨，卫生也学大寨，什么也学大寨，哪能这样子。你大寨成了万能的了。你懂教育吗？你懂卫生吗？大寨并不是这种典型，对吧。都有精神，西沟是艰苦创业的精神，大寨是自力更生精神，后来居上，但完全按照你那一套做也不行。当时我记得学大寨时期，要围海造田，本来海洋可以利用么，用那养鱼养虾，水产品也是吃的么。

3. 访谈对象：杨树培（男，1924 年农历九月初二生于山西黎城，中共党员，曾任平顺县农工部部长、县委委员，长治地委农工部部长、科委主任等）

王爱环（女，1932 年农历十二月二十八日生于山西黎城，中共党员，曾任平顺县委副书记）

访谈时间及地点：2014 年 5 月 17 日；长治市旧地委大院

访谈及录音整理者：刘晓丽、张文广（整理者）

杨树培： 1952 年以前，我在省委党校，回来之后，当黎城区委书记。后来就把我调到长治地委了。52 年 7 月 15 号，我从黎城区委书记调到地委，一区的区委书记。之后，不到半年，我就去了西沟了。我是个农民出身，我不是知识分子，是个土干部，我懂群众语言。我就天天下乡，下乡以后他们是非常满意的。向地委汇报的时候，受到地委书记的表扬。在那个时候，李顺达向全国发表组织起来的倡议书以后，全国的来信啊，就相当多的。一天来 10 封、20 封、30 封、100 封、200 封，三天一麻袋。那个时候，李顺达就向地委提出请求，派个人去帮忙。我去的时候是以县委委员的名义去的，实际上我是李顺达的秘书。我从地委去平顺的时候是 1953 年，53 年农历二月十一到的平顺县。

我在平顺县委的时候，我还是县委委员，可是就是不管县里的工作，县里就没给我分配过工作。我就在西沟，我当时实际上是给李顺达当秘书，也不是宣布的是秘书，做的就是秘书的工作。我们三四个人天天招待客人，看书，看报纸，写答复信。三五天一麻袋，三五天一麻袋。

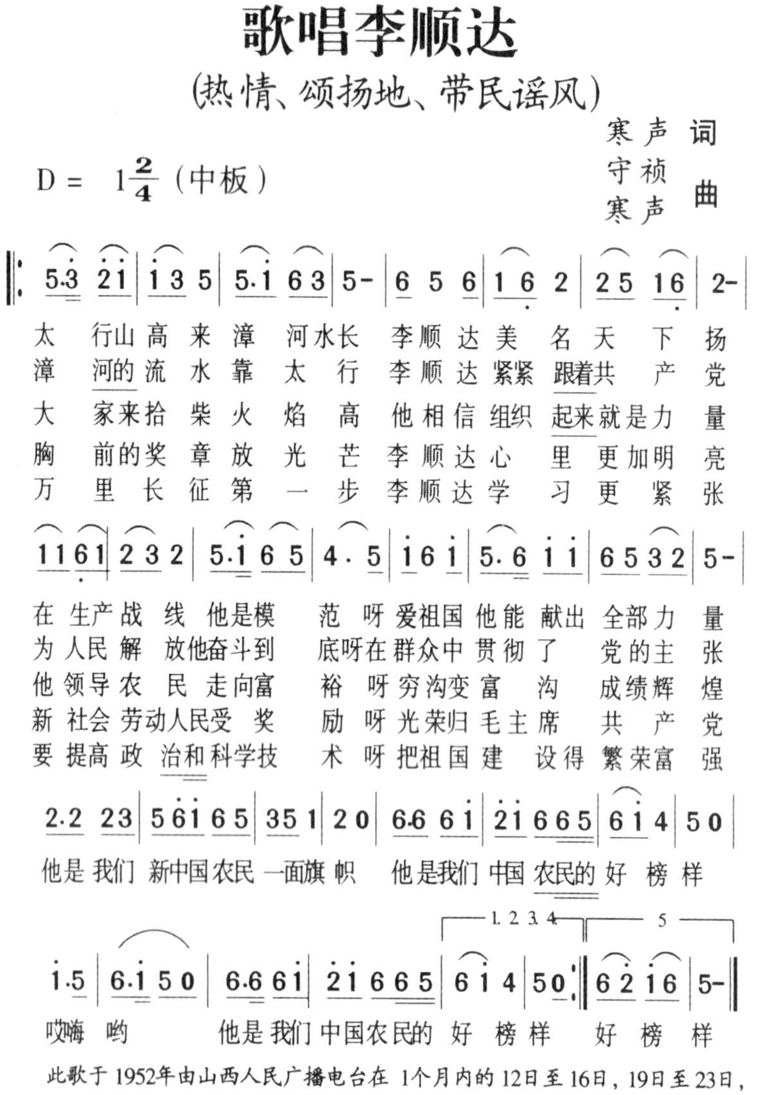

歌唱李顺达
（热情、颂扬地、带民谣风）

寒声 词
守祯
寒声 曲

D = 1 $\frac{2}{4}$（中板）

太 行山高来 漳 河水长 李顺达美 名 天 下 扬
漳 河的流水靠 太 行 李顺达紧紧 跟着共 产 党
大 家来拾 柴 火焰 高 他相信组织 起来就是力 量
胸 前的奖 章 放光 芒 李顺达心 里 更加明 亮
万 里长 征 第 一 步 李顺达学 习 更 紧 张

在 生产战 线 他是模 范 呀爱祖国 他能 献出 全部力 量
为 人民 解 放他奋斗到 底呀在群众中 贯彻了 党的主 张
他 领导农 民 走向富 裕 呀穷沟变 富 沟 成绩辉 煌
新 社会 劳动人民受 奖 励 呀光荣归 毛主席 共 产 党
要 提高 政 治和科学技 术 呀把祖国建 设得 繁荣富 强

他是 我们 新中国农民 一面旗 帜 他是我们 中国 农民的 好 榜 样

哎嗨 哟 他是 我们 中国农民的 好 榜 样 好 榜 样

此歌于1952年由山西人民广播电台在1个月内的12日至16日，19日至23日，每日19点至19点30分广播教唱。

图 5-12 宣传李顺达的歌曲

刘：每封信都答复了？

杨树培：都回信了么。四五个人就应付不下来。我是53年农历二月十一到的平顺县，在平顺县住了两天，十三下午，我就坐在那个拉水的马车上，把我送到西沟。我是十三到的西沟，天天去西沟。县里边的事情，我偶尔参加，基本上天天在西沟。

232

后来当农工部部长以后，三分之二的时间在西沟，三分之一管全县的工作。三年以后，是三分之二管县（里）的工作，三分之一管西沟。我是62年6月24号上午9点钟离开平顺，这些事我记得非常清楚，一天都不错。那一天下着大雨，河滩冲得一塌糊涂，他们把我送到沁县。（在平顺待的时间一共）3502天，这个时间错也不错几天。四前年的9月30号，我去西沟，我看见老李［老李的碑——编者］啊，我说："顺达哥，我来看你来了。"李顺达他本质好，他是河南林县来的，他来山西的时候，还是逃难来的，爸爸妈妈把他带到平顺西沟。李顺达是南委泉开劳模会时候的劳动模范，他的德性太好了，他的德是最好了。李顺达，真是个正派人，德最高，大公无私。他也能忍，人性很好，很善良。52年的时候，就是全国劳模。那时候，全国有四枚金星奖章，李顺达一个，郭玉恩［全国劳动模范，平顺县川底村人］一个，任国栋［时任黑龙江省肇源县县委书记］一个。后来就办高级社，办高级社那个时候，遇到很多困难。那个时候就是你愿意参加就参加，不愿意参加可以退。马海兴开始办（社的时候），还退了。（后来马）海兴参加了以后说："农业社是火车，互助组是汽车，我要重买票上火车，农业社好。"宋金山当时是老党员，组织委员，起了很大作用。

农业社起来了，马也喂上了，喂了十几匹马。为什么叫农林牧合作社了？社里有马，有森林，全面发展了。西沟的发展遇到很大的困难的，遇到多少困难，那个河滩，原来我去的时候，我去平顺是27岁啊，李顺达他比我大8岁，那河（洪水）下得多大，把汽车都冲走了。那山上都没有森林。那个时候，群众灰心了啊，在西沟开会，大家都不吭声。我的鞋被冲走了，李顺达把脚也擦破了。大家就都灰心了，不干了，不能和老天搏斗啊，开会谁也不吭声。悲观以后，大家说我们这个决策、这个做法上有错误，敢和天斗、地斗，但是你斗也得有个方法了。就总结为什么失败，失败的原因啊，就是我们在决策上有错误。洪水好像一条龙，由上往下行，治下不治上，到头一场空。咱这个和老天斗，你也不能盲目斗，咱得有计划斗，得有计划干，不能盲目干。你在底下弄，不在山上种树，那是白搭工，就发动群众、民兵，开始种树。正月十五，地还冻的，就种树。先从龙镇种，从山上种树，把水就围起来了。从此以后建上水库，山上栽上树。开始那个水库小，后来发动民兵在西沟建大水库，就彻底解决了。百里滩胜利了，全部治理了。

以前我和李顺达到县里开会，就没有路啊，就是走河滩，受死罪了。西沟这地方难度太大，吃不上，喝不上。吃的是山药蛋，抓一把疙糁了，给我吃一碗红豆米饭我就高兴的。县委书记还知道我在这吃苦，隔两天，就打发人给我送两鸡蛋，给我送个馒头。那个时候，人们就想下山走，就不想在这个山里头。上看一圪崂［条］天，抬头看一圪崂天，东西看两座山，久居山区没前途，不如移民到平川。

233

到潞城啊，到潞城发展多好。那个时候，就想移民下山。当时说，把劳模借到潞城，给你批一千亩地。李顺达说："劳模是土生土长土中生，不能移。"他死要在这干。咱把这话颠倒过来，那个时候，金木水火土，五行俱全，山是山，是宝山，不能光看表面上，金银财宝挖不完，他就鼓励群众。现在你看看，西沟并不是一个歪〔坏〕地方吧，有矿石。那个时候，58年的时候，毛主席亲自批了李顺达《勤俭办社，建设山区》，毛主席批了两篇，县委书记写了一篇，我们写了一篇，那实际上都是我和张成杰写的。我53年去的，54年、55年，55年阴历三月，省委书记杨士杰带领着庞大的检查团，要来调查晋东南办社，办得快了，要来砍社。三月中旬，第一个到长治县南天河，把这个社砍掉，把这个社支部书记的党籍开除了。第二个到潞城，砍掉一个。第三个到羊井底，要砍羊井底了，羊井底砍不动。郝景盛〔著名林学家、植物学家，新中国成立初期山区农村建设走农林牧综合经营道路的早期规划人和开拓者〕先生是个大专家，羊井底规划这么弄，这么弄，山上种树，中央派郝景盛先生搞个规划图。他们一看这个图，不敢弄了。跑到西沟，到西沟以后，要砍李顺达的合作社。说李顺达的合作社办得快了，办得多了，不应该这样搞。这个庞大的工作组在这住了40天，我那个时候还想自杀了。我在这吃的山药蛋、疙糁，图甚了？山上种苹果，种树，弄地，这是干好事了，没干坏事啊。工作组给省委书记汇报说，这个地方不是南天河，这个地方相当难攻，西沟这个地方是非常难干，西沟这地方是针扎不进，水泼不进，一天也搞不下个材料，到哪里老百姓都说好，都不说坏。哪也砍不了。有一天，工作组两个人，年龄比我小一点，小两岁，我那时候29（岁）了，到南赛那个村，南赛一个人说，荒地真不少啊，至少荒了四五百亩地了。抓住这个事实了，南赛群众反映说，西沟荒了四五百亩地。瞎说了。我说：我来李顺达这里，两年刚多一点时间，李顺达合作社有会计。"查一下，西沟是332亩地，一共才332亩地，怎么能荒了四五百亩地？工作组说是群众反映的。我说："群众反映的是事实吗？咱去会计上查一下有多少亩土地。我说是什么时候荒的？工作组的回答是，群众说记不清了，大概是民国七八年的时候荒的地。我说："那个时候，不用说李顺达，毛主席还是小学生，还是个小孩了。"民国七八年的时候，群众开完荒之后，不种了，扔了。这么的，他们就找不到借口了。杨士杰就和李琳说，你们这个农工部长〔指杨树培〕太顽固，要撤我的职，我说谢天谢地。我在李顺达的房背后，站在梁上，李琳给我打着雨伞。他是书记，我是委员。他给我打招呼，让我有思想准备。我说我有思想准备，我说："李书记，不怕，我是个汉子，我住了看守（所），希望你不要给我送饭，我回家当老百姓。"一边说，一边走，我说你不要怕。我说你只要给我证明我不是坏人。俩人痛哭一场。

刘：哪一年来？

234

杨树培：55 年。痛哭一场以后，省委那个时候一共写了五篇社论，第一篇就是撤掉我，开除我党籍，杨世杰干的这个事情。结果陶鲁茄当了省委书记，到中央开会了，毛主席 7 月 1 号发表关于农业合作化问题，批判"小脚妇女"，杨士杰吓坏了。也不是一帆风顺的啊，李顺达经过多少折磨。西沟李顺达也不是就顺利起来的，经过七灾八难才起来的，啊呀，受了多少折磨。后来以后，就正常了。65 年之前我是县委委员，65 年后半年我就成县委常委了，农工部长，我就不天天在西沟住了。67 年以后，我就成了常务书记，三分之一的时间弄西沟，三分之二的时候指挥全县的了。我离开以后，西沟很正常了。包括申纪兰，（我）可给她下过不少功夫啊。在平顺工作，李顺达、郭玉恩、武侯梨、申纪兰，平顺四个劳模，县里半份家当了。四个劳模，顶平顺一半家当了。

王爱环：他和平顺西沟是最有感情了。纪兰啊，可是不能忘了老李啊。吃了火，也是老李吃啊。不满意的事情都是老李顶的了。老李走了［去世］以后，（杨树培）一听说，就躺到炕上，躺了三天，也不吃。我告你说，李顺达那真正是个劳动英雄，那真正是个道德模范。不管哪一届党中央的指导思想，老李也能跟随了。清清白白、认认真真，好人不长命啊。没有李顺达，平顺变不成那样。李琳在平顺，也出了力了。这个老汉也够有担当了，他［指杨树培］二十多岁，要处分他了，全凭毛主席一句话，把他救了。李琳说："我保不住你了，只能牺牲你了。"

杨树培：我和李琳在平顺县的话，骂我们两个人的太少了，那个时候我们都是诚心诚意地在平顺干了。李顺达当劳动模范的时候，李琳写了一个《组织起来，由穷变富》，这一篇文章在全国影响很大啊。李顺达开始的时候，（靠的）是这个东西。李顺达基础好，他是个穷孩子，再加上李琳的几篇文章。52 年给毛主席写倡议书，那个时候全国都没办合作社，他就写怎么办合作社，向全国互助组挑战，这一下子在全国就出了名了。

王爱环：掀起社会主义高潮，第一篇文章就是李顺达。那可真是个劳动模范。

杨树培：他不务私，能给平顺老百姓办事。

王爱环：你写的这个书，是口述西沟史，实际上没有西沟，没有羊井底，没有这 3 个劳模，3 个金星奖章获得者，我跟你说，平顺就不会有今天。平顺县那个变化，是李顺达，还有武侯梨，还有郭玉恩，他们这几个劳动模范给它打出去这个名牌了，这个名牌打出去是很重要的一个东西。平顺县中心是牌子，牌子就是李顺达、申纪兰、郭玉恩、武侯梨这 4 个劳模，这 4 个劳模是四杆旗，也就是一杆旗，一杆旗就是李顺达，这李顺达起来以后，全国都向李顺达学习。

杨树培：（全县有）全国劳模 4 个，全省劳模还有二十几个。这个是劳模群。

王爱环：他就带动全县出了多少劳模，带动全县就出来多少先进，他带动了全县，带动了左右的村庄，带动了左右的县。实际上，我跟你说，西沟不仅仅是个西沟，不能只是看西沟这个小历史，它这个历史，从西沟说起来，很简单，就是由穷变富，合作社，李顺达，这三句话都说清了。写这个东西，对自己也是一个很大的教育，对西沟人民也是一个交代。他们在这流了血，流了汗，但是他们的功绩还在这。

杨树培：平顺是个劳模集团啊，四杆旗，是永不倒的红旗，下边有省劳模24个，县劳模200多个。李顺达、申纪兰他们干什么东西，他们带头一干，这24个劳模就跟上了。24个劳模，一个人一个特点。他们4个人带头干，24个省劳模就跟上，200多个劳模一齐上。劳模集团是个铁打的劳模军团。我老伴讲这个观点是非常好的。再加上全县3700个共产党员，每年冬天要培训一次。太行山上的苹果是李顺达52年从东北带回24个苹果枝，54年结了4个苹果。省委1个，地委1个，县委1个，西沟老百姓分了1个，就这1个苹果起家。这是大家的力量。

王爱环：我是想，你看平顺，就是一个苹果起家。这些劳模的带头作用很重要，榜样的力量是无穷的。中国这个一开始，小学生念书，他就写的是，李顺达是劳动模范，这就证明了劳动模范这个东西从这开始的。你们写，我觉得你们的思想、观点、感情都是对的。他不仅仅是农业、畜牧业发展上起到作用，而且他培养了一批又一批的干部，只要是从平顺出来的干部，确确实实就有平顺人的样了，他就去哪都能干好了。他不管是去县也好，省也好，中央也好，当然也有个别不成摊气〔样子〕，但那很少，个别人，大部分都不错。这样以后，平顺的党和劳模，他不是说是山西长治平顺，他是全国一杆旗。我觉得你们这样总结，能够把他全面地写出来，我看到平顺这个当时啊，都是哪一代去了写哪一代，他总结历史这个很小。今天这个题，我就感觉很好。

刘：咱就要写历史，从头到尾写。

杨树培：平顺的劳模就像火车一样，李顺达他们4个劳模是火车头，带东西还是群众这个车皮上带东西啊，用火车来形容是最公道。

王爱环：把西沟这个历史、作用、辉煌写清了以后，这是很好的一个教育后人的东西，我们可以资助你点钱。这一切的一切都是归功于毛主席那个时代的共产党，党的艰苦道路，这个得提高到共产党的带领这个（高度）。平顺人民和其他县里的人民就不一样，他培育出来一代一代的平顺英雄儿女，平顺的人民是英雄的人民。你们写这个挺好。

4. 访谈对象：胡富国（男，1937年10月生于山西省长子县，大学学历，中共党员，山西省原省委书记）

访谈时间及地点：2014年8月5日；长子县胡富国家中

访谈者：李中元、杨茂林、刘晓丽

录音整理：张文广

李：西沟和申纪兰作为我们国家、我们党农村发展的一个缩影，很有代表性，很有说服力，我们要用口述史的形式把申纪兰记载下来，1993年咱山西省委组织部、宣传部联合做出《关于开展向优秀共产党员申纪兰同志学习活动的决定》，当时咱们的锡崖沟精神、申纪兰精神我们都宣传，另外您多次去过西沟，您也陪朱镕基、胡锦涛、姜春云等都去过西沟，看望过申纪兰。

胡富国：李鹏也去过。

李：对，李鹏也去过。你陪李鹏、朱镕基去西沟的时候，当时是一个什么样的背景和场景？

图 5-13　山西省社科院党组书记、院长李中元与副院长杨茂林
带领课题组对原山西省委书记胡富国进行访谈

胡富国：申纪兰这个人啊，她是很出名的人，这你们都知道。还没结婚就出名了。在不同的时候，应找不同的领导，谈她的不同情况。申纪兰是一个平凡的人，干的平凡的事，从这个角度写，要实事求是写，就是个农民、家庭妇女，就是这个人。她就经常说那两句话：听党话，跟党走。文章做在哪呢！就是这么一个平凡的人，农民，实事求是地说，当然咱们的文章里不能这样写，她还是一个长得不太漂亮的人。文章下在什么地方呢？就下在平凡的岗位做出了不平凡的事业。你这样写出来，大家都服你。申纪兰是一个平凡的农民，普普通通的农民，却做出了不是普普通通的农民能做出的事情。她是中国农民的代表，你写这个，你不要把她写成她有多大本事的，她没有多大本事，她有多大个本事？文化都提不高，讲话就那两句话。她说我吧，就说胡书记是个好人。都

237

说好，她的根源在哪了，就是相信共产党，共产党派来的人都好。

李：胡书记说得非常好。

胡富国：这样写文章，别人才能服。你们要写申纪兰，总结历史，一定要按照毛主席的实事求是来写，她是个什么人、能做什么事，就怎么写。你不要凑申纪兰伟大，就凑那个话，越凑越糟糕。网上说了，申纪兰是每次代表都有她，什么事都举手。那我不举手咋弄了？你再好好想想，光申纪兰举手了？哪个不举手？你这个道理要说清楚，申纪兰她为什么就举手了？她就一个信念，我相信共产党，党说的话，我就支持。有人专门找她的毛病了，就会听党话，当然得听了，她就信党。我建议你啊，年轻人，定这个点啊，还得要回到毛泽东思想，实事求是上。说谁也要实事求是，比如说，胡书记是个好人，好在哪里，好在几点上，不是胡书记好得不得了。写什么东西要实事求是，不要把申纪兰写得那么玄乎，把她塑成个神，塑成个王母娘娘，不是。明白了吗？

李：胡书记，这一点请你放心。

我在（省）人大7年，全国开人代会我每次都去，我负责会务。我给申纪兰开过三次新闻发布会。大家对她不理解。申纪兰每次发言啊，包括和记者见面，她就那么几句话，大家对她有点不理解啊。我的看法是这，胡书记，我说人啊，最可贵的是忠诚，论文化，申纪兰她字都写不了几个。论讲，她也讲不了什么，就是共产党好，社会主义好，是吧。但是，我说我们社会最缺的是啥呢，就是忠诚和诚信，申纪兰不是说她是科学家、政治家、文学家，就是个普普通通的农民，但是她那种最朴实的情感和对共产党的这份真诚，无人可比。

胡富国：对。

李：我说你们谁能比得上？我对全国的记者也是这么讲。我说，申纪兰她是平凡而伟大，她之所以能够平凡而伟大，是因为她是真正的人啊，如果说一个人朝三暮四的，今天见了胡书记了，说胡书记好，明天没有见胡书记，就说胡书记不好……

胡富国：申纪兰她说胡富国好、田成平好。她没有见了胡富国了，说胡富国好，见田成平了，说胡富国不好。她没有这种。这一条是很好的。

李：我们之所以要立这个课题，就是想把一个真实的申纪兰告诉大家。

胡富国：对，这个点不错，要不网上老吵她。

李：你这当书记期间，去过多少次西沟呢，有个十来八次？

胡富国：没有。去了五次。

李：你光陪他们就去了四次。

胡富国：我后来又去了两次，总共六次。

李：你去了西沟那么多次，你对西沟是什么印象，什么看法，包括你陪着朱镕基、李鹏、胡锦涛、姜春云他们去西沟的时候，当时有些啥故事呢？

胡富国：朱镕基和李鹏他们全部是冲着平顺西沟这个老典型去的。他们过去对这个也不太了解。看完以后，他高兴在哪里了？就是说，平顺西沟这么个穷山沟，能变化到这个程度，确实不容易。他们就谈到，当时毛主席树这个典型，是好的，在历史上起到了积极的、先进的作用。这是一个基本观点。毛主席是善于抓典型的呀，西沟能（发生）这样大的变化，太不容易了，这是一个基本观点。申纪兰这个人，确实是在劳动人民中间，普通的农民干出了不普通的事。申纪兰你看她不会说，就那两句话。他们也听说她的好多事情，说申纪兰这个同志，特别是叫她到省里边工作，在"文化大革命"的时候，她还不要，还要回到这个单位［村里］来，这种人是很少的。他们当时对申纪兰是很尊敬的，对她评价是很高的。更主要的是，为什么这两个人当时要去呢？我在汇报太旧路的时候，没有钱，特别是向中央汇报了以后，我说山西啊，修太旧路要56亿，没钱。说到这里啊，还得说，谁提醒我了，薄一波。薄一波说，山西的资源优势，不要光盯着地下的煤，也要看到地面。他所说的地面，我理解的是旅游，旅游不是占全国70%的旅游资源么？在全国。他说，不是，你再好好想想。我没想出来。薄老说，山西民风——勤与俭，山西的人民是勤劳的，是勤俭的，把这个优势要发挥出来。他就讲了讲，他当年在决死队的时候，老百姓的贡献，老百姓是很勤俭的，老百姓是很勤劳的，要把这个调动起来。后来，我（发动太旧路）捐款的起因也在这个地方。毛主席说相信群众、相信党，把群众发动起来，神不怕、鬼不怕，什么困难都不怕。这一捐款捐了两亿多。捐了两亿多，感动了中央。中央支持老胡，路才修成。当时提出学习锡崖沟，学习西沟，学习石圪节，太行山的精神，西沟的精神，锡崖沟的精神，石圪节是60年树立的艰苦奋斗的一面旗帜。你看我开会把申纪兰请上，引黄统一大家思想把西沟（申纪兰）请到引黄，用她这一面旗帜统一大家的思想，西沟能办到的，我们大家为什么办不到。你条件太差，比西沟还差吗？我说，现在西沟山上种那个树是咋种出来的，这都是西沟的力量和作用啊。这是西沟典型的作用啊，把西沟这个先进典型给搬出来，他就没说的了。

李：93年，咱不就做那个决定了么。

胡富国：啊，我就决定要学习申纪兰。

李：这也是改革开放以来，第一次做的决定。

胡富国：完了，我走了。我本来要搞申纪兰的电视剧，我都和申纪兰说了，我说最好是电视剧，最好给我弄的电影，我都有这个计划了，你问崔光祖［时任山西省委宣传部部长——编者］，我走了，没人给她弄了。后来，前几年，晋城一个剧团搞了个电视剧，还叫我当了个顾问，我同意了，报上去了，就没有音了，到现在没出来。我把申纪兰的这个电视剧，在我的大学生村官中都放了，我不管你省长，宣传申纪兰有啥错的。

李：历史上，我查了一下，省委省政府、组织部、宣传部大张旗鼓地发这种决定啊，这是第一个。

胡富国：第一个。我接着就要给她弄电视剧了，我就问崔光祖，电视剧好还是电影好？咱再穷，也完全应该给申纪兰弄个电视剧，这是我们的财富。她完全能代表了我们中国农民的典型，只有她。申纪兰应该是浑身是宝，我跟你说，孝敬婆婆是宝，模范；家庭关系处理得好，是模范；要的孩子，对要的孩子亲到那个程度；自己的艰苦是模范，申纪兰浑身是宝。你不能拿领导干部（的标准）去看申纪兰，你不能拿那些作风不好的、打扮得好的那些妇女去看申纪兰，脸上有好多皱纹。我对申纪兰的评价是很高的。

李：现在人家身体可好了，我去之后，上那个西沟展览馆，她都没问题。

胡富国：浑身是宝，她说省委书记就代表党，她不知道你这个人好不好，她也不知道田成平好不好，反正共产党派来的就是好。中国的农民所有的优点在申纪兰身上都集中了，都体现了，就是个楷模，就是个标本。你好好琢磨，孝敬婆婆，给那个婆婆梳头，孩子又不是她生的，她要的孩子，你看人家对他们多亲。你看当了官，知道自己就不应该当官，硬逼着我当官，当官干啥了，于是我就不干了。到厨房，帮助人家炊事员，洗锅、洗碗。在办公的地方开会了，提前把地给人家扫了。

李：现在还扫着呢。

胡富国：一身优点，浑身是宝。要写到这个程度，不要老写那个觉悟，说读马列，能分清什么是马列？你不能写着，一句话，把中国农民所有的优点都给她堆上去。什么孝敬父母了，把这些都给她堆上去。她和邻居处的，宽容，勤俭。你看现在我给大学生村官开会，都要把她请去，她不是老村官么，去那了，就还是那么几句话，掌声是哗哗的。包括在饭桌上吃饭，掉下饭来，捡起来吃。中国就需要这种人，我家里媳妇都做不到。你看人申纪兰，多出名，多朴素了，浑身是宝。

李：胡书记，你这一总结，我们就知道，研究申纪兰，她本质上是一个好人，首先是这个。第二，她是中国农民的一个代表，一个优秀代表，杰出代表。

胡富国：楷模，标本，她就是个标本。

李：申纪兰爱劳动。

胡富国：爱劳动，尊老爱幼，忠孝。你看我在山西我讲了两面旗帜啊，改革开放，还有艰苦奋斗的旗帜么，非要套改革开放干啥了。除了改革开放，还得艰苦奋斗。要捐款，修路。

李：胡书记，当前我们这个社会最缺什么，整个社会缺信任，信任背后缺忠诚，

240

忠诚背后缺精神，不敢担当为什么，当农民的不想当农民，当工人的不想当好工人，当干部的不想当好干部。在我看来，申纪兰是一个农民，您是一个省委书记，你们两个在一个点上是有交集的，是重叠的，比如说作为一个共产党员，对人民群众的感情，对党的这个信念是一样的。

共产党员首先是一个好人才对。如果是一个烂人，入了党，共产党不让他们搞垮了？第二来讲，良心是党性的基础，一个没良心的人，他有什么党性吗？第三呢，我说感情和真情是干事业的基础。我们为什么说申纪兰？我觉得申纪兰恰恰是我们这个社会最高贵的人。我和其他人说，你们有权有势就高贵啊，拉倒吧。如果说我们这些人在一起都不说真话了，谁还说真话，我们国家还有什么希望？共产党人首先是人，并且应该是好人，是一个正人君子才对。干事干得很艰难，混事混得很舒服。

胡富国：这是部分共产党员的弊病。

李：申纪兰，我们认为最可贵的地方，无论一个党、一个民族、一个国家，如果我们要有申纪兰，这都是境界啊。

胡富国：这是境界，这个境界不是虚构的。

李：就是平凡而伟大的一种境界。

胡富国：人很平凡，岗位很平凡，干出了不平凡的事情。你没那个境界，就干不出那个不平凡的事情。就一个妇女，煮个饭，炒个菜，能干出事来？

李：中间有个事啊，就是李顺达把她一手带起来，但是有一次省里选党代表的时候，因为"文化大革命"，然后都做工作，说不让李顺达当代表，在那个会上就是举手表决啊，赞成的请举手，弃权的请举手，不赞成的请举手。申纪兰那一次就举了一次手，我就说这很不容易。

胡富国：太不容易了。"文化大革命"那时候，（能这样做）太不容易。

李：我们传统文化当中，为什么说仁义礼智，忠信仁勇。忠在四纲里是摆在首要的位置。一个人对家庭不忠诚，对单位不忠诚，对党不忠诚，对国家不忠诚，你说这不完蛋了吗？申纪兰，我们了解到她的一些事啊，她很宽容。反正我们和她的接触当中，没有听过申纪兰抱怨过任何人，埋怨过任何人，我说，这不是境界么？

胡富国：这也是一次考验，不敢胡编乱造。

李：这一条是一个基本准则。

胡富国：申纪兰这个人是经得起历史考验的，那你放心。她也不会腐败。她一个女同志也不会作风不好。这你就放心地写。申纪兰是好人。她不是省委书记，也不是县委书记，给她的定位是农民。

李：从她的人生轨迹上说是农民，另一个是女性。从女性的角度来讲，申纪兰也是平凡而伟大的。

胡富国：有些人在外面是模范，对公公婆婆不孝顺，申纪兰不是。我都见过她那个婆婆，（她）很不容易了，很宽容，很人性化，她很有觉悟。共产党员要讲党性，但是基础是人性，没有人性就没有党性。毛主席也有人性，没有人性，哪能解放全人类呢？一定要人性化。你是书记，得有党性，光有人性，没有党性，那不行。光有党性，没有人性，你不就无情么？

5. 访谈对象：李立功（男，1925 年农历正月初一生于山西省交城县山水村，中共党员，大专文化，山西省原省委书记）

访谈时间及地点：2014 年 6 月 27 日；交城县山水村

访谈者：李中元、杨茂林、郭海斌、刘晓丽

录音整理：柏婷

李：你当书记的时候去过西沟吧？去过几次呢？

李立功：去过，去了三四次了。我自己去过，也派别人去过。

李：最早是哪一年去的？

李立功：最早也是八几年了，八几年以前我没去过，因为晋东南我就没去过，之后当省委书记了就不能不去。那里是先进，我得去。那会儿不是申纪兰，是李顺达。申纪兰在太原见过，梳个小辫，她去过苏联，街上照相馆里都有她的头像，印着太行山申纪兰。大致是 82 年。

李：申纪兰实际上是您一手培养起来的。

李立功：很难说培养，因为我是青年团的，她当时是青年，好姑娘，挺不错，老老实实的，也宣传她，宣传西沟、李顺达、申纪兰。

图 5－14　山西省原省委书记李立功的题词

242

图 5 – 15 山西省原省委书记李立功接受访谈

6. 访谈对象：卢功勋（男，1933 年 11 月生于山西朔州，中共党员，大专文化，山西省原人大常委会主任、党组书记）

访谈时间及地点：2014 年 7 月 10 日；太原市丽华苑家中

访谈者：李中元、杨茂林、刘晓丽

录音整理：柏婷

李：卢主任，西沟您一共去过多少次呢？

卢功勋：次数不少，我也记不清楚了，西沟经常去，去看申纪兰，看她的展览馆。申纪兰，最近网上有些诽谤她的，你们看到没有。

图 5 – 16 山西省原人大常委会主任卢功勋接受访谈

李：看到了，但是那个是胡说，其中有很多都是妄推的一些东西，根本不是事实。

卢功勋：说她没有投过反对票，这个东西也可以理解，谁不听中央的，她这个人组织观念很强，党叫干什么她就拥护，从毛主席到邓小平到（现在）。那里面说她家里都是大官，胡说八道，儿子当什么科长，她老头子原来是武装部的干部，也不是什么大官，我更了解，网上胡说的，说她是搞房地产的，三个事情。我对申纪兰很注意，我当人大主任（有人）告过她（状），一堆材料，我去给她落实的。这三个事情我在微信上看到的。

（五）作家学者评说西沟

1. 访谈对象：张松斌（男，生于西沟村刘家地，高中文化，中共党员，平顺县县志办副主任）

访谈时间及地点：2014 年 5 月 12 日；平顺县城张松斌家中

访谈及录音整理：张章存、刘晓丽、张文广（整理者）

刘：我看过你写的《西沟村志》，就想访谈访谈你，让你说说西沟的历史。

张松斌：村志和村史是两个不同的题材。西沟历史我写了几篇文章，就能说清楚。西沟最早的党员也是平顺县最早的，就在我那个村。刘家地后面那个窑洞里（成立的），那个是平顺县最早的党组织，叫池底支部，不叫西沟支部，当时没有西沟的概念。

刘：那个支部是谁负责了？

张松斌：张文成。后来就是张奎林。

刘：西沟是什么时候开始有人居住的？

张松斌：明代洪武年间，从洪洞大槐树移民过来的。后来还从河南林州过来一部分，三分之一的人口是河南林州过来的。

刘：李顺达也是从河南林州移来的？

张松斌：李顺达来得晚。李顺达他们是（20 世纪）30 年代才到的西沟。李顺达组织了 5 户农民，一共 6 户组成了互助组，那是 43 年 2 月，农历正月初二。有人说，李顺达成立互助组是响应毛主席的伟大号召，其实是太行区（的号召）。因为 42 年整个太行区大灾荒，在这个情况下，太行区开了会，要求生产自救度过灾荒，才有了这个。

刘：他是不是第一个？

张松斌：第一就不好找。中国历史上农民相互合作的情况很多。但是走向有组织的就少了，可以定义为组织形态的第一个。号召也不是毛主席的号召，是太行区或晋冀鲁豫边区的号召，这是第一个。也不是说李顺达就比别人多聪明，好像思想超前，关键这是当时共产党的创举。互助组出现以后，当时也有人叫李顺达互助组，里面有宋金山、桑运河（等）。

张章存：是桑三则，不是桑运河，老李就已经给刻碑上了。

刘：李顺达是什么时候出名的？

张松斌：是44年太行区召开的群英会上出名的，群英会只有太行区、太岳区召开过，晋冀鲁豫边区没有召开过。在中国历史上只有太行区、太岳区召开过群英大会。他是"生产互助一等英雄"。起初是评了7个，不知道什么原因，通过了5个，李顺达排名第三。到46年太行区在长治召开过第二次群英大会，这时候他就名声大震了，当选为"一等劳动英雄"。刘重阳写的《见证共和国》，他写得语言很好。46年召开群英会的时候，当时土改已经完成了。李顺达在老西沟制订了五年发家计划。从林县过来的人非常勤劳，特别能吃苦，开荒种地。48年11月份，（在）李顺达旧居那，平顺县委召开庆功会，宣传李顺达带领人民发家致富。年底，太行区表彰李顺达互助组"翻身农民的道路"，晋冀鲁豫边区赠了一面旗帜"边区农民的方向"。太行区召开群英会，并不是晋冀鲁豫边区为主，晋冀鲁豫边区只是赠了一面旗帜。

49年刚解放不久，李顺达去天津做报告。李顺达随便说说得很好，带上讲稿反而不行。李顺达创办互助组出名之后，毛主席已经知道李顺达搞得还可以。51年10月，在第一届政协三次会议期间的一天，毛主席接见了李顺达。51年3月，长治地委要试办农业生产初级社，向省委汇报。省委又向华北局提交了《关于长治区试办农业社的意见》的报告。华北局反对，还对山西、长治进行了批评，不管你怎么批评，那个时候，王谦在那当书记，王谦坚持了。平顺县川底是第一个初级社。当时李顺达已经是一个先进人物了，名声大震，刚刚捐献了飞机，刚发出了向全国人民开展爱国丰产运动的倡议。因此觉得西沟不要办了，让川底办，让郭玉恩办了。李顺达还想办。收完秋以后，51年9月10号，（西沟）就办了。

2. 访谈对象：马明（男，1919年1月18日生于山西省孝义县，中共党员，曾任新华社山西分社党组书记、副社长，离休干部）

访谈时间及地点：2014年6月17日；新华社山西分社家属院家中

访谈者：李苏娥、刘晓丽

录音整理：柏婷

马明：我把情况介绍一下，我基本全部是西沟，你〔李苏娥，李顺达小女儿——编者〕家的情况。李顺达，你爸开始来的时候，那时候是很困难的，后来你爸领导西沟由穷变富，互助组先（向）全国发起了倡议。倡议的事你爸爸想过，我启发，我说："老李，你向全国发起，全国就向你响应，这样在全国就有了声音了。"

李苏娥：对，他提出这个思路来了，完了您最后引导他。

马明：一个是他有个想法，我给他提供一些全国的情况，因为我知道全国这个情况，启发他，给他出一些主意。

李苏娥：对，他的思路，但是您得宣传，是吧。

马明：西沟怎么样由穷变富，今日西沟生产致富的道路是李顺达互助组的建设，（由）共产党员李顺达发起，这是一点。一个普通的共产党员，一个务农的专家，这都是写你爸，李顺达是在毛泽东身旁的农民代表。

李苏娥：这些文章［关于西沟的文章——编者］是不是在《光明日报》和《人民日报》都发表过？

马明：都发表过。你家里许多情况我都介绍（了），这样一步一步在全国就都知道了。

李苏娥：当时我父亲提出了一些思路，农业上面的思路，但是马叔叔当时作为新华社的记者，驻西沟的记者，好多东西也是通过马叔叔您整理出来，发表出来的。

马明：你看，这是一本《共产党员的方针，生产致富的道路》。

李苏娥：对，您写的这都是前面的目录，后面都有这些内容，这是多会儿出的这个小册子呢？

马明：这些我都保存下来了。

李苏娥：这很珍贵的。

马明：有机会我还要宣传。因为你不要看我帮他介绍他的情况，我也从他身上学到好多东西，劳动人民，咱们是读过书多，但是劳动，勤俭持家，这种劳动人民的道德品质，劳动人民是有，所以得互相学习。

李苏娥：您用您的理论来指导他，他用他的实践来感染您。

马明：那个财福［李顺达弟弟］还好吗？

李苏娥：好着了，还在那个故居［指老西沟李顺达故居］住了。但是明年是我父亲诞辰一百周年，作为一个故居，有个纪念意义。人家去了以后，一个红色旅游带，有展览馆，有故居，这样有教育意义。计划做做工作让他搬出来。

马明：一百年，是生日一百年？

李苏娥：嗯，生日一百年。

马明：我得记下。

李苏娥：2015 年 12 月 23 号。

马明：不是 7 月 1 号？

李苏娥：不是 7 月 1 号，7 月 1 号是去世的日子。（生日）是 12 月 23 号。

马明：计划搞什么活动？

246

李苏娥：我个人想给我爸出个画册，我现在正筹划了。那年和马叔叔合作弄了本书，后来我说一百周年的时候弄本画册，我正在筹划这个事。我有这个想法，但是这个想法的实施，还得大家帮助。就跟那一年，不是马叔叔的帮助，我根本没有这个能力，所以说叔叔为了我这个事真是立下了汗马功劳。马叔叔对我爸也有特别深厚的感情。

马明：我跟你说，你这个画册，给你爸出的画册，一定要把毛泽东的那一段话特别标注出来。

李苏娥：是不是那个"这里说的是李顺达领导的西沟农林牧生产合作社"的那个？

马明：不是。

李苏娥：您说的哪一段话，毛主席给我爸的？是"你在太行山上做出了很大贡献"这句吗？

马明：第一句话是"这里是试点"。

李苏娥：哦，是"这里说的是李顺达领导的阶级农林牧生产合作社"那个。

马明：那个稿子有没有？

李苏娥：那个书上有，《太行劲松》书上有。

马明：你把那个一定要（标注上），就是因为毛泽东的评价，比咱们说一百句都顶用，有分量。振兴全国的产业，全国先进几千个，这个是我给你爸出的主意，就是咱们

图 5-17 著名作家马烽题词

要挂在本县、本省，咱们要先于全国，在全国发起爱国增产竞赛的倡议。

刘：您是哪一年开始去的西沟？

马明：我去得太多了。

刘：第一次去是什么时候？

马明：五几年就去了。

李苏娥：我父亲好像40年代就出名了，您是不是40年代就去了西沟了？

马明：四几年就报道了。

李苏娥：当时去西沟是作为新华社记者去的吧？

马明：对，等于是出去采访，这样去的。我和你爸感情太深了。

李苏娥：是的。请您说说和我父亲在交往中印象比较深刻的事情。

马明：他是个农民劳动者，自愿在西沟种地。我这时候是记者，记者有很多

（做得）不够的地方，对待劳动、基层的这种情况很需要，自己（做得）不够，所以是互相学习，互相影响。他的许多劳动人民的品质可以影响我，真正的劳动我确实学了不少。后来我的（姑娘）怡华也跑到西沟去了。我觉得对我有影响，对我有帮助，我也宣传了，就是这么个情况。

李苏娥：我老父亲他有些思路，但是也得通过你们记者来实施，来宣传，这个东西都是互相的。

马明：我也给他提些建议，应该怎么弄。

李苏娥：对，出谋划策，他有些想法，但是马叔叔还要在中间出谋划策。

马明：我给你爸概括两句话：勤俭治家，建设山区，把西沟一步一步，（先是）晋东南，后来全国，都需要这样，全国的建设就应该这样走。

李苏娥：对，它那个自然条件差，所以就艰苦奋斗、勤俭持家，按这个道路来做。

马明：不勤俭，都浪费了不好，就是应该勤俭节约。

李苏娥：这也是现在习主席倡导的。虽然他们是历史的一个产物，但是放到现在，我觉得他们那种精神、那种做法，也还是值得后人继承和发扬光大的，（值得继续）传承的。

3. 访谈对象：刘重阳（男，1948 年九月初九生于长治市郊区黄碾镇，中专文化，山西作家协会会员，长治市作家协会顾问）

访谈时间及地点：2014 年 5 月 14 日；长治市家中

访谈及录音整理：郭永琴（整理者）、刘晓丽、张文广

郭：您到了西沟对西沟的发展有什么感受？

刘重阳：对西沟的感受很多，我觉得西沟的发展，仅从西沟而言，这是一个逃荒人聚居的地方，一条沟里几个自然村庄，来了那么多逃荒的人。只有两三户是本地人，剩下都是逃荒的人，这些人就是找个地方活下去。就是这么个概念吧。由于是逃荒的人，由于是穷苦大众，还由于他们不是本地人，所以和地主呀、富农的斗争上显得更坚决，本地人他有很多血缘血脉的关系。坦率得说，那个掌下村的那个地主，那叫个狗屁地主，他就是几亩荒坡地，他也不去种，但是阶级斗争的年代，就是那么回事情，这是它所谓的一个文化特点。他的根基都是逃荒来的，不是本地人，所以他没有地缘上的牵绊，所以他们在斗争过程中更坚决，假如都是本地人还不好办了。

第二个因素就是为了活命，首先是要活命，要活下去，所以就开荒种地。为什么共产党的减租减息的政策、互助组的政策能很快在西沟见效，其中就有一个西沟最难活下去。我给你举个例子，这个例子很清楚。我们农村的改革为什么是在安徽

小岗村，而不会在西沟村呢？那是因为小岗太穷了，活不下去了。用公社书记的话说就是，小岗村连个老鼠也养不活，老鼠都没了，老鼠都跑完了，老鼠要吃粮食，什么也没有，老鼠都养活不住，穷到这种程度，你不改革？西沟可能去改革吗？不可能，你是走集体化道路了，所以怎么改革呢。就是（因为）穷，所以就是毛泽东主席说的穷才要闹革命，富人为什么闹革命？一跟你们谈，你们就容易接受，就是因为你们太穷了，活不下去，组织开上荒，就不用怕小地主了，就能斗，咱们共产党抗日政府就能给你做主。开荒过程中就吃不开饭，是李顺达家拿了点糠，拿了点去年剩（下）的地瓜蛋片，这才救济过去。你就吃不开饭。所有的问题，看待一个地方的发展也好，区域发展也好，村的发展也好，必须从经济的角度出发，绝对不是政治。经济是基础，经济（基础）决定上层建筑，假如我们一直站在一个政治发动的力量来看待一个村，他们是听党话，跟党走的话，你绝对是一个误区，你就谈不成。

郭：对李顺达您怎么看？

刘重阳：李顺达是劳模，但是李顺达和中国文化有一个很深的渊源，那就是劳而优则仕，我要当官，我当官才能显示我的价值。他就走了这么一条道路。这条道路不是他要走，而是我们共和国的最高决策者已经设定好这条道路了，劳而优则仕呀。我们所有的只要成了劳模就都有可能去当官，这种文化根深蒂固。我一当官就是光宗耀祖，衣锦还乡。过去说衣锦还乡，怎么还乡，是衣服成了锦缎，就是当官了，官本位。所以一有人跟他说，去吧，去地委吧，马上就控制不住。南赛那个俊虎说，"不要去，你去了弄不成"。他还说，"你就小瞧我哩"。这种情绪就来了。还好，当官也是几起几落，但是官还是越做越大，水平不高，官并不小，最后是全省的人大副主任。过去学而优则仕，学习好就能当官，我现在劳动好也能当官。而且在西沟很明显，不但李顺达当了官，申纪兰也去当了官。

郭：李顺达当了官还在管村里的事啊？

刘重阳：没有。所有走出去的干部，所有走出去的啊，这个可不仅是只指李顺达，我从这个地方调开了，我必然对这个地方是眷恋的，这个地方的人也必然要去求助于他，这是一个割不断的一个情感，他要给输养分了。我西沟有什么困难了，我去找你老李了，你老李在省里了，张章存去找他，红烧肉也能吃上一碗，他就要关照他。那么，我就想听你的意见了。因为你是当了官，当了官从理论意义上说明你是正确的，你要是错误的，你就当不了官，因为你是正确的，所以我就想听你的意见。那么你的意见就可以落实到我们这个地方的发展上来。是不是这么个逻辑关系呀？不是他要管理，他就不放，是其他人就要去找了。就是这个关系嘛。这是一种文化，这是一种意识，不是有意识要干什么了，文化就如空气一样，你似乎察觉不到，但是你却离不了，它时时都围绕着你。

　　如果对地域或者区域的文化没有一个较深的研究或感觉，写出的东西就是蜻蜓点水。所以这就解释了这个地方为什么能出这么一批劳模，这个劳模文化不是从这里开始的，是从延安开始的。但是成气候确实是在太行山。这个必须分清楚。毛泽东在陕甘宁边区的时候，那时候劳模文化就开始起源了，但是很奇怪，不成气候。为什么它不突出？（因为）那个环境相对好一些，战事少一些，太行山是抗日前线，打粮食就是消灭敌人，是这么一个逻辑关系。所以邓小平在这个地方开始搞第一届群英会，这个意义就不同了。李顺达拿了个一等奖，奖了头牛，郭玉恩是弄了七只羊，那个时候干什么奖什么呀。比武会上，比武了，就奖励你个手榴弹，奖励枪呀（啥的）。不像现在，不管干什么奖你一个卡呀什么，不是一个概念。44年有了第一届群英会以后，接着45年长治解放以后就有了第二届，长治街上为什么叫作英雄街，那就是（在那）开的群英会。劳模文化由于有了这么一个根基，效应开始扩大。特别要注意，当时劳模文化可不只是种地的人，比如说平顺井底村的张金成就是供销合作劳模，就是挑上挑子从根据地拿上土特产到敌占区卖掉，再从敌占区把东西挑回来。

　　郭：您去西沟采访，除了和干部坐坐，和村里人坐吗？

　　刘重阳：我这个采访是有目标指向的，如果说是一个史的话，也可以那样说你是从什么地方逃荒来的，但是我只顺着我的思维的点走，我找见了那个点破解了，就往前走，不去顾及其他。比如说成立互助组，几个人，是在哪里，这是最开始吧。然后包括讲到申纪兰要来这里开会，骑毛驴，谁的驴，这个必须搞清楚，然后就找见马玉兴，这他就讲清楚了，当时合作社的副社长，他也是，这才跑出来，不是申纪兰一个人。再去他那里查档案，三个人，逐步逐步，沿着一个点走，这样比较好一些，不去顾及其他。但是这个点绝对是在我手里搞清楚来，其他人都是闹不清的。这正是我认真的地方，这个点的产生，它一定是有个大致的逻辑关系，整个事物发展一定是一条主线，但是这条主线晦涩千里，明灭可见，明的地方你看见了，灭的地方你看不见，这就需要你的功力了，你能不能觉察到这个点很重要，谁也没有说，但是它很重要，你下功夫去挖去，总能找见。

　　张：申纪兰去开会的细节很清楚。

　　刘重阳：这个细节如果说得不对，或者是说得不清楚的话，那么这件事情很可能就是假的，因为你无法自圆其说。我不知道你们将来写史怎么写，我写报告文学就是，我的细节一定是真实的，我的大事情上很可能给你做了个弥天大谎，但是这个大谎的任何细节，都是一定是真实的，否则就不成立，不存在。就是使劲要来细节，马玉兴为什么要去？因为他没有来过长治，来了长治什么感觉，都在里面唱

《杨八姐游春》，这是个喇叭响了。然后就是半夜看驴，那个驴可不敢光吃黄豆呀，要不拉不出来，得喂草了。这些细节的存在说明申纪兰来开会的细节是真实的。6户谁走了谁没有走，就是我搞清楚的。

郭：郭玉恩的川底已经那么突出了，而西沟却成为了引领中国农村发展的方向，这是为什么？

刘重阳：那是因为李顺达冲在前，李顺达在第一届群英会上就是一等劳模，而郭玉恩是二等劳模，这是一条。第二条，山西代表团到天津参观完以后，是李顺达向毛主席献的旗，受到毛主席的接见，却不是郭玉恩。第三，是李顺达参加中国农民代表团到苏联进行了访问，而不是郭玉恩。有几个亮点显得老郭不如他。他是有亮点的。书里面写上去，看不出那个特点，很平静，你不可能拿两个人物去对比着写，他去了，他没有去。但是事实就是他去了，他没有去，包括申纪兰她不是山西省人大代表，而是全国人大代表，这个道理是一样的。

张：本来山西省没有她，是从妇女角度才把她弄上，才出现一个村两个代表的奇迹。

刘重阳：这个话题，西沟人不知道，平顺人也不知道。这都是我从理论上来给你们纠正的。谁也不说，也没有人问这个话题，所以就是一个谜团，而我就注意到这一点，我就专门去抠，弄住老太太她就要说，这就搞清楚了。为什么一个山村出两个全国人大代表？她有她的偶然因素，她的必然因素都是全国劳模，她的偶然因素是她是妇女。

还应该看到郭玉恩是本地人，老李是逃荒的，由于地域文化的不同，所以老李反倒处处有表现，而郭玉恩却没有。中国的文化整体来讲是有什么不去说什么，扭扭捏捏，太费劲。包括武侯犁。还有就是劳模本身的现象是带有辐射性的，你这个地方出了一个人，影响一大片。

郭：您是怎么转向农业题材的？

刘重阳：我在企业主管部门待了十年，我在体改委待了十年。我最初走向所谓的文学青年是工业题材，不是农村题材。我后来在体改委分管农村，这才有了去留村、去西沟拍电视，咱家就是农村的，和农村的关系是血液的关系呀，就没有天然的阻隔。

我们解放思想到底解放什么，家庭联产承包责任制的推行，农村改革的开始叫解放了土地，土地从家庭开始经营，把土地解放了，为什么解放土地？是为了吃饱，解决了吃饭问题，农村改革的核心就是解决吃饭问题。我们现在一搞，好了，吃饱了，西沟吃了一顿大米饭，就要把土地出纳了，人吃不饱是大问题。毛泽东就说，一个饭字，除了这个食字旁，就是反，就是要造反，谁能保证人们吃不饱饭而不造反，谁能解决了这个。我就跟上你普及大寨县，没有人能保证。这是第一个解放。解放了土地，解放了以后，我们的农民一定是全心全意去种地，把茅坑里的肥料全部放到地上，早早就去收粪、沤肥，多打粮食。后来，特别是1984年取得了大面积丰产以后，我们就发现，我们家庭的劳力没有必要都投入到这个上面，或者是没有必要把全部时间都投入在上面，于是（有了）乡镇企业，这就解放了农民。

第二个解放是解放了农民。农民出来的问题是什么？就是乡镇企业异军突起，解决了我们的短缺经济。长治大街小巷开始有卖地瓜的、卖油条的，这就开始了。1981年，我去厦门，去石狮，那个时候的石狮吃什么饭？就是吃烧鱼了，咱吃不惯，吃不惯就饿着呗。后来再去的时候，那个地方就有卖高平油条、北京水饺，全国各个地方的小吃全部有，你爱吃什么吃什么，发展绝对不是你能想象的，太快了。农民解放了，就把乡镇企业搞活了，乡镇企业和我们体制内的企业的区别在哪里？一个是所有制不同，第二乡镇企业的着力点就是市场，乡镇企业的产生就是源于市场。而不像我们体制内的企业是凭计划哩。市场短什么，就生产什么，他的着眼点不同了，促进了我们市场经济的复苏，这就开始有变化了。这一下就把国企逼上了死路，国家把企业推向市场，这就解放了企业，为什么要推呀？为什么自己不愿意去呀？因为它还留恋于计划经济温暖的怀抱，不愿意经受市场风雨的吹打。推上去以后，市场的暴雨随时就来。

就在这种状态下，就是我们的国有企业有死有活的情况下，我们的思想就很活跃，这才有了小平同志的南巡。1993年的2月份，小平同志发表了重要的南方谈话，这是一个起点，这就形成了党的十四大对于体制改革的定义，那就是要走社会主义市场经济，这就解放了体制。解放了土地，解放了农民，解放了企业，解放了体制。体制一解放，我们原来的大头开始转为小头。我们的第一产业，第二产业，第三产业开始追赶，现在终于第三产业三分之一的天下。在这种状态下，我们国家又开始尝试在金融上做文章，这是件大事，很困难，最近李克强总理那个讲话，民间资本可以直接进入国有资本的领域，这叫解放资本。一个社会解放了土地，解放了农民，解放了企业，解放了体制，又解放了资本的情况下，他的蓬勃发展不可逆转。我认为，所谓的解放思想说来说去无非就是到资本为终结。李克强同志讲，给企业松绑，让市场发力，市场是资源配置的主体，这就是要解放体制，就是要解放资本。我们改革三十年就是这么走来的。

当我们把改革有了一个大致的描述，回过头来看西沟的发展，全在情理之中，西沟走过好多弯路，包括电石厂的起伏，要求申纪兰的思想完全转化成一个市场的主体，或者是一个企业家，那是瞎说八道，那是不可能的。谁把申纪兰说成企业家，我就反对谁，我在书里面专门讲清楚她不是，她就是个劳模。所谓的企业家不是说你拥有了几个企业，这个概念是错的。企业家是有一个特定的标准的，你的学历，你的市场职责，你的市场的判断能力，等等。它是有一个特定的标准的。

想写好西沟，一定要把习近平在纪念毛泽东诞辰一百二十周年座谈会上的讲话好好看看，还有四个不能。不能不去顾及当时的历史条件，不能不去顾及他的偶然性和必然性，不能把成功简单地归功于一个人，也不能把错误简单地归结于一个人，不能把现代人做到的事情要求那个时候的人做到。

要说西沟村史必然要涉及最早，咱不要说最早。从老李讲起，李顺达在西沟，因为他是一个代表性的人物，来了西沟以后，种上地，弄上窑，开始生活，应该从这儿说。包括老李搞互助组，后面关键是从抗日比武、打日本鬼子，在河滩里边比赛枪，然后是 38 年入党的这一批党员，这是西沟村的根基。老六户有 6 个 38 年入党的党员，在后背那个小窑里宣誓入的党。县委书记每天装成收羊皮的搞活动，这个资料是李顺达有个会议，1973 年 2 月 25 日，假如记得不错，在全县劳动积极分子代表大会上有一个讲话，这个讲话就是李顺达在叙述一个西沟发展的意思。由于是七几年那么个环境，于是李顺达在这个讲话过程中不免会把阶级斗争的调子提得更高，不免有几许夸张的成分，这个都是很正常的状态。你们现在所以能够看到

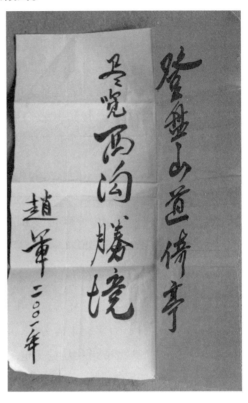

图 5-18　晋东南原地委书记赵军题词

这个材料，坦率地说应该归功于我。因为我最早在 94 年看见这个资料，就是原振先他参原盘明（有），就那么一个东西，因为我当时写完那篇文章以后，我当时也没有复印，把这个又还给振先了，我后来又想用呢，没有了，振先在他家找了个一塌糊涂，爬到柜子上找，没有。我又去写那个东西了，我问孙爱民。孙爱民在县委当主任，我说："爱民，我见过一个东西，你一定要千方百计把那个东西搞到手。"孙爱民做了工作，不知道在哪里找见，这个时候出现的是电脑打的字，我最早见的就是油印机打出来的东西，有了这个以后这就可以留存了。我后来就专门跑到文联送过这个东西，这是他对西沟历史的一个回顾。这个时候，坦率地说，申纪兰是说不清楚的，她还没有去了呀！她是 1946 年嫁到西沟的。它是这个状态，西沟已经没有

人能够说清楚。这段历史，有一个什么方式呢？有碑文，雕塑，展览，而且还有文字。这是一层意思。这是西沟去南委泉会议闹了一等奖回来以后，（李顺达）弄个老牛和郭玉恩赶着羊回来，后来去了苏联了，这算一个点。

后来接着就是申纪兰嫁过来，人家也是劳模了，人家也去了哥本哈根了，也去苏联逛了两天，后面申纪兰的这一段回忆相对好办。因为她毕竟在了呀。一次性地贯通式地讲清楚困难的话，可以间断性地给你讲。还有一个人是第一任的西沟的秘书［杨树培——编者］，就是专门在西沟当秘书，成了平顺县的书记处的常务书记、长治地委主任，我的文章里写到过他。我那次去了，跟我说什么，平顺所有的行政村都能说出名字，平顺百分之八十的行政村都去过，这是一个意思。再一个是当年平顺县去参加七千人大会的就是他去的。他和李琳的关系特别好，他是能说得清楚当年西沟的一些事情的，包括申纪兰上山种树，大水差点把她冲走，（申纪兰）到河里堵洪水。这个人能讲这个东西。

4. 访谈对象：高春平（男，1963 年 3 月生于山西省临县，中共党员，硕士研究生，山西省社会科学院历史研究所副所长、山西省历史学会副会长）

访谈时间及地点：2014 年 11 月 19 日；山西省社科院历史研究所办公室

访谈及录音整理：刘晓丽、郭永琴（整理者）

刘：你去过西沟没有？

高春平：去过。我是这样看这个事情，因为西沟作为太行山区的一个很偏僻落后的小山村，为什么后来能走出劳模，而且他们的互助合作能成为我们党的农村政策 50 年代的一个典型了。我是觉得这个事情是这样，一个是，这个事情反映出中国共产党，特别是毛泽东同志和中国共产党的农村政策和对农民的一种感情。为什么像西沟这种村在几千年的封建社会和历史上没有出现，唯独在这个时候出现了，本身我们共产党和毛泽东本人把最贫苦的广大的人民群众的利益作为共产党的奋斗目标和一种政治理念，这才能上下结合，出现这种情况。在封建时代也是农业国，但是为什么能够把最底层的、最贫苦的地方、最底层的民众的意愿和心理，最后能得到高层的认可，我觉得是跟共产党的主张，它的农村政策，包括对农民的这种深厚感情有联系的，我是这么看待的，所以才能在 20 世纪 50 年代成为典型。

第二个观点，我认为西沟的互助合作，这种农村生产关系也体现了中国传统农民的一种公平互助的一种希望和理想，也和我们党分田地这种政策是吻合的，所以它能得到支持，而且成为比较早的典型。后来大寨是改造自然，和贫困宣战。西沟我觉得更是这个层面上的。而且西沟互助，为什么后来我们看到 50 年代关于互助合作的争论，当时长治地委书记王谦，实际上当时这一政策在中央高层意见不一致，包括华北局会议，包括刘少奇都对这个看法不一样，最后是毛泽东亲自点头认可，

图 5 – 19　西沟档案馆：课题组在工作

这就是说这个互助合作和毛主席对中国农民、中国历史的认识是高度契合的，但是一般的认识层面达不到。所以为什么在中央，包括华北局也是代表我们国家一种大区的政策导向，仍然对这个东西不是很认可，最后展开争论，而且当时围绕苏联的集体化问题和中国共产党农业走什么路，党内的意见也是分歧很大的。所以我觉得西沟的互助合作真是和我们中国共产党最高层领导人毛泽东共同富裕这种理念吻合的。你像我们历史上中国农民传统的这种平均主义，包括均平思想，包括太平天国的天朝田亩制度，毛泽东到他这个阶段，他把中国历史上传统的农民对土地的思想更体现为一种广大的老百姓能够共同富裕。毛泽东自始至终是主张共同富裕的。他反对剥削，反对过去的压迫，最后的目标和理想就是要共同富裕，发展壮大集体经济，这一点我觉得是西沟互助合作（的意义）。

为什么要互助合作，在中国农业社会里边，过去一个是靠天吃饭，一个是由于生产力的落后，生产工具的缺乏，人们之间需要一种集体协作的东西，所以它也契合当时中国农村的实际。为什么在中国封建社会大型水利工程要政府主持，农民单个计划不可能完成。再比方在农村，我在村里就见过，有的人家不富裕，有劳力没牛，有的人家比较富裕，有牛但是没劳力，所以就出现这种互助，有牛的帮没牛的成天代耕。适合当时农村落后的生产力状况和生产工具缺乏的现实，也是符合农民的意愿，你帮我，我帮你，最后大家都把下种就解决了，他这种原始的淳朴的这种情感和生产方式，和毛泽东要实现耕者有其田，中国广大农民共同富裕，都有饭吃，这种是契合的。我是这么看待这个问题的。

刘：之前你做过太行精神，西沟精神就是太行精神的一部分。

高春平：西沟精神就是太行精神的一部分，它本身就是太行山区的一个山村，而且我们共产党在抗日战争时期所谓的太行精神，也可以说在一种意义上说就是八路军精神，八路军精神就是军民精神。毛泽东当时（说），军民团结，军民鱼水情，太行山正是中国革命发展壮大的一个重要基地，八路军在那里多少年，所以西沟精神就是太行精神一个重要的有机部分。而且当时西沟这种变工互助，生产自强，重视劳模发挥带头作用，正和我们党的农村政策，毛泽东本人对中国农民、农业社会的设想相符。对于这个事情我是这么看待的。

为什么我们现在解放以后的历届省委省政府一直对申纪兰高度肯定，我觉得这个本身就是从我们现在来说解放以后的历届省委省政府仍然沿着我们党的领导主调没变，关心农村，关注三农格局，再加上申纪兰本人一直可贵地坚持始终劳动，一生劳动，这个是难得的。包括她当了妇联主任，不要工资，常年都坚持劳动，这个非常可贵的。别人做不到，有的人我们也看到，有的过去劳模提拔了，叫他当了大官，包括纺织工人吴桂贤，或者有些农业战线的一些，但是她就始终保持中国农民劳动的本色，这是非常难得的，也是我们历届省委省政府始终认可的一个事情。我觉得这个是对的，我们也不要受这个时代的影响。一些年轻人觉得过时了，这个不过时，就是艰苦奋斗的本色，劳动的本色，这是永远不过时，这也是我们现在搞作风建设，密切联系群众的基本要素。劳模不劳动，共产党你要脱离了群众是肯定不行的。对申纪兰这个人，老太太确实不容易。

图 5 - 20　西沟档案馆档案原件